> *"A ideia que não procura
> converter-se em palavra
> é uma má ideia,
> e a palavra que não procura
> converte-se em ação
> é uma má palavra."*
>
> (Gilbert K. Chesterton)

Prefácio

Desde o primeiro momento em que realizei a leitura deste livro, sensibilizei-me com a delicadeza com que seu autor tratou de dar vida à obra. Fiel à natureza do conteúdo e ao seu objetivo de acolher alunos, professores e leitores no fascinante mundo da pesquisa, cuidou de construir um texto em que estão, intrinsecamente articuladas, a teoria, a prática, a arte e a literatura. Nada mais oportuno, pois a pesquisa na área de Ciências Humanas e Sociais e do próprio Serviço Social implica sons, aromas, cores, arte, poesia, linguagem.

As profissões que se inserem nessas áreas trabalham de maneira predominante com a realidade humano-social, com sujeitos ativos, pulsantes, histórias de lutas, resistências, perdas e conquistas. A realidade e a relação humana são dinâmicas, plurais, históricas, têm significados que só podem ser alcançados pela mediação dos próprios indivíduos em seu viver histórico cotidiano, o que demanda o cuidadoso exercício da pesquisa.

Assim, é muito importante que, desde cedo, estudantes e profissionais sejam sensibilizados para a relevância de pensar as profissões sociais não só como espaços de materialização de processos de trabalho, mas também de produção de conhecimento. No caso do Serviço Social, desde os anos de 1980, a atividade é reconhecida como área de intervenção e de produção do conhecimento pelas principais agências de fomento e de pesquisa nacionais e internacionais, o que exige formação competente e crítica.

Tanto as diretrizes curriculares, que estabelecem as bases para os cursos de graduação em Serviço Social, como o próprio Código de Ética de 1993 reconhecem a centralidade da pesquisa para a profissão e sua dimensão constitutiva da identidade e do exercício profissional, inerente, portanto, a seu projeto ético-político. Bastante atento a essa realidade, o autor concebeu uma adequada arquitetura interna para a presente obra, contemplando a pesquisa em si, em termos de metodologia, procedimentos e técnicas, bem como seus fundamentos no campo das correntes de pensamento clássicas e contemporâneas.

Como Assistente Social que é, Veroneze não descuidou de tratar também da pesquisa com a dimensão do trabalho cotidiano na área do Serviço Social, com diferentes desafios e demandas. Trata-se, portanto, de uma leitura importante para todos aqueles que querem entrar no mundo da pesquisa, avançar no campo da produção do conhecimento, reconhecendo que esse é um caminho indispensável para poder desfrutar do prazer da descoberta.

Maria Lúcia Martinelli

Professora adjunta do Programa de Pós-Graduação da Pontifícia Universidade Católica de São Paulo (PUC-SP)

Apresentação

Esta obra pretende oferecer uma leitura de fácil compreensão sobre o processo de pesquisa, seu embasamento teórico-metodológico, fases e planejamento da pesquisa, destacando sua importância e orientações que possam contribuir para sua realização. Ao longo dos capítulos, para fixar o conteúdo, ofereceremos algumas questões para reflexão e revisão, além de dicas e sugestões para aprofundar seus estudos.
Muitas das questões que buscamos abordar estão organizadas de modo sistemático, para relacionar os conhecimentos teórico-metodológicos à prática investigativa e interventiva do assistente social, com o objetivo de refletir sobre alguns pontos importantes acerca da pesquisa em serviço, como conceitos teóricos, métodos e metodologias, suas especificidades e particularidades na pesquisa nas Ciências Humanas e Sociais e em Serviço Social, principalmente, destacando seu significado e as razões de se fazerem pesquisas nessas áreas.

Esperamos que este livro seja um material de apoio não só para as pesquisas acadêmicas, mas também para despertar o interesse e o fascínio pela investigação, pela descoberta e pela produção de conhecimentos, além de atender aos desafios cotidianos dos profissionais tanto do Serviço Social como de outras áreas do saber.

Indagar sobre todas as coisas faz parte da natureza humana, está presente nas intenções e ações mais corriqueiras da vida cotidiana. Pesquisamos sobre o preço das mercadorias, a origem dos produtos que compramos, sobre como chegar a determinado lugar a que nunca fomos, enfim, buscamos informações diversas sobre as coisas e os acontecimentos imediatos e práticos de nossa vida. Em outras palavras, sempre estamos procurando obter conhecimento ou informação sobre algo. Contudo, a natureza da pesquisa científica se difere das pesquisas cotidianas.

A ciência busca ultrapassar o conhecimento imediato na explicação ou na composição da realidade que observamos. Desse modo, não temos a pretensão de escrever um manual, modelo ou roteiro para a realização de pesquisas no âmbito das Ciências Humanas e Sociais, pois partiremos das dificuldades observadas pelos alunos nos cursos de graduação, razão que nos motivou a escrever esta obra.

Apesar de haver acesso a amplo material para pesquisas, observamos que muitos ainda enfrentam dificuldades para construir projetos de pesquisa, organizar leituras, expor ideias, escolher o tema de pesquisa, o método e a metodologia mais apropriados, planejar determinada pesquisa para compor o Trabalho de Conclusão de Curso (TCC) e até mesmo outros tipos de pesquisa, como projetos de iniciação científica, dissertações de mestrado, teses, relatórios de pesquisa, entre outras.

Na mesma direção, observamos que a pesquisa ainda causa certo "pavor", mesmo sabendo que é uma exigência acadêmica, com trabalhos acadêmicos ou pesquisas monográficas que devem ser desenvolvidos no último ano da graduação. O que podemos dizer é que a pesquisa é um recurso maravilhoso, pois é o momento da "descoberta", e o ideal é que ela possibilite satisfação e cause certa emoção quando a finalizamos.

Com relação aos profissionais do Serviço Social, também observamos dificuldades no trato com a pesquisa em seu cotidiano de trabalho e mesmo na elaboração de projetos de investigação ou de intervenção. Assim, buscando contribuir e esclarecer alguns pontos importantes, trazemos também algumas dicas e explicações importantes para a realização dessas ações.

Destacamos a importância de participar de Programas de Iniciação Científica (PIC) ou mesmo de Núcleos de Estudos e Pesquisas, espaços que nos enriquecem e norteiam para a realização e a construção de pesquisas, além de oportunizar a elaboração, a apresentação e a publicação de artigos em diversos eventos, simpósios, seminários e congressos nacionais e internacionais.

Assim, por meio de ampla revisão bibliográfica de renomados autores que tratam desse tema não só no âmbito do Serviço Social, mas também das Ciências Humanas e Sociais, buscamos apresentar orientações teórico-práticas a fim de que tenhamos um material didático para o processo de pesquisa, tendo em vista que, no âmbito do Serviço Social, a pesquisa está diretamente vinculada ao fazer profissional, seja para conhecer a realidade social, os sujeitos e as demandas sociais, seja para mapear, construir estratégias e intervenções no cotidiano profissional do assistente social, seja, ainda, para refletir, analisar ou propor teorias e metodologias de intervenção, produzindo um conhecimento próprio.

Sendo o Serviço Social uma área das Ciências Humanas e Sociais Aplicadas, buscaremos, no primeiro capítulo desta obra, tratar da importância da pesquisa para o Serviço Social, a fim de possibilitar a compreensão da pesquisa em seu contexto socio-histórico sobre o surgimento e o desenvolvimento da profissão no Brasil, em suas dimensões singular, particular e universal. Destacamos, ainda, a importância da pesquisa para desvendar a realidade.

No segundo capítulo, trataremos dos caminhos do conhecimento e dos níveis de apreensão da realidade, passando pelos principais períodos históricos da produção do conhecimento, pelo surgimento da ciência moderna propriamente dita, suas implicações e principais características. Também abordaremos os fundamentos do Positivismo e o surgimento das Ciências Humanas e Sociais.

As correntes do pensamento contemporâneo nas Ciências Humanas e Sociais, suas influências e seus métodos de pesquisa serão os assuntos do terceiro capítulo deste livro, no qual veremos seus principais expoentes, suas contradições e aproximações, principalmente aqueles mais utilizados no Serviço Social brasileiro.

No quarto capítulo, buscaremos entender a pesquisa nas Ciências Humanas e Sociais, seus métodos, suas técnicas e suas metodologias, além de discutirmos os principais tipos e as abordagens de pesquisa mais utilizadas pelo Serviço Social.

A preocupação trabalhada no quinto capítulo será a investigação como dimensão constitutiva e constituinte do trabalho do assistente social e a produção do conhecimento. Veremos que o Serviço Social produz pesquisas, conhecimentos, intelectuais e pesquisadores. Buscaremos demonstrar, ainda, que o "essencial é saber ver", discutindo os pressupostos éticos e políticos da pesquisa em Serviço Social e as desonestidades acadêmicas.

Por fim, no sexto e último capítulo, veremos o planejamento da prática investigativa e interventiva do Serviço Social e a construção de indicadores e de índices sociais. Para finalizar, refletiremos sobre a capacidade de realizarmos a leitura do mundo por meio da pesquisa.

Desejamos que o conteúdo aqui trabalhado propicie uma maravilhosa viagem por esse universo, uma ótima leitura e bons estudos sobre esse tema, que é para nós muito rico e encantador.

Desejamos, ainda, que os objetivos deste livro sejam plenamente alcançados.

Boa leitura e bons estudos!

Como aproveitar ao máximo este livro

Empregamos nesta obra recursos que visam enriquecer seu aprendizado, facilitar a compreensão dos conteúdos e tornar a leitura mais dinâmica. Conheça a seguir cada uma dessas ferramentas e saiba como estão distribuídas no decorrer deste livro para bem aproveitá-las.

Conteúdos do capítulo:

Logo na abertura do capítulo, relacionamos os conteúdos que nele serão abordados.

Após o estudo deste capítulo, você será capaz de:

Antes de iniciarmos nossa abordagem, listamos as habilidades trabalhadas no capítulo e os conhecimentos que você assimilará no decorrer do texto.

reside no sentido, não no fato. [...] A intuição do sentido é o primeiro passo do caminho e revela ser possível captar o sentido" (Bello, 2006, p. 24-25).

Portanto, para a fenomenologia, o saber e a pesquisa se fazem sob a forma de pensamento crítico e interrogativo, de modo a afirmar as "verdades" inexistentes. Seu principal objeto é o mundo vivido, os sujeitos de maneira isolada.

Para refletir!

Os filmes do cineasta italiano Federico Fellini (1920-1993) permitem enxergar a realidade por meio de seus significados. Ele recusa o apoderamento do espectador para impingir nele significados; prefere deixar que os sentidos de cada pessoa atuem lenta e livremente. Sugerimos *Amarcord* (1973) ou *Satyricon* (1969) de Fellini, nos quais uma multidão de significados se congela em imagens poderosas que têm a força de transcendência a seu redor, em que o cineasta deixa a liberdade da consciência ao invés do racionalismo científico cinematográfico (Gonzaga Filho, 2013).

3.6 Marxismo e crítica à sociedade burguesa

Para fazermos uma correta interpretação do método em Karl Marx (1818-1883), temos de levar em conta algumas questões preliminares importantes. Marx não só desenvolveu uma teoria social, mas sua teoria está vinculada a razões ideopolíticas, a um projeto social revolucionário, a categorias analíticas específicas e a uma crítica feroz à sociedade burguesa e ao modo de produção capitalista.

Para refletir

Aqui propomos reflexões dirigidas com base na leitura de excertos de obras dos principais autores comentados neste livro.

forças produtivas. A história parte de condições objetivas e materiais, e não de ideias. Para Marx, segundo Netto (2011, p. 52), "o método não é um conjunto de regras formais que se 'aplicam' a um objeto que foi recortado para uma investigação determinada nem, menos ainda, um conjunto de regras que o sujeito que pesquisa escolhe, conforme a sua vontade, para 'enquadrar' o seu objeto de investigação".

Fique atento!

Os conceitos elementares da dialética hegeliana seriam: ser (afirmação), nada (negação) e vir-a-ser (negação da negação); para Marx, ao contrário, a consciência humana individual se produz da atividade material objetiva comum, da existência social, sendo a essência humana o conjunto das relações sociais (Sampaio; Frederico, 2009).

De certo modo, o objeto de pesquisa, para Bornheim (1977, p. 179), vincula-se ao "seu desenvolvimento, a razão da própria coisa deve desdobrar-se em sua contraditoriedade e encontrar em si mesma sua unidade". Hegel centrava-se na categoria do sujeito; Marx, por sua vez, centrava-se na categoria do objeto, portanto, o fundamento do ser humano está na sua objetividade, pois ele é natureza. Para Marx, o ponto de partida, a origem, está na atividade humana (na produção), em sua concepção ontológica, e não no "espírito" (ideia), conforme concebia Hegel, nem na matéria, mas no próprio ser humano, entendido como atividade.

Para Marx e Engels (2007, p. 49), "os homens que desenvolvem sua produção material e sua circulação material trocam também, ao trocar esta realidade, seu pensamento e os produtos de seu pensamento. Não é a consciência quem determina a vida, mas a vida que determina a consciência".

Portanto, as três leis da dialética para Hegel são contradição, mediação e totalidade; e o movimento da dialética se dá em três etapas: afirmação, negação e negação da negação, ou seja, tese, antítese

Fique atento!

Ao longo de nossa explanação, destacamos informações essenciais para a compreensão dos temas tratados nos capítulos.

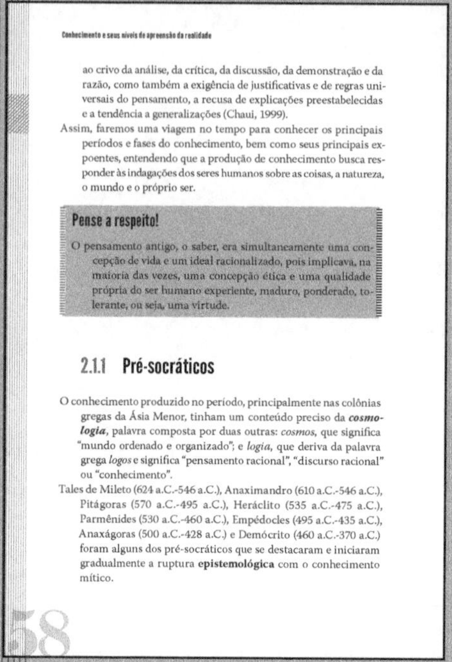

ao crivo da análise, da crítica, da discussão, da demonstração e da razão, como também a exigência de justificativas e de regras universais do pensamento, a recusa de explicações preestabelecidas e a tendência a generalizações (Chaui, 1999).

Assim, faremos uma viagem no tempo para conhecer os principais períodos e fases do conhecimento, bem como seus principais expoentes, entendendo que a produção de conhecimento busca responder às indagações dos seres humanos sobre as coisas, a natureza, o mundo e o próprio ser.

Pense a respeito!

O pensamento antigo, o saber, era simultaneamente uma concepção de vida e um ideal racionalizado, pois implicava, na maioria das vezes, uma concepção ética e uma qualidade própria do ser humano experiente, maduro, ponderado, tolerante, ou seja, uma virtude.

2.1.1 Pré-socráticos

O conhecimento produzido no período, principalmente nas colônias gregas da Ásia Menor, tinham um conteúdo preciso da **cosmologia**, palavra composta por duas outras: *cosmos*, que significa "mundo ordenado e organizado"; e *logia*, que deriva da palavra grega *logos* e significa "pensamento racional", "discurso racional" ou "conhecimento".

Tales de Mileto (624 a.C.-546 a.C.), Anaximandro (610 a.C.-546 a.C.), Pitágoras (570 a.C.-495 a.C.), Heráclito (535 a.C.-475 a.C.), Parmênides (530 a.C.-460 a.C.), Empédocles (495 a.C.-435 a.C.), Anaxágoras (500 a.C.-428 a.C.) e Demócrito (460 a.C.-370 a.C.) foram alguns dos pré-socráticos que se destacaram e iniciaram gradualmente a ruptura **epistemológica** com o conhecimento mítico.

Pense a respeito

Aqui você encontra reflexões ou comentários sobre o assunto que está sendo tratado.

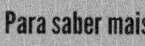

Para saber mais

Sugerimos a leitura de diferentes conteúdos digitais e impressos para que você aprofunde sua aprendizagem e siga buscando conhecimento.

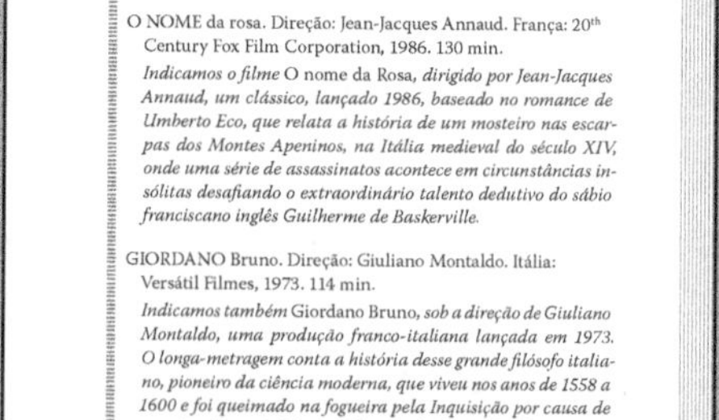

Por séculos, os conceitos místico e mítico – primeiramente referente à mitologia greco-romana e, posteriormente, ao conceito de **pecado original** e ao **Juízo Final**, impostos pela ideologia cristã medieval – limitaram concretamente a vida social à subjugação supra-humana ou metafísica ou, ainda, à forças onipotentes, onisciente e onipresentes inalcançáveis e incompreensíveis à natureza humana.

Para saber mais

O NOME da rosa. Direção: Jean-Jacques Annaud. França: 20th Century Fox Film Corporation, 1986. 130 min.

Indicamos o filme O nome da Rosa, dirigido por Jean-Jacques Annaud, um clássico, lançado 1986, baseado no romance de Umberto Eco, que relata a história de um mosteiro nas escarpas dos Montes Apeninos, na Itália medieval do século XIV, onde uma série de assassinatos acontece em circunstâncias insólitas desafiando o extraordinário talento dedutivo do sábio franciscano inglês Guilherme de Baskerville.

GIORDANO Bruno. Direção: Giuliano Montaldo. Itália: Versátil Filmes, 1973. 114 min.

Indicamos também Giordano Bruno, sob a direção de Giuliano Montaldo, uma produção franco-italiana lançada em 1973. O longa-metragem conta a história desse grande filósofo italiano, pioneiro da ciência moderna, que viveu nos anos de 1558 a 1600 e foi queimado na fogueira pela Inquisição por causa de suas teorias contrárias aos dogmas da Igreja Católica.

2.1.7 Eflúvios da modernidade

Depois de um longo período obscuro da história da Humanidade (período medievo ou Idade Média), uma nova fase se despontou: a modernidade. Os novos eflúvios revolucionários provocaram, de certa maneira, um desenvolvimento antropológico-ontológico

Síntese

Ao final de cada capítulo, relacionamos as principais informações nele abordadas a fim de que você avalie as conclusões a que chegou, confirmando-as ou redefinindo-as.

É importante destacarmos que, do ponto de vista metodológico, não há nenhuma contradição; do ponto de vista epistemológico, nenhuma das duas abordagens é mais científica ou melhor que a outra; muito pelo contrário, as duas se inter-relacionam, apenas são de naturezas diferentes; uma é mais objetiva, enquanto a outra é mais subjetiva. Tudo depende dos objetivos e dos resultados que o pesquisador deseja alcançar.

Síntese

Neste capítulo, vimos com mais detalhes a definição de *pesquisa* e o significado de *epistemologia*. Discutimos sobre a diferença entre *método* e *metodologia*, os processos metodológicos de se fazer pesquisa, os diferentes métodos de investigação científica que são mais utilizados nas Ciências Humanas e Sociais e os tipos de raciocínio lógico, expondo os principais fatores sobre o método fenomenológico e o método dialético. Refletimos também sobre as principais diferenças entre o pensamento idealista de Hegel e o materialismo histórico-dialético de Marx e Engels.

Exploramos os tipos de pesquisa quanto a seus objetivos, procedimentos metodológicos e tipos de abordagens, destacando as diferenças entre eles. Refletimos, ainda, sobre a distinção entre revisão bibliográfica e pesquisa bibliográfica e destacamos a pesquisa de campo, a metodologia da história oral e o estudo de caso como procedimentos empíricos – metodologias muito utilizadas nas pesquisas em Serviço Social. Trouxemos orientações práticas sobre a construção de uma narração e vimos as abordagens quantitativa, qualitativa e mista.

Ainda, discutimos as principais noções e os elementos constitutivos para uma boa exposição textual das pesquisas, sua natureza, seus objetivos e seus procedimentos e meios técnicos. Não obstante, deixamos claro que há outros métodos e abordagens de pesquisa de que não tratamos aqui e que podem ser objeto de aprofundamento de seus estudos. Por meio de exemplos práticos, pudemos verificar os diferentes tipos de pesquisa e de abordagem em Serviço Social.

Questões para revisão

Ao realizar estas atividades, você poderá rever os principais conceitos analisados. Ao final do livro, disponibilizamos as respostas às questões para a verificação de sua aprendizagem.

Questões para revisão

1. Com relação ao processo de conhecimento, assinale a alternativa verdadeira:
   a) Os filósofos da Grécia Antiga aspiravam ao conhecimento ideal e sistemático.
   b) Somente os gregos tinham sabedoria para entender e compreender as coisas.
   c) De acordo com Ianni (2011), o ideal de uma atividade intelectual é que resolva determinados problemas.
   d) A causa principal que levou os seres humanos a produzirem conhecimento foi a organização das cidades gregas.
   e) O conhecimento é a relação que se estabelece entre o mundo que se conhece e o objeto conhecido.

2. Com relação aos períodos históricos do conhecimento, assinale a alternativa correta:
   a) As ideias do período helênico foram a base de sustentação do cristianismo até o advento da Filosofia medieval.
   b) No período sistêmico, acreditava-se que a "verdade" era revelada por Deus.
   c) As ideias desenvolvidas no período patrístico sustentaram o estoicismo, o epicurismo e as doutrinas neoplatônicas.
   d) O período antropológico teve como principal expoente Aristóteles.
   e) O período pré-socrático se caracterizou pelo florescimento e pela organização das cidades gregas.

3. Com relação aos efluvios da modernidade, analise as afirmativas a seguir.
   I) Os novos efluvios revolucionários da modernidade provocaram um desenvolvimento antropológico-ontológico na sociedade europeia.
   II) No Renascimento, homens e mulheres encontraram condições objetivas para assumirem a consciência de que podiam dinamizar suas capacidades e suas potencialidades.
   III) O desenvolvimento trazido pelo Renascimento somente alterou os aspectos científicos e tecnológicos.

c) De acordo com DaMatta (1987), a realidade social oferece modos diversos de entender a sociedade.
d) O papel do pesquisador é de mero descritor da realidade, da vida real, do cotidiano, da história.
e) O conhecimento produzido por determinada pesquisa busca satisfazer a vontade do pesquisador.

4. Com relação ao conceito de pesquisa social, podemos dizer que ela:
a) é baseada no senso comum.
b) se dirige a analisar a sociedade sem a utilização dos procedimentos científicos.
c) é de intenção popular.
d) é um processo metodológico-científico que permite obter conhecimento mediante o emprego de procedimentos científicos da realidade social.
e) é pesquisa estatística.

5. De acordo com Bourguignon (2008a), podemos definir a pesquisa como:
a) procedimento adotado pelas Ciências Humanas e Sociais para realizar experimentos científicos.
b) método de investigação da realidade social.
c) exercício sistematizado para colher respostas por meio de questionários.
d) método de investigação e intervenção social.
e) exercício sistemático de indagação da realidade observada que busca o conhecimento que supere a compreensão imediata das coisas.

Questão para reflexão

1. Reflita sobre a importância da dimensão investigativa para a produção do conhecimento em Serviço Social.

Questões para reflexão

Ao propor estas questões, pretendemos estimular sua reflexão crítica sobre temas que ampliam a discussão dos conteúdos tratados no capítulo, contemplando ideias e experiências que podem ser compartilhadas com seus pares.

Exercício resolvido

1. Pensando sobre a importância da pesquisa, assinale a alternativa **incorreta**:
a) A pesquisa está presente somente na vida acadêmica e profissional.
b) De acordo como o filme *Trem noturno para Lisboa*, a pesquisa pode ser uma aventura à procura dos personagens fictícios da história.
c) A pesquisa provoca a interlocução de diferentes atores no desempenho de suas atividades e contribui de alguma maneira para o desenvolvimento do conhecimento.
d) Realizamos pesquisa para entender e compreender os seres humanos.
e) As pesquisas de Kinsey não contribuíram para romper barreiras sobre a sexualidade humana.

Resposta: e

Comentário: as pesquisas de Kinsey contribuíram de modo significativo para romper barreiras sobre a sexualidade humana. Consideramos que é pela via da pesquisa que avançamos no conhecimento das coisas, do mundo, das pessoas, enfim, da realidade, para que os resultados da pesquisa possam alterar conceitos, valores, modos de ser, estar e pensar, assim como comportamentos.

Exercícios resolvidos

Nesta seção, você acompanhará passo a passo a resolução de alguns problemas complexos que envolvem os assuntos trabalhados no capítulo.

CAPÍTULO 1

A importância da pesquisa para o Serviço Social

Conteúdos do capítulo:

- Pesquisa científica.
- Pesquisa em Serviço Social.
- Contexto socio-histórico da pesquisa no Serviço Social.
- Importância da pesquisa.
- Pesquisa como interpretação da realidade social.

Após o estudo deste capítulo, você será capaz de:

1. entender e identificar a pesquisa no Serviço Social em seu processo socio-histórico;
2. reconhecer a importância da pesquisa no Serviço Social;
3. identificar os principais fatores que levam a pesquisar a realidade social.

> *"Pensar o Serviço Social, eis a tarefa".*
> *(M. L. Martinelli)*

No debate contemporâneo, o Serviço Social está inserido no processo de reprodução da vida material e dos modos de vida historicamente constituídos. A profissão se afirma como um **produto histórico**, especialização do trabalho coletivo, inscrito na divisão sócio-técnica de ocupação e que se renova cotidianamente ante o movimento contraditório da sociedade regida pela lógica burguesa e capitalista (Iamamoto, 2005).

Novas demandas são colocadas ao cotidiano profissional dos assistentes sociais, exigindo, novos arcabouços teóricos, novas legislações, políticas e estratégias para enfrentar as desigualdades, as desproteções e as injustiças sociais, de modo que, em conformidade com Iamamoto (2005, p. 203, grifo do original), "seu **significado social** depende da dinâmica das relações entre as classes e dessas com o Estado nas sociedades nacionais em quadros conjunturais específicos, no enfrentamento da 'questão social'".

> **Questão social**: "conjunto das expressões das desigualdades da sociedade capitalista madura, que tem sua raiz comum: a produção social é cada vez mais coletiva, o trabalho torna-se mais amplamente social, enquanto a apropriação dos seus frutos mantém-se privada, monopolizada por uma parte da sociedade" (Iamamoto, 2005, p. 27).

Ao longo de sua história, o Serviço Social brasileiro evidencia um largo acúmulo de conhecimento, produzido, principalmente, após o surgimento dos cursos de pós-graduação (mestrado e doutorado), em meados dos anos 1970. A produção de conhecimento se evidencia como um processo que envolve realidade social, contextos e pessoas que estão em contínua mudança e em constantes questionamentos, de modo a conhecer, por meio de pesquisas aproximadas, os fatos e os processos que norteiam sua produção de conhecimento e a intervenção profissional.

Assim, faz parte da natureza da profissão buscar compreender criticamente os fenômenos sociais para fundamentar ações e conhecer a realidade que nos cerca ou seus problemas, objetivando, assim, superar a compreensão imediata do cotidiano por meio da realização de pesquisas. A variedade das abordagens teóricas possíveis também é uma das características das pesquisas nessa área; uma variedade não só do ponto de vista das vias de acesso aos diversos problemas sociais que surgem no contato cotidiano com a vida social e suas contradições, mas também pelas diversas maneiras possíveis de interpretar e intervir nessa mesma realidade.

Além do mais, o Serviço Social percorreu historicamente caminhos teórico-metodológicos distintos em sua trajetória, evidenciando linhas e métodos diferentes para realização de pesquisas, intervenção e interpretação da realidade social.

Por isso, neste capítulo, buscaremos discutir alguns pontos fundamentais para que você possa evidenciar o que é uma pesquisa científica, a pesquisa em Serviço Social, seu contexto socio-histórico e sua importância, entendendo a pesquisa como interpretação da realidade social.

1.1 Pensando o Serviço Social e a pesquisa científica

Pensar o Serviço Social implica partir da compreensão de que seu fundamento é o conjunto dos fenômenos sociais resultantes das relações que os seres humanos estabelecem entre si e com a natureza (realidade social). Seus pressupostos só podem ser entendidos com base no movimento histórico da sociedade, entendida aqui como o produto da relação social recíproca de homens e mulheres no complexo processo de **reprodução social** da vida (Yazbek, 2008).

> **Reprodução social** é o processo pelo qual as sociedades se tornam mais complexas e se reproduzem na medida em que ocorre o desenvolvimento das forças produtivas e há alteração da dinâmica da vida social, possibilitando o desenvolvimento das capacidades humanas e das relações sociais.

Segundo Gatti (2012a, p. 10), podemos definir a *pesquisa científica* como "um conjunto estruturado de conhecimentos que nos permita compreender em profundidade aquilo que, à primeira vista, [...] nos revela nebulosamente ou sob uma aparência caótica" sobre o mundo das coisas ou dos seres humanos. É importante salientarmos que toda pesquisa é um processo que envolve esforço para reconstruir a realidade, primeiramente em nossa mente para, somente depois, termos condições de registrar fatos, acontecimentos, histórias, fenômenos, dados, enfim, resultados de um estudo sistemático e rigoroso de indagações sobre determinado tema ou assunto sobre o qual objetivamos conhecer (Bourguignon, 2008b).

De acordo com Karsch (1988), o assistente social é, por natureza, um pesquisador que não precisa procurar um problema-objeto de investigação, porque seu trabalho já fornece uma infinidade de problemas a serem resolvidos, questionados ou investigados. Em outras palavras, fornece uma infinidade de temas que podem ser desdobrados e investigados nas mais diferentes áreas de atuação. Essa multiplicidade de problemas que a pesquisa em Serviço Social pode e tem abordado é evidentemente ampla, porque a realidade social é dinâmica e contraditória.

De certo modo, o significado social do Serviço Social, suas demandas, seus serviços e suas atribuições, na maioria das vezes são gerados na trama das relações que constituem a vida cotidiana e que, particularmente, implicam respostas que a sociedade e o Estado constroem ante as carências e as necessidades sociais dos indivíduos sociais em suas dimensões política, econômica, social e cultural.

Além do mais, os assistentes sociais atuam nos processos relacionados à reprodução social da vida, interferindo, de certo modo, nas mais diversas **situações-problema** que afetam, sobremaneira, a vida dos sujeitos sociais, sobretudo nos setores mais empobrecidos da sociedade, objetivando, sob múltiplos aspectos, melhores condições de vida, trabalho, renda, moradia, alimentação, entre outros fatores.

Situações-problema: tratam de realidades que são simultaneamente situação e problema.

Assim, a pesquisa no Serviço Social é entendida, aqui, como um procedimento teórico-metodológico, incorporada à **práxis** interventiva dos profissionais que possibilita o direcionamento de seus resultados para reinventar, reconstruir e até mesmo construir uma consciência crítica, permitindo autoanálise e revisão permanentes do fazer profissional (Setubal, 2007).

Práxis: "Atividade prática consciente" que envolve um pensar e um fazer, "capaz de recriar necessidades, e capacidades, materiais e espirituais, instituindo um produto concreto antes inexistente" (Barroco, 1999, p. 122).

Portanto, pensar a pesquisa no âmbito do Serviço Social implica entender esses pressupostos. Além do mais, a produção do conhecimento no âmbito da profissão visa consolidar uma sustentação teórica e metodológica que garanta ao profissional do Serviço Social intervir na realidade social de forma crítica, criativa e propositiva.

> **Pense a respeito!**
>
> O avanço da pesquisa e da produção do conhecimento em Serviço Social, nas últimas décadas, tem proporcionado a articulação da profissão com outras áreas no âmbito das Ciências Humanas e Sociais, o que tem contribuído para dar maior visibilidade à profissão e sua produção científica.

1.2 Contexto socio-histórico

As primeiras escolas de Serviço Social no Brasil privilegiaram a dimensão técnico-operativa em detrimento da produção do conhecimento. Em 1946, foi criada a Associação Brasileira de Escolas de Serviço Social (Abess), uma entidade acadêmico-científica preocupada com o projeto de formação profissional.

> **Fique atento**
>
> O processo metodológico-científico permite obter conhecimento mediante o emprego de procedimentos científicos da realidade social.

Apesar do amadurecimento da produção teórica profissional ser recente, a preocupação com a **pesquisa social** já estava inscrita na Lei n. 1.889, de 13 de junho de 1953, que "dispõe sobre os objetivos do ensino do serviço social, sua estruturação e ainda as prerrogativas dos portadores de diplomas de Assistentes Sociais e Agentes Sociais" (Brasil, 1953), porém, o suporte teórico-metodológico naquele período se caracterizava pela junção do discurso humanista-cristão com um suporte técnico-científico de base positivista (Yazbek, 2008).

Nesse sentido, Ammann (1984, p. 147) aponta que "a incorporação da pesquisa na prática profissional da área é um fenômeno relativamente recente", apesar dos "esforços orientados para consolidar uma política geral de capacitação e investigação, no campo do Serviço Social, por parte dos organismos profissionais".

Na década de 1960, a profissão começou a questionar seus referenciais teórico-metodológicos, técnico-operativos e ideopolíticos, assumindo as inquietações e as insatisfações daquela conjuntura histórica e política. Foi nesse período que se iniciou um movimento latino-americano conhecido como *Movimento de Reconceituação*, que se caracterizou como uma ampla ação de renovação do Serviço Social.

> * **Técnico-operativo:** procedimento prático que permite apreender a realidade social por meio da adoção de técnicas, análise histórica e fundamentos teóricos.
> * **Ideopolítica:** engloba direcionamentos que compõem determinada direção ideológica e política.

O Movimento de Reconceituação (1965-1975), segundo Iamamoto (2005, p. 205, grifo do original), "representou **um marco decisivo no desencadeamento do processo de revisão crítica do Serviço Social**" no espaço latino-americano e no que diz respeito à aproximação da tradição marxista, contestando e contrapondo o tradicionalismo profissional. Esse movimento possibilitou aos assistentes sociais a emergência de uma ala crítica no interior da profissão, almejando a construção de um novo projeto profissional, comprometido criticamente com as demandas e os interesses da população usuária dos serviços e das políticas públicas.

Os debates e a produção intelectual do Serviço Social brasileiro no período resultaram no desdobramento e na explicitação de diferentes tendências teórico-metodológicas, também do ponto de vista interventivo, criando diferentes linhas de pensamento e de ação: uma vertente modernizadora, caracterizada pela incorporação de abordagens funcionalistas, estruturalistas e, mais

tarde, sistêmicas, voltadas à modernização conservadora; uma vertente inspirada pela fenomenologia; e uma vertente de base marxista, mas sem o recurso do pensamento de Karl Marx (1818-1883), conforme esclarece Yazbek (2009).

Foi também nas décadas de 1960 e 1970 que se ampliaram de modo substancial a rede de serviços sociais e a demanda por assistentes sociais tanto na esfera pública como na privada, o que permitiu à profissão um efetivo avanço nas instâncias acadêmicas de formação e institucional, apesar da precariedade das políticas sociais e da conjuntura política do país no período (Yazbek, 2008).

Apesar dos esforços emanados pelo Movimento de Reconceituação, o Serviço Social não conseguiu se desvencilhar da influência positivista. Contudo, esses esforços permitiram que uma ala crítica de profissionais se formasse no interior da profissão, aglutinando forças contra as bases conservadoras e a prática tradicionalista, na tentativa de romper com a **alienação** profissional, norteados pelo pensamento marxista.

Foi nessa direção que, em 1966, o Centro Brasileiro de Cooperação e Intercâmbio de Serviço Social (CBCISS), criado em 1957, propôs um amplo estudo do Serviço Social com o objetivo de esclarecer conceitos, valores e conhecimentos necessários para uma prática eficiente. Assim, realizaram-se três seminários importantes para a produção do conhecimento naquele período: seminários de Araxá (1967) – *Teorização do Serviço Social*; de Teresópolis (1970) – *Metodologia do Serviço Social*; e de Sumaré (1978) – *Cientificidade do Serviço Social* (CBCISS, 1984). Apesar de a produção do conhecimento nesses seminários ser importante para o amadurecimento da profissão, ainda confirmaram o pensamento conservador de fundo positivista.

Outra importante associação preocupada com a produção do conhecimento do Serviço Social latino-americano é o Centro Latino Americano de Trabalho Social (Celats), criado em 1976. Essa associação tem proporcionado debates sobre a profissão, priorizando fortalecer a reflexão sobre a formação dos assistentes sociais latino-americanos, sendo responsável por diversas publicações na área.

Contudo, de acordo com Setubal (2013), é importante lembrarmos que essas associações não se constituíram órgãos de investigação, pois buscavam incentivar estudos, pesquisa e publicações do Serviço Social. Por outro lado, na tentativa de "reformar" ou "renovar" a prática profissional, no fim dos anos de 1970 e início dos anos de 1980, a produção do conhecimento em Serviço Social foi direcionada para uma teorização da profissão. Em outras palavras, estava voltada para a construção de um saber teórico-metodológico que atendesse à realidade social e suas contradições naquele momento histórico. Buscava-se produzir um saber progressivo, com a adoção de princípios e de valores que dessem conta de repensar os fundamentos e a racionalidade da profissão.

Em um esforço teórico, alguns profissionais se aliaram a um movimento que se formou no interior da Filosofia, da Sociologia, da Psicologia e das Ciências Sociais e que expressava uma abertura para uma terceira via, uma possibilidade de construir uma teoria que envolvesse o processo de transformação social. Apoiados em uma visão psicossocial e na preocupação em abordar a articulação entre os objetivos dos programas sociais e do desempenho dos assistentes sociais, alguns profissionais se aproximaram da fenomenologia e das matrizes teóricas de Edmund Husserl (1859-1938), Maurice Merleau-Ponty (1908-1961), Emmanuel Mounier (1905-1950), Paul Ricoeur (1913-2005), entre outros fenomenólogos.

> **Teoria**: "conjunto de concepções, sistematicamente organizadas; síntese geral que se propõe a explicar um conjunto de fatos cujos subconjuntos foram explicados pelas leis" (Severino, 2007, p. 104).

A fenomenologia chegou ao Serviço Social brasileiro por meio de algumas assistentes sociais e estudiosas da Universidade Federal do Rio de Janeiro (UFRJ), tendo como sua principal expoente Anna Augusta de Almeida, e da Pontifícia Universidade Católica do Rio Grande do Sul (PUCRS). Além disso, outras áreas do saber se apropriaram dos conhecimentos fenomenológicos.

O CBCISS teve importância fundamental na divulgação da fenomenologia no Brasil, assim como a Associação Nacional de Pesquisa em Serviço Social (Anpess). O CBCISS foi responsável pela publicação do *Caderno de Pesquisa em Serviço Social*, no qual reunia textos de estudiosos e pesquisadores da época, fundamentados pelos conhecimentos produzidos pelos fenomenólogos.

Foi somente com a criação dos primeiros programas sistemáticos de pós-graduação, mestrado e doutorado no país, a partir de meados dos anos de 1970, e com a inserção dos pesquisadores nas agências de fomento à pesquisa que a produção do conhecimento em Serviço Social acelerou. Desde então, a produção bibliográfica teve um aumento considerável, sendo alimentada, em sua maioria, por dissertações de mestrados e teses de doutorados. Essa alavancada para a produção de conhecimento em Serviço Social ocorreu em pleno período ditatorial e com a reformulação do ensino no Brasil, principalmente o universitário, que avançou na direção de criar núcleos de estudos e pesquisas no processo de formação dos assistentes sociais.

Nesse sentido, Setubal (2007) enfatiza que os primeiros currículos mínimos para a formação profissional dos assistentes sociais já atribuíam importância à ação investigativa no sentido de priorizar a relação entre teoria e prática na formação e na vida profissional.

Em 1979, nos marcos do III Congresso Brasileiro de Assistentes Sociais (III CBAS), que ficou conhecido como *Congresso da Virada*, a Abess assumiu a tarefa de coordenar e articular o projeto de formação profissional, transformando-se em *Associação Brasileira de Ensino de Serviço Social*. Além disso, criou-se o Centro de Documentação e Pesquisa em Políticas Sociais e Serviço Social (Cedepss), na década de 1980, que veio atender às novas demandas potencializadas pelo surgimento dos programas de pós-graduação a partir de 1972 (ABEPSS, 2019).

Mas foi somente a partir de 1980 que o Serviço Social obteve reconhecimento por parte Conselho Nacional de Desenvolvimento Científico e Tecnológico (CNPq) como área específica de pesquisa, sendo atribuídas as seguintes linhas de investigação: Fundamentos do Serviço Social, Serviço Social Aplicado, Serviço Social do Trabalho,

Serviço Social da Educação, Serviço Social do Menor, Serviço Social da Saúde e Serviço Social da Habitação, conforme nos aponta Lara (2007). Em 1996 ocorreu um novo momento marcante na história da Abess, com a mudança de seu nome para *Associação Brasileira de Ensino e Pesquisa em Serviço Social* (Abepss), "justificada em função da defesa dos princípios da indissociabilidade entre ensino, pesquisa e extensão e da articulação entre graduação e pós-graduação, aliada à necessidade da explicitação da natureza científica da entidade, bem como a urgência da **organicidade** da pesquisa no seu interior" (ABEPSS, 2019, grifo nosso).

Organicidade: relativo à organização.

Foi a partir desse momento que a pesquisa se firmou sistematicamente no âmbito do debate acadêmico do Serviço Social, marcando, sobretudo, o processo de ruptura com o conservadorismo presente na constituição da profissão. Foi no contexto do processo de redemocratização do país que o Serviço Social se direcionou à produção do conhecimento tendo como objeto de atenção a profissão, buscando compreender sua natureza, seus procedimentos e sua relação com as demais áreas do conhecimento (Bourguignon, 2008b).

Conservadorismo: filosofia político-social que defende a manutenção das instituições, da cultura e do comportamento tradicional.

Para saber mais

ESCORSIM NETTO, L. **O conservadorismo clássico**: elementos de caracterização e crítica. São Paulo: Cortez, 2011.

Sugerimos a leitura dessa obra de Leila Escorsim Netto para aprofundamento no tema em questão.

Com a promulgação da Constituição Federal de 1988 e a consolidação da Assistência Social como política pública, inserida no tripé da Seguridade Social (Saúde, Assistência Social e Previdência Social), alargaram-se os horizontes da produção do conhecimento no Serviço Social. Além disso, o reconhecimento pelas agências de fomento à pesquisa da assistência social como área de pesquisa (Sposati et al., 2003) possibilitou que temas como políticas públicas, seguridade social, família, criança e adolescentes, idoso, financiamento, fundos públicos, entre outros próprios da política de assistência social, começassem a se proliferar nas dissertações de mestrados, nas teses de doutorados e nos artigos científicos. De acordo com Bourguignon (2008b, p. 35), "A maior parte dos temas de pesquisa dos anos 80, e que continuaram sendo abordadas nos anos 90, referem-se às políticas públicas na sua interface com o Estado".

Os marcos históricos das conquistas dos direitos sociais, como a criação do Sistema Único de Saúde (SUS), do Estatuto da Criança e do Adolescente (ECA – Lei n. 8.069/1990), da Lei Orgânica de Assistência Social (Loas – Lei n. 8.742/1993), e nos anos 2000, do Estatuto do Idoso (Lei n. 10.741/2003), da Política Nacional de Assistência Social (PNAS/2004), além da implantação do Sistema Único de Assistência (Suas), entre outras conquistas, geraram e continuam gerando um vasto volume de pesquisas, artigos e livros, assim como em outras áreas, como Serviço Social sociojurídico, diversidade sexual, movimentos sociais, sociedade civil, mundo do trabalho, entre outros.

No início dos anos 1990, com a aprovação do novo Código de Ética Profissional do Serviço Social (1993), a luta pelos Direitos Humanos e a consolidação do pensamento marxista como proposta ético-política e ideopolítica para o Serviço Social, a pesquisa incorporou também a preocupação com a formação profissional e o direcionamento da profissão nos marcos da conjuntura **neoliberal** que avançava sobre o país e as novas Diretrizes Gerais para o Curso de Serviço Social, de 1996:

As novas diretrizes curriculares são claras quando reivindicam a pesquisa como um componente absolutamente necessário para a formação e para a intervenção profissional do assistente social, sendo ele docente ou não. Ou seja, a pesquisa deve se desenvolver nas universidades, articular-se com os diferentes espaços de inserção profissional [...] e, mais do que isso, **deve ser um traço central do exercício profissional do assistente social independente de sua inserção na divisão social e técnica do trabalho**. A postura investigativa é necessária para descortinar as armadilhas da vida cotidiana, passo crucial e insubstituível para uma intervenção profissional crítica, propositiva e, portanto, não repetitiva. Sem este procedimento, o profissional de Serviço Social não exerce seu papel como sujeito histórico possível e, dessa forma, não coloca em movimento as possibilidades históricas de transformação inscritas na própria realidade. (Silva, 2007, p. 292, grifo do original)

As Diretrizes Gerais para o Curso de Serviço Social, de 1996, que foram estabelecidas pela Resolução n. 15, de 13 março de 2002, reiteravam a matéria Pesquisa Social como parte dos princípios básicos para a formação profissional do assistente social, o que implicou trabalhar a natureza, o método e o processo de construção do conhecimento ante seu debate teórico-metodológico, a elaboração e a análise de indicadores socioeconômicos, entendendo "a investigação como dimensão constitutiva do trabalho do assistente social e como subsídio para a produção do conhecimento sobre os processos sociais e reconstrução do objeto da ação profissional" (CRESS-SP, 2008, p. 83).

As décadas de 1980 e 1990 marcaram um expressivo empenho da categoria profissional em fortalecer a base científico-profissional do Serviço Social brasileiro, sobretudo em relação ao processo de construção crítica da profissão e do exercício profissional, ambos pautados no aporte socio-histórico definido pelo currículo mínimo de 1982 (Silva; Silva, 2015). Assim, a pesquisa no âmbito da profissão se incorporou à práxis profissional e acompanhou o processo histórico e o amadurecimento intelectual e profissional perante as demandas societárias, impulsionando a produção do conhecimento próprio, propiciando subsídios teórico-metodológicos, técnico-operativos e ético-políticos para o Serviço Social.

1.3 Pesquisa em Serviço Social

No debate contemporâneo do Serviço Social há a preocupação central com o método em Marx, na condição de representação do real, que tem por base determinada concepção de mundo e de ser social. O método se difere de metodologia, que é entendida como o conjunto de procedimentos técnicos para a realização da pesquisa, ou seja, compreende a sistematização dos dados e o modo de análise dos resultados.

Tais pressupostos foram fruto de intensos debates teórico-metodológicos no cerne da profissão, buscando ser embasados pelo legado **marxiano** e pela tradição **marxista**, o que permite que as condições básicas da produção do conhecimento em Serviço Social incorporem o pensamento crítico de Marx para a qualificação e a formação profissional dos assistentes sociais, que, cotidianamente, lidam com as múltiplas e complexas manifestações da **questão social**.

- **Marxiano**: com base nos textos do próprio Marx.
- **Marxista**: com base no pensamento de estudiosos e autores de Marx.

É importante destacarmos que o primeiro estudo realizado e publicado fundamentado diretamente pelas contribuições marxianas, tendo como mote o método em Marx, no Serviço Social foi realizado por Marilda Vilela Iamamoto e Raul de Carvalho: *Relações sociais e serviço social no Brasil: esboço de uma interpretação histórico-metodológica* (1985), no qual os autores situam e explicam o Serviço Social inserido na divisão sociotécnica do trabalho, chamando atenção para o caráter contraditório da profissão e dos conflitos originários na relação entre capital e trabalho (Netto, 2005; Silva, 2007).

A preocupação constante em considerar a relação entre a teoria e a práxis profissional como unidade do diverso, articulando o conhecimento produzido com a realidade social e construindo um diálogo crítico sobre esse processo, propunha subsidiar as alternativas viáveis da intervenção profissional. De acordo com Silva (2007, p. 293), "a formação teórica e a pesquisa são essenciais em quaisquer contextos de inserção profissional, ainda que o tempo disponível para a crítica e para a formulação de alternativas seja, evidentemente, diferente".
Setubal (2007, p. 65) esclarece que

> a produção do conhecimento pela via da pesquisa é o caminho que possibilita o rompimento do Serviço Social com a pseudocroncreticidade, por provocar no profissional o desejo de se movimentar – enquanto pesquisador e/ou profissional responsável por ações institucionais que, aparentemente, não têm responsabilidade direta de produzir conhecimento – no sentido de fazer com que o pensar e o agir possam interagir dialeticamente.

De modo geral, é importante que as Instituições de Ensino Superior (IES), nos cursos de Serviço Social, tenham claramente definidos em seus projetos pedagógicos, com base nas Diretrizes de 1996, os conteúdos e as disciplinas sobre a pesquisa, de modo que o egresso possa ter uma base sólida e crítica para intervir, analisar e pesquisar a realidade social, no sentido de buscar a emancipação dos sujeitos sociais e a transformação da sociedade.

Hoje, o Serviço Social compõe, com a Psicologia, no CNPq, o Comitê de Assessoramento de Psicologia e Serviço Social (CA-PS), englobando a área de Ciências Humanas e Sociais, vinculada à Diretoria de Engenharias, Ciências Exatas e Humanas e Sociais do CNPq (Brasil, 2019). É importante lembrarmos que o apoio financeiro para a realização de pesquisas é de extrema importância.

Sobre as recentes tendências da pesquisa em Serviço Social, Mendes e Almeida (2014) trazem um importante estudo no contexto do CNPq e destacam outras agências de fomento à pesquisa, como a Coordenação de aperfeiçoamento de Pessoal de Nível Superior (Capes), além das fundações em níveis estadual, nacional e internacional que compõem os órgãos de financiamento de pesquisas a docentes e pesquisadores.

De acordo com Bourguignon (2008a), a pesquisa é o exercício sistemático de indagação da realidade observada que busca um conhecimento que supere a compreensão imediata das coisas. No Serviço Social, ela busca fundamentar e instrumentalizar o agir profissional de modo a desenvolver práticas comprometidas com as mudanças sociais da realidade. Portanto, faz parte da natureza da profissão compreender de modo crítico os fenômenos sociais para fundamentar as ações profissionais.
Ainda, segundo Bourguignon (2008a, p. 303),

> A pesquisa deve destinar-se não só a compreender as questões estruturais, mas numa perspectiva de totalidade o processo de reprodução material e espiritual da existência do ser social. Por isso não podem passar despercebidos [sic] nas pesquisas da área, as diferentes formas como o sujeito se relaciona com a realidade social.

Conhecer é sempre um processo que envolve um esforço de reconstrução da realidade em nossa mente. Assim, o pesquisador parte da realidade concreta, de situações reais, tendo como referência determinado objeto a ser conhecido e um objetivo a ser alcançado.
Por meio do processo de **abstrações** e aproximações de determinações, relações e processualidades históricas, o conteúdo abstraído volta à realidade após desvendar a totalidade complexa do objeto. Tal enunciado prediz o método dialético como caminho a ser seguido de modo a desvendar a constituição do todo em sucessivas aproximações. Assim, evidenciamos essa dimensão necessária para o acúmulo do conhecimento, de modo a produzir, sistematicamente, direções estratégicas para o entendimento da realidade social e para a intervenção profissional do assistente social, comprometida com os processos concretos na garantia da materialidade do projeto ético-político-profissional.

Abstração: capacidade mental de isolar atributos de um objeto para tomar em consideração suas especificidades e particularidades.

> **Pense a respeito!**
>
> O desenvolvimento da pesquisa não exige apenas capacidade técnica e boa articulação dos referenciais teóricos, mas também a delimitação do objeto de estudo e sua compreensão dentro da trama histórica e das demandas contemporâneas do Serviço Social.

1.4 Importância da pesquisa para desvendar a realidade social

Alfred Kinsey (1894-1956) foi um renomado biólogo estadunidense, professor de Entomologia e de Zoologia e Sexólogo, interessado desde tenra idade pela natureza. Essa curiosidade o levou a pesquisar vespas logo após se graduar em Zoologia. Obcecado por seu objeto de estudo, ele chegou a catalogar cerca de 1 milhão de exemplares da espécie *Cynips*. Sua obstinação o levou a lecionar na Universidade de Indiana, nos Estados Unidos, ministrando aulas no Curso de Higiene (um eufemismo para o programa de *Educação Sexual* da universidade).

Em contato com os alunos, Kinsey percebeu que falar sobre sexo e sexualidade era um tabu mesmo entre os médicos. O assunto estava cercado por preconceito e moralismos próprios da sociedade no início do século XX. Despertado pelas respostas positivas dos alunos a suas aulas, Kinsey resolveu estudar a sexualidade humana, e, com sua experiência em catalogação de vespas, não teve dificuldade em formular um complexo questionário com 521 perguntas que contemplavam desde as memórias da infância, passando pela adolescência até chegar às experiências sexuais da vida adulta.

As pesquisas de Kinsey contribuíram para romper barreiras sobre a sexualidade humana na direção da igualdade sexual entre homens e mulheres. Os resultados de suas pesquisas foram publicados nos Estados Unidos em 1948 e 1953, e traziam um levantamento sobre o comportamento sexual de milhares de norte-americanos (Catonné, 2001). Sua história ganhou fama e as telas dos cinemas em 2005; o filme *Kinsey: Vamos falar de sexo*, sob a direção de Bill Condon, mostra como o biólogo realizou os estudos que alteraram a história da ciência e a cultura sobre o comportamento sexual, sendo considerado o pioneiro nas pesquisas sobre a sexualidade humana.

Em 2001, o filme brasileiro *Narradores de Javé*, dirigido por Eliane Caffé, trouxe para o foco das discussões o sentido da história e levou a entender os caminhos para a construção do conhecimento histórico e da preservação da memória.

O filme narra a história de um distante vilarejo chamado *Javé*, que está prestes a desaparecer por conta da construção de uma usina hidrelétrica. Ao saberem da notícia, os moradores procuram uma alternativa para que a pequena vila não seja destruída.

Assim, resolvem escrever um livro contando a história do povoado para que a região fosse considerada patrimônio histórico e cultural do país. A missão de escrever o livro fica por conta de Antônio Biá, o único morador que sabe ler e escrever. Desse modo, Biá vai de casa em casa para coletar informações e documentos para escrever o livro. Essa odisseia, na tentativa de salvar a cidade e preservar a história do local, leva a discussões sobre o recurso utilizado pela metodologia de História Oral como instrumento para o registro da história e da memória (Cardoso, 2008).

Em 2013, o filme *Trem noturno para Lisboa*, dirigido pelo dinamarquês Bille August, foi um daqueles dramas emocionantes que nos leva para um momento histórico marcado pelo heroísmo, por traições e paixões. O longa-metragem narra o episódio histórico da Revolução dos Cravos em Portugal, em 1974.

O ator Jeremy Irons interpreta um professor suíço solitário (Raimund Gregorius) que se encanta por um livro raro encontrado no bolso do casaco de uma misteriosa jovem, a qual ele impede que se suicide no caminho entre sua casa e a escola. Raimund abandona sua classe, dirige-se à estação, pega um trem para Lisboa e passa a buscar os passos perdidos do autor do livro.

Essa epopeia é regada pela procura de fatos e pessoas que vivenciaram os anos terríveis da ditadura de Salazar. O filme é uma aventura à procura dos personagens reais da história contada em prosa e verso. Baseado no romance do escritor e filósofo suíço Pascal Mercier, Raimund vai descortinando a vida do autor do livro, o médico português Amadeu do Prado. O professor fica totalmente tocado pela história do médico e passa a investigar a vida dele.

As reflexões contidas nesses três exemplos demonstram fatos distintos que são revelados por meio da pesquisa. Além disso, os filmes mostram que a investigação não está apenas contida na Academia e sob a responsabilidade de um profissional, mas consiste em uma predisposição, curiosidade ou necessidade em conhecer mais sobre determinado assunto, processo ou acontecimento, ou, ainda, dar visibilidade, consistência, efetividade e alcance social a um período histórico, fatos, vivências e pessoas.

A produção cinematográfica, como recurso didático, possibilita projetar interpretações, debater, expressar conhecimentos, elaborar críticas, realizar leituras diversas sobre fatos, pessoas, acontecimentos e histórias, traz informações teórico-metodológicas e é um recurso que salienta o diálogo e as interpretações por meio de imagens.

De acordo com DaMatta (1987), a realidade social traz questões de ordem concreta e prática. Ela remete, inevitavelmente, a uma orientação sincrônica, integrada, sistêmica e real de pessoas, grupos, papéis e ações sociais que são, muitas vezes, vistos como um organismo ou uma máquina. A pesquisa revela um universo pronto a ser desvelado. Em sentido geral, é o ato pelo qual procuramos obter conhecimento sobre alguma coisa; contudo, não buscamos qualquer conhecimento, mas um que ultrapasse o entendimento imediato na explicação ou na compreensão da realidade que observamos. Ela requer um conjunto estruturado de informações que nos permitam compreender em profundidade aquilo que se revela nebuloso sob determinada aparência caótica (Gatti, 2012a). Pesquisamos para entender e compreender o mundo das coisas e os seres humanos.

Não há um modelo de pesquisa a ser seguido, e sim métodos e metodologias, modos de interpretação e de desenvolvimento de ideias, fatos, realidades e coisas. Além disso, a pesquisa não busca verdades absolutas, dogmas definitivos ou a reprodução fria de regras em manuais. Ela busca conhecimentos provisórios sobre a realidade, podendo ser realizada de várias maneiras, como por meio de depoimentos, entrevistas, diálogos, discussões, observação, experimentação, questionários, coleta de dados, pesquisa bibliográfica, análises documentais, enfim, uma série de instrumentos que norteiam o caminho. O conhecimento apurado nas pesquisas sempre gera algo para a compreensão do problema pesquisado.

Pense a respeito!

"[...] as sociedades vivem o presente marcado por seu passado e é com tais determinações que constroem seu futuro, numa dialética constante entre o que está dado e o que será fruto de seu protagonismo. Portanto, a provisoriedade, o dinamismo e a especificidade são características de qualquer questão social" (Minayo, 2008, p. 12).

De acordo com os exemplos registrados, a pesquisa provoca a interlocução de diferentes atores no desempenho de suas atividades e contribui de alguma maneira para o desenvolvimento do conhecimento. O papel do pesquisador passa a ser o de um **intérprete** da realidade, da vida real, do cotidiano, da história. E o conhecimento produzido por determinada pesquisa preenche uma lacuna importante naquilo que já foi produzido em certa área do conhecimento.

Qualquer que seja o referencial teórico ou a metodologia empregada, a pesquisa implica formular um problema, determinar as informações necessárias para o encaminhamento das respostas às perguntas realizadas, selecionar as melhores fontes de informação, definir o conjunto de ações, selecionar uma metodologia para o tratamento desses dados, escolher um referencial teórico condizente com a área de conhecimento, responder às perguntas formuladas no início da investigação, indicar o grau de confiabilidade das respostas obtidas e, finalmente, indicar a generalidade dos resultados (Luna, 2011).

Toda pesquisa parte de determinado problema, questão ou dúvida para o que se quer encontrar respostas, embora sua formulação possa variar quanto à natureza. Requer, ainda, alguns procedimentos norteadores e um "recorte" da realidade (delimitação do objeto). Esses procedimentos preliminares são fundamentais para a realização de pesquisas sociais em Serviço Social. Segundo Setubal (2013, p. 14), o "Serviço Social não deve parar na prática interventiva, mas buscar, na concretude dos procedimentos da pesquisa, apoio para uma ação profissional mais dinâmica, questionadora e que caminha *pari passu* com os diferentes movimentos emergentes da sociedade".

É pela via da pesquisa que avançamos no conhecimento das coisas, do mundo, das pessoas, enfim, da realidade; ela está presente não só em nossa vida acadêmica e profissional mas também em nosso cotidiano. Ao considerarmos o conhecimento como modo de expressão ao longo da história, verificamos que ele foi se desenvolvendo à medida que as próprias ações humanas se expandiram em decorrência do surgimento e do crescimento das carências e das necessidades próprias da experiência social e da vida em comunidade.

Por determinado tempo, acreditou-se que o conhecimento era fruto de uma revelação divina ou de uma iluminação interior reveladora, porém, ao longo da história, os indivíduos sociais passaram a tomar posse dele e a produzir sua própria interpretação.

Pense a respeito!

De modo geral, podemos dizer que o conhecimento é resultante do ato criador do ser humano e que constitui e impulsiona o movimento e o desenvolvimento da sociedade e do próprio ser humano no sentido de transformar a realidade em que se insere.

Síntese

Neste capítulo, buscamos desenvolver o entendimento e a importância da pesquisa no Serviço Social. Refletimos sobre a conceituação, o processo e o desenvolvimento da produção de conhecimento no Serviço Social em seu contexto socio-histórico, buscando relacionar o amadurecimento de sua produção de conhecimento com as mudanças ocorridas no interior da profissão ao longo de sua história.

Refletimos sobre a preocupação central com o método em Marx, os marcos históricos da entrada do pensamento marxista na profissão e o direcionamento da pesquisa pautada nesse referencial teórico-metodológico e ideopolítico. Discutimos sobre a importância das agências de fomento à pesquisa e buscamos entender a pesquisa como fonte e produção de conhecimento. Por meio da produção cinematográfica como instrumento, buscamos oferecer subsídios para compreender a pesquisa como processo de interpretação da realidade social e de produção de conhecimento.

Questões para revisão

1. Com relação aos assuntos discutidos neste capítulo, analise as assertivas a seguir.
   I) A pesquisa faz parte da natureza humana e é parte constituinte e constitutiva do trabalho interventivo do assistente social.
   II) Os assistentes sociais atuam nos processos relacionados à reprodução social da vida, interferindo nas mais diversas situações que afetam a vida dos sujeitos sociais.
   III) Na década de 1930, a profissão começou a questionar seus referenciais teórico-metodológicos, técnico-operativos e ideopolíticos, assumindo as inquietações e as insatisfações daquela conjuntura histórica.

IV) Com a criação dos primeiros cursos de pós-graduação em Serviço Social, alavancou-se a produção do conhecimento no interior da profissão.

V) No debate contemporâneo do Serviço Social há a preocupação central com a prática profissional como representação do real.

Agora, assinale a alternativa que apresenta a resposta correta:
a) As assertivas I e II estão corretas.
b) Somente a assertiva III está correta.
c) As assertivas IV e V estão corretas.
d) As assertivas I, II e IV estão corretas.
e) Somente a assertiva V está correta.

2. Com relação à pesquisa em Serviço Social, assinale a alternativa correta:
a) A metodologia é entendida como o conjunto de procedimentos teóricos para a realização da pesquisa.
b) O primeiro estudo diretamente fundamentado nas contribuições do pensamento marxiano no Serviço Social foi realizado por José Paulo Netto.
c) O desenvolvimento da pesquisa exige apenas capacidade técnica e saber articular bem os referenciais teóricos.
d) Conhecer é sempre um processo que envolve a capacidade mental de tomar consciências sobre coisas ou fenômenos.
e) Definimos o processo de abstração como a capacidade mental de isolar atributos de um objeto para tomar em consideração suas especificidades e suas particularidades.

3. Com relação à importância da pesquisa, assinale a alternativa correta:
a) Kinsey, renomado biólogo norte-americano, foi um pesquisador obcecado pelo estudo de pássaros.
b) Não há um modelo de pesquisa a ser seguido, e sim métodos e metodologias, modos de interpretação e de desenvolvimento de ideias, fatos, realidades e coisas.

c) De acordo com DaMatta (1987), a realidade social oferece modos diversos de entender a sociedade.
d) O papel do pesquisador é de mero descritor da realidade, da vida real, do cotidiano, da história.
e) O conhecimento produzido por determinada pesquisa busca satisfazer a vontade do pesquisador.

4. Com relação ao conceito de pesquisa social, podemos dizer que ela:
   a) é baseada no senso comum.
   b) se dirige a analisar a sociedade sem a utilização dos procedimentos científicos.
   c) é de intenção popular.
   d) é um processo metodológico-científico que permite obter conhecimento mediante o emprego de procedimentos científicos da realidade social.
   e) é pesquisa estatística.

5. De acordo com Bourguignon (2008a), podemos definir a pesquisa como:
   a) procedimento adotado pelas Ciências Humanas e Sociais para realizar experimentos científicos.
   b) método de investigação da realidade social.
   c) exercício sistematizado para colher respostas por meio de questionários.
   d) método de investigação e intervenção social.
   e) exercício sistemático de indagação da realidade observada que busca o conhecimento que supere a compreensão imediata das coisas.

Questão para reflexão

1. Reflita sobre a importância da dimensão investigativa para a produção do conhecimento em Serviço Social.

Exercício resolvido

1. Pensando sobre a importância da pesquisa, assinale a alternativa **incorreta**:

    a) A pesquisa está presente somente na vida acadêmica e profissional.

    b) De acordo como o filme *Trem noturno para Lisboa*, a pesquisa pode ser uma aventura à procura dos personagens fictícios da história.

    c) A pesquisa provoca a interlocução de diferentes atores no desempenho de suas atividades e contribui de alguma maneira para o desenvolvimento do conhecimento.

    d) Realizamos pesquisa para entender e compreender os seres humanos.

    e) As pesquisas de Kinsey não contribuíram para romper barreiras sobre a sexualidade humana.

    Resposta: e

    Comentário: as pesquisas de Kinsey contribuíram de modo significativo para romper barreiras sobre a sexualidade humana. Consideramos que é pela via da pesquisa que avançamos no conhecimento das coisas, do mundo, das pessoas, enfim, da realidade, para que os resultados da pesquisa possam alterar conceitos, valores, modos de ser, estar e pensar, assim como comportamentos.

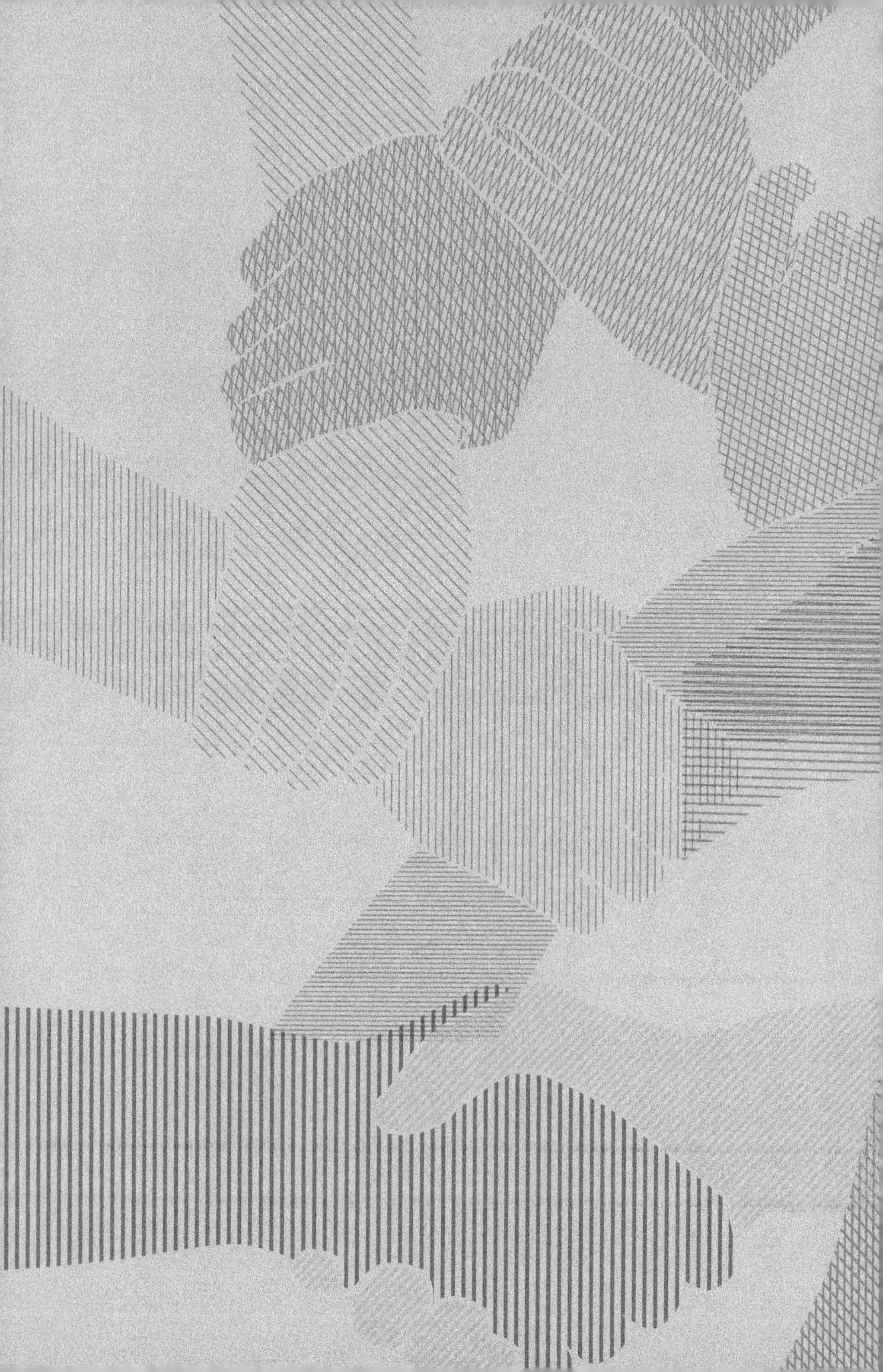

CAPÍTULO 2

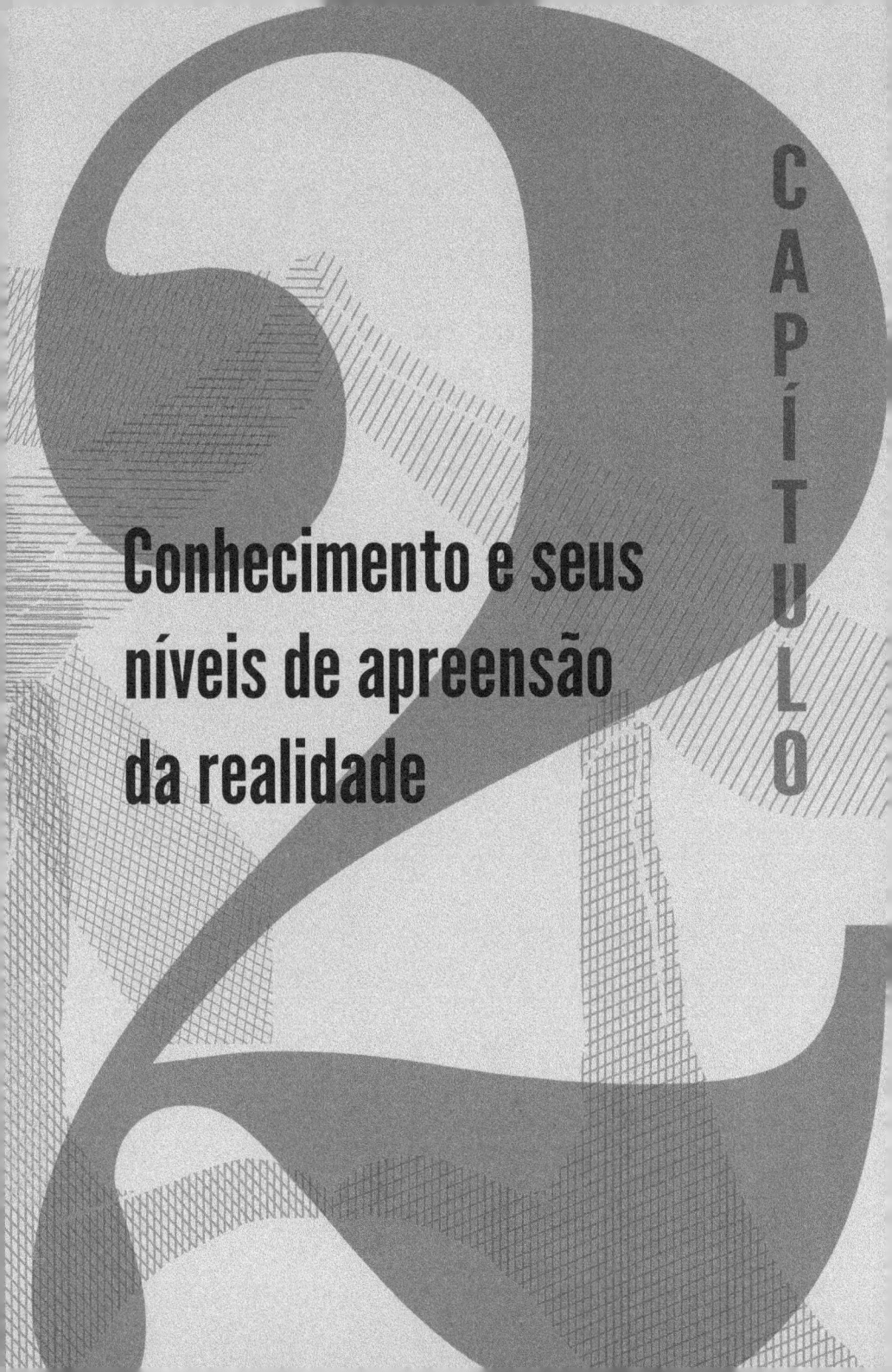

Conhecimento e seus níveis de apreensão da realidade

Conteúdos do capítulo:

- Produção do conhecimento.
- Conhecimento filosófico.
- Conhecimento religioso.
- Conhecimento científico.
- Níveis do conhecimento.
- Positivismo.

Após o estudo deste capítulo, você será capaz de:

1. entender e identificar os períodos e as etapas do conhecimento;
2. distinguir entre os tipos de conhecimento;
3. identificar os principais níveis de conhecimento;
4. diferenciar o conhecimento científico dos outros tipos de conhecimento;
5. identificar as bases do conhecimento social e humano.

> *"Todo começo é difícil em qualquer ciência".*
> (K. Marx)

Conhecer as coisas, a natureza, o universo, o mundo, os grupos sociais, os seres humanos, os fatos, os acontecimentos e os fenômenos foram preocupações permanentes que motivaram pesquisas filosóficas e científicas ao longo dos séculos. A intenção de estabelecer previsões ou o rumo dos acontecimentos que cercam a vida em sociedade e de certo modo controlá-los motivaram diversos filósofos, historiadores, cientistas e pesquisadores a buscarem conhecer as coisas e compreender ou melhorar o mundo e a vida. Por meio de descrições, observação, cálculos ou previsões, buscou-se verificar e entender os fenômenos da natureza, a vida em sociedade e o comportamento humano.

Os filósofos da Grécia Antiga aspiravam ao conhecimento racional, lógico e sistemático, buscando explicar por meio da razão a origem a causa do mundo e suas transformações. Técnica e tecnologias permitiram a aferição de variáveis verificáveis por meio de complicados cálculos, de modo a observar se eram falíveis ou não. Esses procedimentos permitiram distinguir entre o que era considerado *crença* ou *mito* e o que era *verdade*.

> Em geral, entendemos **verdade** como a qualidade em virtude da qual um procedimento cognitivo qualquer se torna eficaz ou obtém êxito (Abbagnano, 2007).

Esse fato não significa que somente os gregos tinham sabedoria para entender e compreender as coisas, já que outros povos da Antiguidade também se preocuparam com a produção de conhecimento. Grandes questões foram descobertas e comprovadas por chineses, hindus, japoneses, árabes, persas, hebreus, africanos e índios das Américas. Contudo, foi o pensamento grego que influenciou e ainda tem influenciado a produção do conhecimento ocidental.

De acordo com Ianni (2011, p. 397, grifo nosso), o ideal de uma atividade intelectual é que resolva determinados problemas, porém, muito mais que isso, que se abra para novos problemas: "Não se trata de apenas conhecer, de repetir os pensamentos que são estudados, as contradições da **dialética** que foram discutidas. Se trata de aperfeiçoar esse conhecimento e fazer o possível para repensar os problemas, tendo em conta a possibilidade de desenvolver alguma reflexão nova".

Dialética: método filosófico focado na contraposição e na contradição entre ideias opostas ou antagônicas e que levam à concepção de uma nova ideia.

Gradativamente, o conhecimento filosófico-científico e tecnológico foi se desenvolvendo ao longo da história e tomando conta de decisões, controle e ações humanas. Contudo, o conhecimento também gerou poder, força, riqueza e domínio sobre a natureza e os outros seres humanos. Segundo Köche (2015), a causa principal que levou os seres humanos a produzirem conhecimento foi a tentativa de elaborar respostas e soluções para suas dúvidas e seus problemas, o que o levaram à compreensão de si, das leis gerais e naturais e do mundo em que se vive.

É importante destacarmos que "O motivo básico que conduz a humanidade à investigação científica está em sua curiosidade intelectual, na necessidade de compreender o mundo em que se insere e na de se compreender a si mesma" (Köche, 2015, p. 44). De certo modo, essa necessidade é tão grande que, onde não há ciência, os seres humanos criam mitos.

O conhecimento é uma relação que se estabelece entre o sujeito que conhece e o objeto conhecido; de outro modo, o **sujeito cognoscente** se apropria (investiga) o objeto a ser conhecido. Por meio do conhecimento, reconstruímos em nossa mente as coisas, os fenômenos e os fatos extraídos da realidade (o ser das coisas), podendo ser por meio de imagens (**conhecimento sensível**) ou de ideias (**conhecimento intelectual ou racional**).

> **Sujeito cognoscente**: ser pensante, pessoa que tem a capacidade cognitiva para aprender, saber e conhecer algo ou alguma coisa.

Portanto, neste capítulo apresentaremos alguns subsídios para que você possa examinar e distinguir cada tipo de conhecimento – bem como os principais níveis, períodos e etapas correspondentes –, de modo a diferenciar o conhecimento científico dos demais tipos de saberes. Isso possibilitará que você identifique as bases do conhecimento social e humano.

2.1 Períodos históricos do conhecimento

Desde a Antiguidade grega do século VIII a.C., que alcançou seu apogeu no século IV a.C., houve a preocupação em buscar respostas para o saber, de modo a compreender a natureza, as coisas e o próprio ser humano. Naquela época, o conhecimento científico era desenvolvido pela **Filosofia**.

> Para Sócrates (469 a.C.-399 a.C.), a Filosofia deve se voltar para as questões humanas no plano da ação, dos comportamentos, das ideias, das crenças, dos valores e, portanto, deve se preocupar com as questões morais e políticas (Chaui, 1999).

Vários fatores contribuíram para que a Filosofia ocidental se desenvolvesse, mais particularmente na Grécia, no fim do século VII e início do século VI a.C., como a tendência à racionalidade e a oferecer respostas conclusivas para os problemas filosóficos, submetendo-os ao crivo da análise, da crítica, da discussão, da demonstração e da razão, como também a exigência de justificativas e de regras universais do pensamento, a recusa de explicações preestabelecidas e a tendência a generalizações (Chaui, 1999).

Assim, faremos uma viagem no tempo para conhecer os principais períodos e fases do conhecimento, bem como seus principais expoentes, entendendo que a produção de conhecimento busca responder às indagações dos seres humanos sobre as coisas, a natureza, o mundo e o próprio ser.

Pense a respeito!

O pensamento antigo, o saber, era simultaneamente uma concepção de vida e um ideal racionalizado, pois implicava, na maioria das vezes, uma concepção ética e uma qualidade própria do ser humano experiente, maduro, ponderado, tolerante, ou seja, uma virtude.

2.1.1 Pré-socráticos

O conhecimento produzido no período, principalmente nas colônias gregas da Ásia Menor, tinham um conteúdo preciso da **cosmologia**, palavra composta por duas outras: *cosmos*, que significa "mundo ordenado e organizado"; e *logia*, que deriva da palavra grega *logos* e significa "pensamento racional", "discurso racional" ou "conhecimento".

Tales de Mileto (624 a.C.-546 a.C.), Anaximandro (610 a.C.-546 a.C.), Pitágoras (570 a.C.-495 a.C.), Heráclito (535 a.C.-475 a.C.), Parmênides (530 a.C.-460 a.C.), Empédocles (495 a.C.-435 a.C.), Anaxágoras (500 a.C.-428 a.C.) e Demócrito (460 a.C.-370 a.C.) foram alguns dos pré-socráticos que se destacaram e iniciaram gradualmente a ruptura **epistemológica** com o conhecimento mítico.

> Relativo à epistemologia, ramo da Filosofia que se ocupa da produção do conhecimento, do conhecimento e do estudo.

Mas, afinal, o que é o *mito*? Acreditava-se, na Antiguidade, que os assuntos morais ou da conduta humana eram ditados pelos deuses. Havia, no período, uma multiplicidade de deuses cuja fonte era a emoção subjetiva. A época foi marcada pelo medo, e o ser humano ficava sujeito às forças naturais e sobrenaturais. A consciência humana se apresentava de maneira ingênua e dogmática e o conhecimento se resumia aos mitos.

O mito se restringe a relatos sobre seres e acontecimentos fantásticos e imaginários acerca dos primeiros tempos, dos fenômenos da natureza ou de épocas heroicas. São narrativas de significado simbólico, em sua maioria transmitidas de geração em geração por meio da oralidade, dentro de determinado grupo social. Passava-se uma ideia fictícia ou irreal que distorcia a realidade ou não correspondia a ela. Podemos citar como exemplo as histórias dos povos antigos, como a mitologia egípcia, a mitologia grega, a bíblica etc.

Os primeiros filósofos, que receberam o nome de *pré-socráticos* por terem surgido antes de Sócrates, marcaram a Filosofia ocidental e formaram a chamada *Escola de Mileto*, inaugurando o pensamento que indagava o que era a *physis*, palavra grega que pode ser traduzida como "natureza", apesar de seu significado ser mais amplo. A principal característica abordada pelos pré-socráticos era responder se sob as aparências sensíveis e perenes dos fenômenos existia algum princípio permanente ou uma realidade estável; buscavam a essência das coisas por meio de perguntas como: O que são? De que são feitos? Como são feitos? De onde vêm as coisas que são percebidas? (Köche, 2015).

Desse modo, o conhecimento para os gregos daquele período pode ser conceituado como a apreensão intelectual de um fato ou fenômeno para a produção de uma "verdade" como domínio (teórico ou prático) de determinado assunto, arte, ciência ou técnica. É um processo pelo qual as pessoas intuem, apreendem e depois expressam a origem e o significado de coisas ou fenômenos. Qualquer ser humano que busque compreender o mundo e exteriorizar suas ideias produz conhecimento. Contudo, *conhecimento* tem um sentido amplo e engloba níveis distintos de apreensão da realidade, conforme verificaremos no decorrer desta obra.

2.1.2 Socrático ou antropológico

No fim do século V a.C. e durante todo o século IV a.C. houve o período socrático ou antropológico, quando a Filosofia investigou as questões humanas, principalmente no campo da ética, da política e das técnicas (Chaui, 1999). Essa época se caracterizou pelo florescimento e pela organização das cidades gregas, por conseguinte, pelo surgimento da democracia e da vida social, pública, política e cultural da Grécia.

Sócrates foi o principal expoente do período, dedicando-se ao conhecimento do ser humano, particularmente de sua alma (psique – ψυχή) e de sua capacidade de conhecer a "verdade". Suas ideias foram registradas por seu discípulo Platão (429 a.C.-348 a.C.), que defendia que o real não estava na experiência (empiria), nos fatos e nos fenômenos percebido pelos sentidos, mas em um mundo irreal (das ideias – idealismo).

Platão dizia que era nesse mundo que se encontravam os "modelos" e as essências de tudo que há no "mundo das aparências". Para ele, a forma, as coisas acessíveis aos sentidos, apenas mostram **como** as coisas são, mas não **o que** são, portanto, a Filosofia deveria se preocupar em procurar a essência das questões humanas no plano da ação. Ambos partiam da capacidade racional para conhecer as coisas e as virtudes morais e políticas. Era necessário separar a opinião e as imagens das coisas trazidas pelos órgãos do sentido, pelos hábitos, pelos interesses e pela tradição, a fim de encontrar as definições, os conceitos ou a essência das coisas.

2.1.3 Sistemático

Do fim do século IV a.c. ao fim do século III a.c., a Filosofia buscou reunir e sistematizar tudo quanto fora pensado sobre cosmologia e antropologia, tendo como principal expoente Aristóteles (384 a.c.-322 a.c.), no que se pode denominar *período sistemático* ou da *sistematização do conhecimento*. Esse filósofo foi o primeiro a suprimir o mundo platônico das ideias; para ele, as coisas são produto de uma elaboração do entendimento em íntima colaboração com a experiência sensível, ou seja, o resultado de uma abstração indutiva das sensações provenientes dos sentidos e da iluminação do entendimento, agente que abstrai as particularidades individualizadas dessas sensações e constrói a ideia universal que representa a essência da realidade ou das coisas (Chaui, 1999).

Para Aristóteles[1], antes de o conhecimento constituir seu objeto e seu campo próprio, seus procedimentos de aquisição e exposição, de demonstração e de prova, deve primeiro conhecer as leis gerais que governam o pensamento, independentemente do conteúdo que possa ter (Chaui, 1999). Desse modo, ele propõe uma **episteme** (teoria do conhecimento) que produz um conhecimento que pretende ser fiel espelho da realidade por estar sustentado na observação e por seu caráter de necessidade e de universalidade. Assim, de acordo como os comentários de Köche (2015), o conhecimento filosófico era demonstrado como verdadeiro e necessário por meio de argumentos **lógicos**.

Conforme expõe Chaui (1999), no campo do conhecimento filosófico e segundo a classificação aristotélica, podemos encontrar três tipos de conhecimento: **produtivo**, que estuda práticas produtivas ou técnicas, ações humanas, cuja finalidade está além da própria ação, pois sua finalidade é a produção de objetos; **prático**,

---

1 O método aristotélico foi a base de todo o conhecimento durante os períodos helênico e medievo; foi contestado somente a partir do século XV e, principalmente, no século XVII, durante o Renascimento. A revolução científica moderna, que introduziu a experimentação científica, modificou radicalmente a compreensão e a concepção teórica de mundo, de ciência, de "verdade", de conhecimento e de método.

que busca estudar as práticas humanas como ações finalísticas, isto é, o próprio ato realizado; e **teorético, contemplativo** ou **teórico**, que visa estudar as coisas existentes e que só podem ser contempladas – ou seja, que são independentes dos seres humanos e de suas ações.

2.1.4 Helênico ou greco-romano

Do fim do século III a. C. até o século VI d. C., desenvolveu-se o período helenístico ou *greco-romano*, quando a Filosofia se ocupou, sobretudo, das questões éticas, do conhecimento humano e das relações entre os seres humanos, a natureza e Deus. As ideias desenvolvidas no período foram a base de sustentação do cristianismo até o advento da Filosofia medieval. Na época, de acordo com Chaui (1999), desenvolveram-se quatro grandes sistemas que influenciaram o pensamento cristão: estoico, epicurista, ceticista e neoplatônico.

O **estoicismo** foi a escola filosófica helenística fundada por Zenão de Cítio (334 a.C.-262 a.C.), em Atenas, no início do século III a.C. Sêneca, Epicteto e o Imperador Marco Aurélio foram adeptos do estoicismo. Segundo Abbagnano (2007, p. 437, grifo do original), os estoicos compartilhavam "a afirmação do primado da questão moral sobre as teorias e o conceito de Filosofia como **vida contemplativa** acima das ocupações, das preocupações e das emoções da vida comum".

Em outras palavras, eles buscavam a suprema felicidade (ataraxia) em uma atividade constante para viver em harmonia com a natureza, de modo a aceitar todas as leis e vicissitudes. Por sua vez, o **epicurismo** foi a escola filosófica fundada por Epicuro de Samos (341 a.C.-270 a.C.), por volta de 306 a.C., em Atenas, tendo como principais características o **sensacionalismo**, o **atomismo** e o **semiateísmo**, de modo a "subordinar a investigação filosófica à exigência de garantir a tranquilidade do espírito" ao ser humano (Abbagnano, 2007, p. 390). Para o epicurismo, o prazer é o bem supremo, não se restringindo ao usufruto das sensações, mas à quietude (apatia) da mente, no domínio do sábio sobre si mesmo. O **ceticismo** foi uma doutrina fundamentada na concepção de que a mente humana não pode chegar, com certeza absoluta, a nenhuma verdade geral e especulativa. Em outras palavras, os céticos afirmavam que o ser humano não pode atingir nenhuma certeza a respeito de algo, partindo do princípio de que "a toda razão opõe-se uma razão de igual valor" (Abbagnano, 2007, p. 151).

Já os **neoplatônicos**, pertencentes à escola filosófica fundada por Amônio Saccas (175 a.C.-242 d.C.) no século II d.C., em Alexandria, tinham como principais representantes Plotino (204 a.C-270 d.C.), Jâmblico (245 a.C.-325 d.C.) e Proclos (412 a.C-485 d.C.). Foi uma escola filosófica que defendeu as "verdades reveladas" aos seres humanos e que "podiam ser redescobertas na intimidade da consciência" (Abbagnano, 2007, p. 826). Partiam, sobretudo, das ideias filosóficas de Platão.

O fator preponderante desse período foi a ampliação do Império Romano, de modo que o centro político da *polis* grega desapareceu, passando a se concentrar em Roma, predominando, assim, as preocupações com a Ética, a Física, a Teologia e a religião, que, de certo modo, separaram-se da política.

Para saber mais

ALEXANDRIA. Direção: Alejandro Amenábar. Espanha: Flashstar Home Vídeo, 2011. 126 min.

Para aprofundar seus estudos, sugerimos o filme Alexandria, dirigido por Alejandro Amenábar e lançado em 2011. No ano de 391, na antiga cidade de Alexandria, destaca-se uma filósofa de nome Hipátia, professora de astronomia e matemática. Apaixonada por um de seus alunos e por um de seus escravos, luta contra a destruição da famosa Biblioteca da Alexandria e o avanço do cristianismo e suas ideias. Esse filme apresenta um panorama interessante para refletirmos sobre a negação do conhecimento antigo e a ascensão do conhecimento patrístico.

2.1.5 Patrístico

De acordo com Chaui (1999), o período patrístico compreende o início do cristianismo, entre o século I e século VII. Estava ligado à tarefa religiosa de evangelização e à defesa da religião cristã, tendo como principais expoentes Justino (100-165), Tertuliano (155-220), Atenágoras (133-190), Orígenes (182-254), Clemente de Alexandria (150-215), Eusépio de Vercelli (283-371), Santo Ambrósio (337-397), São Gregório Nazianzo (329-389), São João Crisóstomo (349-407), Isidoro de Sevilha (560-636), Santo Agostinho (354-430), Beda (672-735) e Boécio (477-524).
Firmava-se sob o predomínio de verdades reveladas por Deus, que, por serem revelações divinas, afirmavam-se por meio de dogmas, "verdades" incontestáveis e irrefutáveis.

2.1.6 Medieval

Compreendido entre os séculos VIII e XIV, o período medieval abrangeu pensadores europeus, árabes e judeus. Foi a época de consolidação da Igreja Católica Romana e da construção das catedrais e das universidades ou escolas. De acordo com Chaui (1999), foi quando surgiram a Filosofia cristã ou Teologia, em que um dos temas mais relevantes eram as provas da existência de Deus e da alma, na busca por comprovar a diferença e a separação entre o ser infinito (Deus) e os seres finitos (ser humano ou criatura de Deus). Também colocava o problema da fé e da razão, em que o segundo deve ser subordinado ao primeiro, sendo que a Filosofia deveria estar a serviço da religião.
Teve como principais expoentes Abelardo (1079-1142), Duns Scoto (1266-1308), Escoto Erígena (815-877), Santo Anselmo (1033-1109), São Tomás de Aquino (1225-1274), Santo Alberto Magno (1193-1280), Guilherme de Ockham (1287-1347), Roger Bacon (1214-1292), São Boaventura (1221-1274), Avicena (980-1037), Averróis (1126-1198), Al-Farabi (872-951), Algazáli (1058-1111), Maimônides (1135-1204), Nahmánides (1194-1270) e Yeudalh ben Levi (1075-1141).

Por séculos, os conceitos místico e mítico – primeiramente referente à mitologia greco-romana e, posteriormente, ao conceito de **pecado original** e ao **Juízo Final**, impostos pela ideologia cristã medieval – limitaram concretamente a vida social à subjugação supra-humana ou metafísica ou, ainda, à forças onipotentes, oniscientes e onipresentes inalcançáveis e incompreensíveis à natureza humana.

Para saber mais

O NOME da rosa. Direção: Jean-Jacques Annaud. França: 20th Century Fox Film Corporation, 1986. 130 min.

Indicamos o filme O nome da Rosa, *dirigido por Jean-Jacques Annaud, um clássico, lançado 1986, baseado no romance de Umberto Eco, que relata a história de um mosteiro nas escarpas dos Montes Apeninos, na Itália medieval do século XIV, onde uma série de assassinatos acontece em circunstâncias insólitas desafiando o extraordinário talento dedutivo do sábio franciscano inglês Guilherme de Baskerville.*

GIORDANO Bruno. Direção: Giuliano Montaldo. Itália: Versátil Filmes, 1973. 114 min.

Indicamos também Giordano Bruno, *sob a direção de Giuliano Montaldo, uma produção franco-italiana lançada em 1973. O longa-metragem conta a história desse grande filósofo italiano, pioneiro da ciência moderna, que viveu nos anos de 1558 a 1600 e foi queimado na fogueira pela Inquisição por causa de suas teorias contrárias aos dogmas da Igreja Católica.*

2.1.7 Eflúvios da modernidade

Depois de um longo período obscuro da história da Humanidade (período medievo ou Idade Média), uma nova fase se despontou: a modernidade. Os novos eflúvios revolucionários provocaram, de certa maneira, um desenvolvimento antropológico-ontológico para a sociedade europeia. Passado, presente e futuro apareceram como criações humanas, em que homens e mulheres se constituem como sujeitos de sua própria narrativa.

A história de Abelardo e Heloísa, representada no filme *Em nome de Deus* (1988), é um bom exemplo dessa passagem. A trama conta o romance medieval francês, no século XII, entre o casal. Abelardo traduz os princípios tomistas de sua época, quando um professor de Filosofia deveria seguir as determinações e as concepções da Igreja Católica medieval, ou seja, o destino vinculado ao castigo divino. Heloísa, por sua vez, enfrenta os padrões de sua época e se entrega aos sentimentos mais puros do amor e de sua individualidade, traduzindo os sentimentos da modernidade.

Para saber mais

ESTÊVÃO, J. C. **Abelardo e Heloísa**. São Paulo: Paulus, 2015.

Sugerimos a leitura do livro de José Carlos Estêvão, Abelardo e Heloísa, que narra a história desses dois enamorados. O autor faz uma análise das cartas autobiográficas de Abelardo, nas quais o filósofo conta seu percurso existencial e teórico.

O período transitório entre a Idade Média e a modernidade, compreendido entre os séculos XIV e XVI, foi marcado pelo Renascimento e pelas grandes navegações, quando a literatura, assim como a arte – ou expressão artística –, foram o espelho da sociedade em suas determinadas épocas e do que havia de mais premente na substância dos indivíduos sociais. Nesse período, assim como em determinado período da Antiguidade Clássica, homens e mulheres encontravam condições objetivas para assumir a consciência a fim de dinamizar suas capacidades e potencialidades tanto na vida social como na esfera da individualidade, objetiva e subjetiva, passando a criar sua própria história.

O Renascimento constituiu a primeira onda do adiado processo de **transição do feudalismo para o capitalismo**, particularmente entre os séculos XV e XVI. A estrutura básica da sociedade foi alterada e afetada em sua essência, atingindo todas as esferas da vida social: econômica, política, social, cultural e espiritual. Com o Renascimento surgiu o conceito de *homo dynamic* e houve a ascensão da sociedade burguesa. Além de incentivar a acumulação primitiva, as ideias desse período também motivaram o surgimento do capitalismo mercantil e industrial, do modo de produção capitalista e do Estado nacional unificado, processos que aniquilaram o sentimento de comunidade e deram vazão à individualidade egocentrista e, mais tarde, ao egoísmo individualista. Foi nessas circunstâncias que o ser humano encontrou condições favoráveis para a objetivação plena da vida cotidiana.

É inegável o desenvolvimento trazido pelo Renascimento tanto nos aspectos histórico-social, científico, tecnológico, antropológico-filosófico como ontológico-social e ontológico-individual, não negando, sobretudo, que com ele também ascenderam os primórdios do capitalismo, destruindo a relação **natural** entre indivíduo e comunidade, dissolvendo os laços que ligavam o humano à hierarquia das estruturas sociais coletivas. Além disso, permitiu, sobremaneira, o desenvolvimento do conhecimento científico (Veroneze, 2013).

No período, o conhecimento passou a ser almejado como um "saber puro", fruto do trabalho intelectual, da razão ou, ainda, da experiência e da observação, negando, sobretudo, qualquer conhecimento revelado ou que não tivesse uma comprovação científica, convertendo-se em um conhecimento lógico, racional e experimental, produzido com rigor e método.

Pense a respeito!

A partir do Renascimento, pôde-se falar de *racionalidade* no conhecimento, que passou a ser visto como uma possibilidade de efetuar um conjunto de operações lógicas, garantindo-se como um conhecimento universal e racional, pois a atividade intelectual deveria ser direcionada para certos fins.

2.2 Desenvolvimento do conhecimento científico moderno

O ser humano, ao longo de sua história, buscou responder às mais diferentes perguntas sobre as coisas, a natureza e o próprio ser humano ou até mesmo sobre aquilo de que não se poderia obter uma explicação lógica, direcionada ao campo da metafísica, do mito ou do sobrenatural. Por meio de tentativas ocasionais, observações empíricas, pesquisas metódicas e filosófico-científicas pôde formular respostas aos mais diferentes problemas do mundo, da natureza, do universo e da vida física e espiritual (metafísica). Em cada época e lugar, teorias foram elaboradas segundo o nível de desenvolvimento e os conhecimentos da época, substituindo conhecimentos míticos e místicos, efêmeros e dogmáticos por afirmações concretas, hipóteses e **elucubrações** filosóficas, teóricas e históricas sobre as "verdades incontestáveis".

Elucubrar: fazer conjecturas ou especulações sobre algo.

A ciência, nos moldes em que se apresenta hoje, é relativamente recente. Só a partir de meados do século XV é que o conhecimento produzido adquiriu o caráter de conhecimento científico. Entretanto, desde o início da humanidade, homens e mulheres produzem conhecimentos e técnicas que permitiram o desenvolvimento daquilo que conhecemos hoje como *ciência* (ou *conhecimento científico*).

De acordo com Cervo e Bervian (1983, p. 10): "A revolução científica, propriamente dita, registra-se nos séculos XVI e XVII, com Copérnico, Bacon e seu método experimental, Galileu, Descartes e outros", com suas indagações sobre as "verdades". Contudo, a ciência não surgiu por acaso; foi fruto de dúvidas, descobertas ocasionais e experiências empíricas que permitiram desenvolver métodos científicos e pesquisas metódicas, rigorosas e sistemáticas com determinado caráter de objetividade, ainda que de modo vacilante e provisório.

O método experimental foi aperfeiçoado e aplicado às diversas áreas dos saberes. Desenvolveram-se, primeiramente, estudos no âmbito das ciências naturais (Física, Química, Biologia, Geologia, Astronomia), das ciências lógicas (Aritmética, Matemática) e, mais recentemente, das Ciências Humanas e Sociais (Sociologia, Antropologia, Psicologia). Além dessas, também se desenvolveram as ciências tecnológicas e de comunicação (informática), sobretudo no século XVIII, com a Revolução Industrial, e no século XX, com a revolução tecnológica, que permitiu a integração da ciência à tecnologia e à produção.

Assim, segundo Cervo e Bervian (1983, p. 10),

> essa evolução das ciências tem, sem dúvida, como mola propulsora os métodos e instrumentos de investigação aliados ao espírito científico, perspicaz, rigoroso e objetivo. Este espírito que foi preparado ao longo da História se impõe agora, de maneira inexorável, a todos quantos pretendem conservar o legado científico do passado ou ainda se propõem ampliar suas fronteiras.

Portanto, esse espírito criativo, investigativo, perspicaz, rigoroso e objetivo permite conhecer o mundo, as coisas e nós mesmos. As dúvidas movem as vontades e os desejos de descobrir sempre algo novo ou de aperfeiçoar aquilo que já foi descoberto ou criado.

Pense a respeito!

Cada ciência tem seu método e objeto de pesquisa específico, o qual varia de acordo com determinado domínio de conhecimento. No caso dos estudos desenvolvidos pelas Ciências Humanas e Sociais, consiste justamente na consideração do ser humano como centro e fim de sua própria produção, inserido em determinado contexto histórico-social.

Para saber mais

QUASE deuses. Direção: Joseph Sargent. EUA: HBO, 2004. 110 min.

Sugerimos o filme Quase Deuses, *baseado na história de Vivian Thomas (1910-1985) e do Dr. Alfred Blalock (1899-1964), duas pessoas totalmente diferentes e de classes sociais bem distintas que trabalham no tratamento da Síndrome do Bebê Azul. Pode-se observar o preconceito contra os negros e a classe médica, contudo, o pano de fundo é a discussão entre os princípios cristãos e o avanço da ciência.*

2.2.1 Abordagem científica moderna

A partir do século XV, foi consolidado um novo tipo de conhecimento: científico, baseado na quantificação e na **mensuração** (medição) do espaço e do tempo e que se expande por meio da explosão e das **conquistas ultramarinas**.

Conquistas ultramarinas (ou período do mercantilismo): período das grandes navegações, descobrimento de novos continentes e expansão comercial (século XV).

Galileu Galilei (1564-1642) revolucionou o método científico com suas descobertas físicas e astronômicas. Para ele, o primeiro princípio do método era a observação dos fenômenos tais como eles ocorrem, de modo que o cientista não se deixe perturbar por preconceitos extracientíficos, de natureza religiosa ou filosófica. É importante destacarmos que a observação, na ciência moderna, significa eliminar dos objetos todas as qualidades sensíveis, observáveis e empíricas, reduzindo-os a relações quantitativas. Para Galilei, o mundo se transforma por meio de números; portanto, a ciência tem como **objeto** a descoberta das leis que presidem os fenômenos sensíveis e como **método** a experimentação (ou *conhecimento empírico*). Dessa maneira, a ciência se separa, paulatinamente, do conhecimento filosófico.

O segundo princípio do método de Galilei consistia na **experimentação**, o que consentia que nenhuma afirmação sobre fenômenos naturais poderia prescindir da **verificação** de sua legitimidade por meio da produção do fenômeno em determinadas circunstâncias. O terceiro e último princípio estabelecia que o correto conhecimento da natureza exige que se descubra sua **regularidade matemática**. Com base nesses princípios, Galilei estruturou todo o conhecimento científico da natureza e abalou os alicerces que fundamentavam a concepção medieval de mundo.

No fim do século XVI, duas grandes orientações metodológicas surgiram para abrir as principais vertentes do pensamento moderno e científico: de um lado, a perspectiva **empirista** e **indutiva**, proposta por Francis Bacon (1561-1626), que preconizava uma ciência sustentada pela **observação** e pela **experimentação**, de modo a formular, indubitavelmente, suas leis, partindo da consideração dos casos ou dos eventos particulares para chegar a suas generalizações; por outro lado, inaugurando o **racionalismo moderno**, René Descartes (1596-1650) buscava na razão, que as ciências matemáticas encarnavam de maneira exemplar, os recursos para a recuperação da certeza científica (Bacon, 2005; Descartes, 2004).

Bacon defendia que as ideias preconcebidas são ídolos, falsos deuses, que conduzem o intelecto humano ao erro. Portanto, era preciso **descrever** e **classificar** cada espécie de ídolo para melhor afastar sua interferência da investigação científica. Com isso, propôs o **método experimental**, conduzido por um esquema rigoroso de pesquisa (Bacon, 2005). Para ele, era preciso descrever todas as circunstâncias em que um fenômeno ocorre, mas isso não bastava; era necessário, igualmente, avaliar os casos em que o fenômeno não ocorre. Assim, foi o exame detalhado dos diversos casos particulares e a relação entre eles que levou à conclusão geral, ao conhecimento. A esse procedimento ele denominou *indução*.

Essa cuidadosa investigação, porém, teve outro objetivo além do aprimoramento do conhecimento. A experiência, para Bacon, era sobretudo a possibilidade de utilizar as forças da natureza para o proveito do ser humano. Assim, desvendar o modo como os fenômenos ocorrem significava conhecer as possibilidades de manipulá-los. Mais tarde, o desenvolvimento da ciência provaria que tinha fundamento uma famosa expressão de Bacon: "Saber é poder" (Bacon, 2005, p. 11).

Descartes, por sua vez, criou o **método cartesiano**, que ampliou a dúvida ao máximo, tornando-a **hiperbólica** (exagerada). Ele passou a duvidar até mesmo das ideias claras e distintas que o espírito humano espontaneamente admitia como evidentes. Seu método se baseava em quatro princípios fundamentais: nunca aceitar algo como verdadeiro e que não se conhece claramente; repetir cada uma das dificuldades que fossem analisadas em quantas vezes fossem necessárias a fim de solucioná-las; ordenar o pensamento, iniciando pelos objetos simples e mais fáceis de conhecer, para se elevar, pouco a pouco, até aos conhecimentos mais complexos; e efetuar em toda parte relações metodológicas tão complexas e revisões tão gerais de modo a chegar às certezas (Descartes, 2004).

O século XVII foi marcado pela doutrina cartesiana de Descartes. De modo geral, o método de Descarte se baseava no ceticismo metodológico, ou seja, na dúvida – sua proposta é duvidar de tudo que possa ser duvidado, também conhecido como ***dúvida hiperbólica***, que, em outras palavras, diz respeito ao contínuo processo de contestar a veracidade das coisas. O ceticismo de que tudo duvidava chegou com Descartes a uma formulação sistemática: não se trata mais de duvidar por duvidar, mas de examinar criteriosamente todas as coisas, a fim de nelas descobrir elementos sobre os quais possa recair alguma suspeita – dúvida é o ponto central enquanto método rigoroso para a produção do conhecimento (Descartes, 2004).

Para saber mais

Sugerimos a leitura do **Discurso do Método**, de Descartes, no qual se pode ter contato com o método cartesiano.

Outro cientista que contribuiu para o avanço das pesquisas e do conhecimento foi Isaac Newton (1642-1727), que, conforme os apontamentos de Köche (2015, p. 55), afirmava que não se deveria "aceitar nenhuma hipótese física" que não pudesse ser extraída da experiência pela indução, ou seja, "toda proposição deveria ser tirada dos fenômenos pela observação e generalizada por indução", o que, para ele, seria o método ideal: o **método experimental**.

John Locke (1632-1704) também influenciou o pensamento científico da época. Para ele, a experiência é a única fonte das ideias, que não são inatas. Uma criança sabe, por experiência, que "doce não é amargo". Nesse sentido, Locke é **empirista**.

> **Para refletir**
>
> O empirismo se constitui de uma atitude filosófica que atribui à experiência sensorial a origem de todos os conhecimentos humanos, opondo-se, sobremaneira, ao racionalismo e ao inatismo cartesiano, negando à razão e ao pensamento qualquer participação no processo epistemológico. Em conformidade com o pensamento de Abbagnano (2007, p. 378), reconhece que "toda verdade pode e deve ser posta à prova"; logo, o empirismo não se opõe à razão ou a nega, e sim a põe à prova por meio da experiência.

Locke defendia que a mente humana é, no início, algo como uma folha de papel em branco – uma tábua rasa – que, aos poucos, é preenchida pelos dados da experiência. Assim, o conhecimento é o resultado das operações que a mente realiza com as ideias tanto da sensação como da reflexão, procurando perceber o acordo ou o desacordo entre elas. Classifica, ainda, o conhecimento como **intuitivo**, quando a mente percebe o acordo ou desacordo de duas ideias imediatas por elas mesmas, como "branco não é preto", "dia não é noite", "pau não é pedra" etc. Quem pode duvidar dessas afirmações? Contudo, quando o acordo ou o desacordo entre duas ideias não é imediato e evidente por elas mesmas, é preciso relacioná-las de outras maneiras. E esse é o conhecimento **demonstrativo**, cujo modelo clássico é a matemática. De acordo com Köche (2015, p. 62, grifo do original), os indutivistas partiam da

> observação, registro, análise e classificação dos fatos particulares para chegar à confirmação e às generalizações universais. A indução usa o princípio do **empirismo** de que o conhecer significa ler a realidade através dos sentidos. Ou melhor: conhecer é interpretar a natureza, com a mente liberta de preconceitos. O empirista usa a observação sistemática para orientar o intelecto em suas análises. Dessa forma, a ciência vista pelo empirista seria a imagem da realidade.

Para os empiristas, ainda segundo Köche (2015, p. 62):

> O real é aquilo que é percebido através dos sentidos: do gosto, do tato, do olfato, da audição e da visão. São os fatos, os fenômenos, as pessoas, os animais, os objetos, as coisas, tudo aquilo, enfim, que pode ser captado pelo canal da percepção sensorial, com suas características, formas e propriedades.

O empirista não questiona a possibilidade de acesso ao real; admite-a ingenuamente (Köche, 2015). De acordo com Chizzotti (2011), o pensamento cartesiano percorreu os séculos XVII e XVIII. Entre os liberais do século XVII, o empirismo dominou o continente europeu, propondo uma teoria do conhecimento que partia de dados singulares, e pela indução buscava atingir uma ideia geral. Para os empiristas, a fonte primordial do conhecimento era a experiência externa, a qual derivava do contato imediato de um sujeito com o objeto sensível, que era exterior a esse sujeito. O conhecimento, portanto, dava-se pelo processo indutivo que se iniciava com dados particulares ou empíricos e atingia noções mais gerais:

> Stuart Mill, em 1843, no Sistema da Lógica, completará a teoria, reconhecendo que o ato de conhecer é a reunião de um complexo de dados sensíveis atomísticos que, por meio de um processo psíquico funcional, ordena todas as particularidades e alcança, pela indução, explicações generalizadas, descrevendo, deste modo, o processo da generalização. (Chizzotti, 2011, p. 40)

Na Alemanha, uma nova corrente procurava estabelecer horizontes para o conhecimento: o **idealismo**. Immanuel Kant (1724-1804), considerado o fundador do idealismo, afirmava que o conhecimento é inconcebível sem o uso ativo de certas categorias cognitivas, intuitivamente dadas pela experiência (sensação, hábitos) que são, logicamente, antecedentes ao processo cognitivo e ativados na experiência do **sujeito cognoscente**.

> **Sujeito cognoscente**: ser pensante. Os seres humanos não são apenas conscientes, são conscientes de serem conscientes. A consciência é um pré-requisito para toda e qualquer experiência, seja no estado de vigília, seja em transe, sonhando, em coma ou outros, de modo que chamamos de *consciência* o entrelaçamento de sistemas, reflexos e sentidos em que toda experiência ocorre (não somente a experiência individual mas também a social). Mesmo as sensações e os desejos mais pessoais carregam em si o resultado das experiências sociais. Esses sentidos interagem entre si, liberando e dominando as forças da natureza, o que provoca um processo de desenvolvimento das próprias capacidades e dos sentidos de níveis superiores (Veroneze, 2018).

Podemos dizer que o conhecimento não se estabelece somente da percepção passiva daquilo que está externo as sentidos sensoriais, mas pressupõe a atividade sensorial e cognocente própria da mente humana, estabelecendo um processo altamente complexo para que as coisas seja percebidas e assimiladas, o que não vem ao caso aqui investigar, já que não temos o objetivo de aprofundar os mecanismos da mente humana, campo específico das ciências psíquicas (Veroneze, 2018). De acordo com Véras (2014, p. 9), Kant representou a saída do ser humano "da minoridade para a maioridade, graças à conquista da Razão, que deixa de ser um atributo inato do ser humano, para tornar-se faculdade que deve ser desenvolvida crítica, levando à autonomia e à liberdade". Georg Wilhelm Friedrich Hegel (1770-1831), por sua vez, argumentava que a razão não só organiza o mundo da experiência individual,

mas, também, o conjunto finito das experiências individuais, que são diferenciações do espírito universal (Véras, 2014).
De acordo com Chizzotti (2011, p. 43),

> Kant e Hegel abriram caminho para diferentes epistemologias e uma pluralidade de concepções dentre as quais duas principais orientações se distinguiram: de um lado, os dialéticos, inspirados na liberdade e na razão prática, concentraram suas análises na ação e na emancipação humana, realçando a possibilidade da transformação social; e, do outro, os idealistas, os românticos e existencialistas que valorizavam as virtualidades da subjetividade e se manifestavam reticentes em relação à transformação progressiva da história e da sociedade humana.

Para Köche (2015, p. 58), a partir de Newton e Kant, o conhecimento verdadeiro é dado pela **ciência**, e, para esta, *conhecer* significa experimentar, medir e comprovar; assim, "todo o conhecimento, para ter valor, deveria ser verificável experimentalmente e apresentar provas confirmadoras de sua veracidade". Portanto, podemos definir *ciência* como "um conjunto de conhecimentos racionais, certos ou prováveis, obtidos metodicamente, sistematizados e verificáveis, que fazem referência aos objetos de uma mesma natureza", conforme definem Lakatos e Marconi (2009, p. 77).

Fique atento!

Podemos definir *ciência*, de modo geral, como qualquer conhecimento ou prática sistematizada baseada em métodos científicos obtidos por meio de estudos e de pesquisas rigorosas, dos quais se possa obter garantia da própria validade e veracidade até que novas experiências comprovem novos conhecimentos refutando ou validando determinado grau de certeza. O conhecimento obtido pela ciência é sempre passível de novas descobertas, não concebendo verdades incontestadas (dogmas).

De modo geral, a ciência busca aperfeiçoar e comprovar o conhecimento nas mais diversas áreas pode meio de experiências, pesquisas e rigor científico, tendo como finalidade aumentar a noção sobre as coisas, os fenômenos e as leis gerais, assim como direcionar o conhecimento produzido às inovações ou aos processos tecnológicos ante determinada demanda ou necessidade, de modo a compreender os fenômenos e objetivá-los na prática.

Pense a respeito!

O espírito científico é, antes de tudo, uma atitude ou disposição, subjetiva e objetiva, daquele que se dispõe a produzir conhecimento e que busca soluções sérias, precisas e adequadas para os problemas ou as questões que se colocam a sua frente.

2.3 Fundamentos positivistas das Ciências Humanas e Sociais

Foi no século XIX, por meio da ciência positiva de August Comte (1798-1857), que o método científico deu um salto para as Ciências Humanas e Sociais. Comte se preocupava em apurar o fato, mas não em solucioná-lo. De certo modo, o Positivismo se inseriu na corrente filosófica idealista e teve suas raízes no enciclopedismo iluminista do século XVIII, que se fundamentava na luta contra a ideologia dominante clerical (pensamento teológico e dogmático), feudal e absolutista da época e deveria, assim, tomar o caráter de uma matemática social (numérico, preciso e rigoroso)[2].

---

2 Os principais representantes do Positivismo do século XVIII foram Marquês de Condorcet (1743-1794), filósofo enciclopedista, e Conde de Saint-Simon (1760-1825), discípulo direto de Condorcet, o primeiro a utilizar o termo *positivo* aplicado à ciência positiva e também a propor um modelo biológico de análise da sociedade, o qual chamava de *fisiologia social* (Löwy, 2003).

> **Enciclopedismo Iluminista:** movimento filosófico-cultural surgido na França em que os pensadores buscavam reunir todo o conhecimento produzido a partir da razão em uma *Encyclopédie* que continha cerca de 35 volumes.

Comte viveu na França no período da Restauração, compreendido entre os anos de 1814 e 1830, que se iniciou com a queda de Napoleão Bonaparte (1769-1821). Contra os efeitos das revoluções, ele dirigia suas ideias à perpetuação da ordem. De acordo com Véras (2014, p. 18), "Sua decisão metodológica era a procura de leis sociais, contra o dogmatismo da religião", mas que se relacionasse com a ordem, "buscando entender as uniformidades de coexistência", e com o progresso, "pretendendo explicar as uniformidades de sequência".

Podemos dizer que Comte foi um dos fundadores do Positivismo e da Sociologia, que teve como principais expoentes Émile Durkheim (1858-1917), Max Weber (1864-1920) e Karl Marx (1818-1883); contudo, Marx divergia criticamente dos dois primeiros. Os três pensadores da sociedade moderna trouxeram para as Ciências Humanas e Sociais três métodos distintos de pesquisa científica, os quais trataremos com mais detalhes no próximo capítulo.

A contribuição de Comte estava centrada na classificação das ciências (matemática, astronomia, física, química, biologia), na fundamentação da Sociologia – chamada primeiramente de *física social* – e na **religião positiva**. Ele também desenvolveu três ideias básicas do pensamento de Conde de Saint-Simon (1760-1825), também chamada de *lei dos três estados*, fases que marcaram a evolução do pensamento humano:

- **Estado teológico** ou fictício, em que as explicações dos fatos se davam pela origem divina ou por diversos deuses (por exemplo, o vento: capricho dos deuses).
- **Estado metafísico**, que substituiu os deuses por princípios abstratos, sem conteúdo real, em uma explicação ingenuamente subjetiva (por exemplo, o vento: virtude dinâmica do ar).

- **Estado positivo**, em que a noção de causa é substituída pela noção de lei e o conhecimento deve ser produzido pela ciência, que busca descrever como os fatos acontecem, de modo a descobrir as leis que determinam o encadeamento entre diferentes fenômenos (Comte, 2005).

A cada um desses estágios correspondia um tipo de organização social, sendo que no **estado positivo** essa organização estava associada à sociedade industrial.

2.3.1 Positivismo Clássico

Buscaremos, aqui, descrever as características fundamentais do Positivismo Clássico, conforme aponta Triviños (2010), que melhor sintetiza esses princípios de modo que possamos compreender as ideias básicas de Comte.

- **Ceticismo**: A explicação dos fatos deve se resumir à ligação entre fenômenos particulares e alguns fatos gerais.
- **Especialização**: Comte defende que o conhecimento generalizado não é possível porque foge à capacidade humana; assim, o estudo deve partir de uma instrução fundamental geral, mas para classificações dos objetos em disciplinas separadas.
- **Relação entre teoria e prática**: O estudo das ciências tem algo mais elevado que o atendimento ao interesse da indústria e, por isso, não precisa da prática.
- **Submissão da imaginação à observação**: A ciência real não deve ser transformada em uma acumulação estérea de fatos incoerentes.
- **Função essencial da ciência**: Capacidade de prever (ou estado positivo), de modo que as funções intelectuais exijam estabilidade, atividade, ordem, progresso, ligação e extensão.
- **Acepção para a palavra *positivo***: O conhecimento tem de ser real (estudar somente o que é possível conhecer), útil (estudar somente o que possa servir ao aperfeiçoamento coletivo ou individual), certo (o conhecimento positivo deve guiar os seres humanos para

a certeza) e deve elevar o ser humano ao preciso, e não ao vago, tendo por objetivo organizar, e não destruir.

※ **Ecletismo**: Mistura de várias correntes filosóficas; prática que deve ser evitada, com a alegação de que é perigosa.

Seguindo o mesmo autor, podemos tratar das características do Positivismo, do Neopositivismo e do Positivismo Lógico, que buscavam conceber a realidade de forma isolada, então somente seriam aceitos os fatos que pudessem ser observados e estudados isoladamente. Não deveriam buscar as causas dos fenômenos, mas as relações entre eles (causal). Outra característica era a neutralidade científica, pois a ciência não deveria buscar resolver os problemas práticos das necessidades humanas, e sim estudar os fatos "desinteressadamente", apenas para conhecê-los, e deveria rejeitar o conhecimento metafísico (aquele não comprovado pela ciência). Assim, só existe conhecimento das ciências especiais de cunho experimental.

Outro ponto a considerarmos é o princípio da verificação, a demonstração da verdade: a verdade teria de ser comprovada experimentalmente, de modo que só seria verdadeiro o empiricamente demonstrável. A unidade metodológica, tanto para os fenômenos naturais como para os sociais, é regida por leis invariáveis e imutáveis, e as variáveis da pesquisa social devem ser essencialmente quantitativas, de modo que o elemento de quantificação dos processos sociais busque testar as hipóteses e estabelecer sua generalidade.

Também prezavam pelo fisicalismo; para ser aceito como conhecimento científico, o postulado deveria ser traduzido em linguagem da Física (Positivismo Lógico), de modo que só era possível obter um conhecimento se este somente reconhecesse o que poderia ser testado empiricamente, por meio de experimentos científicos. Somente os fatos comprovados devem ser objeto da ciência, pois o Positivismo reconhece apenas dois tipos de conhecimentos verdadeiros: o empírico, que é o mais importante, pois nasce da experimentação; e o lógico, constituído pela lógica e pela matemática.

Comte apontava que seu método positivo deveria se consagrar, teórica e praticamente, em defesa da ordem social, portanto, era altamente conservador. Desse modo, ele começava a formular uma concepção de ciência natural, a qual denominou *física social*, uma ciência "que tem por objetivo o estudo dos fenômenos sociais, considerados no mesmo espírito que os fenômenos astronômicos, físicos, químicos e fisiológicos, isto é, submetidos a leis naturais invariáveis, cuja descoberta é o objetivo especial de suas pesquisas" (Comte, 1973, p. 53).

De modo geral, o Positivismo de Comte se apresenta como uma ciência livre de juízos de valor, neutra, rigorosamente científica, o que significa que "os males que resultam dos fenômenos naturais são inevitáveis e, face a eles, a atitude científica deve ser de sábia resignação, procurando apenas analisá-los e identificá-los" (Löwy, 2003, p. 43). Aplicando esse princípio, o desemprego, os males políticos, a fome, a monarquia absolutista, por exemplo, são fenômenos resultantes de leis naturais da sociedade, portanto inevitáveis e independentes de qualquer vontade social. Essa concepção atendia favoravelmente à situação histórica da França nos anos 1830.

Com o avanço do capitalismo e da "questão social", as descrições das mazelas humanas e sociais, as condições degradantes de vida nos grandes centros urbanos, a precarização das relações de trabalho e de vida e as preconizações mais urgentes da vida em sociedade começaram a fazer parte das pesquisas científicas. Essas descrições não aglutinavam fatos, dados e números (pesquisas quantitativas), mas denunciavam as condições subumanas, expressando não só as objetividades, mas também as subjetividades dos indivíduos sociais (pesquisas qualitativas):

> A sociologia desgarra-se da reflexão abstrata e normativa da vida social e avança na especificação dos fatos sociais, nas regras do método sociológico, na fundamentação compreensiva da vida social. As ciências que tratam o mundo vivido de homens e mulheres concretos em convívio social constituem-se como domínios específicos de conhecimento, com métodos e técnicas mais e mais elaborados para compreender a vida social. (Chizzotti, 2011, p. 47)

Não podemos deixar de mencionar que as três principais proposições teórico-metodológicas que se desenvolveram a partir de Comte foram o **positivismo**, o **historicismo** e o **marxismo**, que estudaremos mais à frente. Essas três correntes sociológicas não trouxeram somente um método de análise científica, mas também ideologias, utopias, visões sociais, humanas e de mundo, valores, posições de classes, concepções políticas e críticas ao capitalismo. Cada uma com características e categorias de análises próprias e totalmente distintas.

Antes de terminarmos este capítulo e para uma maior fixação dos conteúdos desenvolvidos até aqui, apresentaremos, de maneira sintética, os níveis e os tipos de conhecimento, de modo que possamos avaliar melhor essa tipificação.

2.4 Níveis de conhecimento

Tomando por base os enunciados trazidos por Cervo e Bervian (1983), entenderemos alguns níveis e tipos de conhecimento. O **conhecimento sensível** é aquele que se apropria física e sensivelmente das coisas por meio dos sentidos externos (visão, audição, tato, paladar e olfato) e dos sentidos internos (memória e imaginação), obtidos por meio do contato direto com o objeto, por exemplo, comer uma maçã, em que percebemos, por meio de nossos sentidos, seu sabor e sua consistência, se é doce ou não, se está madura ou não, se é macia ou não etc. Outro exemplo é o contato entre duas pessoas, o que pode revelar algumas características distintas de um e de outro ou mesmo imaginar como a pessoa é. É um conhecimento subjetivo.

O **conhecimento intelectual** é aquele que se realiza por meio da formação de ideias, juízos, raciocínios, princípios, leis etc., por meio do intelecto. Esse nível de conhecimento é objetivo, o qual os filósofos gregos denominaram *episteme* (opinião verdadeira), obtido por meio da observação e do raciocínio intelectual lógico ou do conhecimento científico (pela experimentação), como o conhecimento sobre as leis da natureza.

Também há o **conhecimento misto**, que se manifesta ao mesmo tempo pelas duas formas de conhecimento (sensível e intelectual), sendo, ao mesmo tempo, subjetivo e objetivo.

2.5 Tipos de conhecimento

O **conhecimento popular**, também chamado de conhecimento do *senso comum*, é aquele resultante das observações cotidianas e que emite opiniões não comprovadas ou resultantes de experiências. É o conhecimento cotidiano, fundamentado em valores provisórios (ou preconcepções), acrítico, assistemático, ametódico, imediato e impreciso. Sua aquisição independe de estudos ou de pesquisas. É o que denominamos *saber da vida*, que se baseia na vivência cotidiana e que é passado de pessoa para pessoa por meio de representações simples.

O **conhecimento filosófico** é aquele que se caracteriza por um esforço da razão no sentido de questionar os problemas humanos, distinguindo-os do certo e do errado, do verdadeiro e do falso. Busca utilizar o método racional e do processo dedutivo, não exigindo confirmação experimental, apenas a coerência lógica. Trata-se de um conhecimento especulativo, que almeja responder às grandes indagações do mundo, da vida e do ser humano. Nesse sentido, busca os "porquês" de tudo que existe.

O **conhecimento religioso**, também denominado conhecimento *teológico ou místico*, é aquele que parte do princípio de que as "verdades" são infalíveis ou indiscutíveis (dogmáticas) pois são provenientes das revelações divinas ou sobrenaturais. As posições dos teólogos são fundamentais em textos considerados sagrados. Fundamenta-se na crença em seres fantásticos e é elaborado fora da lógica racional, fundamentado na fé, não podendo ser confirmado ou refutado.

O **conhecimento artístico** se baseia na intuição (subjetividade) e traz emoção. Tem como objetivo o sentir, e não o pensar. De modo geral, a preocupação do artista não é com o tema, e sim com o modo de tratá-lo. O saber das artes busca o refinamento da subjetividade humana ao oferecer uma relação entre o belo e o grotesco.

O **conhecimento científico** é obtido por meio de investigação ou experimentação sistemática, metódica e racional da realidade ou de alguma coisa, seja ela natural, seja social. Trata-se daquele conhecimento que transcende os fatos e os fenômenos em si, buscando analisar algo para descobrir leis, causas, processos ou propriedades para chegar a determinadas finalidades. É analítico, claro, objetivo, racional, comunicável, acumulativo, processual, falível, provisório, geral, explicativo, aberto e útil.

O **conhecimento técnico** é aquele que não provém dos instintos, das sensações e da observação ingênua; está, de certo modo, relacionado à produção ou a como fazer algo, aos meios a serem utilizados para a realização de tarefas. Pode ter como base determinado conhecimento científico ou algum conhecimento específico e profissional. É operacional, instrumental e funcional no que tange à produção técnica e ao emprego de tecnologias; contudo, requer cuidado e bom senso.

Esses diversos níveis e tipos de conhecimento têm a mesma importância para a produção de ciência e seu desenvolvimento. Citamos um exemplo bastante oportuno: ao estudarmos o ser humano, podemos partir dos diversos tipos de conhecimento, conforme elencamos. Com base apenas no conhecimento produzido pelo senso comum ou pela experiência cotidiana, podemos concluir sua atuação ou seu papel e seu comportamento na sociedade, mas podemos questionar sobre sua origem, sua evolução e seu destino, partindo das revelações obtidas pelos diversos credos religiosos e do conhecimento mítico e místico. Podemos, ainda, questionar sobre sua maneira de pensar ou de refletir sobre as coisas, partindo do conhecimento filosófico produzido ao longo da história.

Se quisermos saber sobre sua composição biológica e fisiológica, partiremos do conhecimento científico produzido por essas ciências.

Se quisermos indagar sobre suas experiências sensíveis por meio de palavras, imagens, sons, cores, texturas e tessituras, podemos capturar essas experiências por meio da arte. Ainda, se quisermos criar uma ferramenta ou um instrumento útil, podemos partir do conhecimento tecnológico.

Sendo assim, apesar dessa tipologia de conhecimentos, podemos chegar a determinadas conclusões ou obter resultados de um mesmo objeto de diferentes maneiras, o que torna o ser humano sábio ao transitar entre todas as esferas do conhecimento produzido ao longo da história. Todos eles são produtos da inteligência (ou do intelecto) humana e nos permitem ter informações e saberes sobre as coisas, o mundo ou o próprio ser humano.

Pense a respeito!

O ser humano é capaz de produzir diversos tipos de informação, conhecimento e saber. Além disso, é capaz de pensar, problematizar, refletir, julgar, avaliar, decidir e agir no mundo, colocando a natureza e as coisas a seu serviço.

Síntese

Vimos, neste capítulo, o desenvolvimento da produção de conhecimento em seu processo socio-histórico, enfatizando os diferentes períodos, seus principais expoentes e suas características. Estudamos as diferenças entre os conhecimentos mítico e místico, filosófico, teológico e científico, correlacionando-os com o contexto histórico de cada período.

Comentamos sobre o surgimento da ciência moderna e suas principais implicações, transitando pelos conhecimentos empirista, idealista, racional e positivista. Abordamos, ainda, o surgimento do Positivismo de Comte, as correntes derivadas de suas ideias e o surgimento da Sociologia. Em decorrência desse processo, observamos como surgiram as Ciências Humanas e Sociais. De forma sintética, vimos, por fim, os níveis e os tipos de conhecimento mais significativos para nossos estudos.

Questões para revisão

1. Com relação ao processo de conhecimento, assinale a alternativa verdadeira:
   a) Os filósofos da Grécia Antiga aspiravam ao conhecimento ideal e sistemático.
   b) Somente os gregos tinham sabedoria para entender e compreender as coisas.
   c) De acordo com Ianni (2011), o ideal de uma atividade intelectual é que resolva determinados problemas.
   d) A causa principal que levou os seres humanos a produzirem conhecimento foi a organização das cidades gregas.
   e) O conhecimento é a relação que se estabelece entre o mundo que se conhece e o objeto conhecido.

2. Com relação aos períodos históricos do conhecimento, assinale a alternativa correta:
   a) As ideias do período helênico foram a base de sustentação do cristianismo até o advento da Filosofia medieval.
   b) No período sistêmico, acreditava-se que a "verdade" era revelada por Deus.
   c) As ideias desenvolvidas no período patrístico sustentaram o estoicismo, o epicurismo e as doutrinas neoplatônicas.
   d) O período antropológico teve como principal expoente Aristóteles.
   e) O período pré-socrático se caracterizou pelo florescimento e pela organização das cidades gregas.

3. Com relação aos eflúvios da modernidade, analise as afirmativas a seguir.
   I) Os novos eflúvios revolucionários da modernidade provocaram um desenvolvimento antropológico-ontológico na sociedade europeia.
   II) No Renascimento, homens e mulheres encontraram condições objetivas para assumirem a consciência de que podiam dinamizar suas capacidade e suas potencialidades.
   III) O desenvolvimento trazido pelo Renascimento somente alterou os aspectos científicos e tecnológicos.

IV) O Renascimento e as grandes navegações permitiram o desenvolvimento do Positivismo.

V) O conhecimento passou a ser almejado como um "saber puro", fruto do trabalho intelectual, da razão, da observação e da experiência.

Agora, assinale a alternativa que apresenta a resposta correta:
a) Somente as afirmativas I e II estão corretas.
b) Somente a afirmativa II está correta.
c) Somente as afirmativas III e IV estão corretas.
d) Somente a afirmativa V está correta.
e) Somente as afirmativas I, II e V estão corretas.

4. Com relação ao desenvolvimento do conhecimento científico, assinale a alternativa correta:
a) A ciência surgiu por acaso.
b) O conhecimento científico está baseado na observação do espaço e do tempo.
c) Descartes buscava nas crenças os recursos para a recuperação da certeza científica.
d) Bacon defendia que as ideias preconcebidas eram provenientes dos ídolos, falsos deuses, e que conduziam o intelecto humano ao erro.
e) Newton afirmava que se deveria aceitar qualquer hipótese física para comprovar uma "verdade científica".

5. De acordo com os tipos de conhecimento, assinale a alternativa correta:
a) O conhecimento popular está relacionado à produção.
b) O conhecimento científico é obtido por meio de investigação, experimentação sistemática, metódica e racional.
c) O conhecimento filosófico parte do princípio de que as "verdades" são infalíveis e incontestáveis.
d) O conhecimento religioso é resultado das experiências e das observações cotidianas.
e) O conhecimento artístico busca utilizar o método racional e do processo dedutivo.

Questão para reflexão

1. Escreva sobre as principais características do conhecimento filosófico e do conhecimento científico e as principais diferenças entre eles.

Exercício resolvido

1. Com relação ao Positivismo, assinale a alternativa correta:
   a) Somente as "verdades" devem ser objeto da ciência.
   b) Comte apontava que seu método dialético deveria consagrar teórica e praticamente a ordem social.
   c) O Positivismo de Comte se apresentava como uma ciência livre dos ricos científicos e se propunha a ser neutra.
   d) A física social é uma ciência que tem por objetivo o estudo dos fenômenos sociais.
   e) Os males que resultam dos fenômenos naturais podem ser previsíveis e evitados.

   Resposta: d

   Comentário: O Positivismo, na condição de física social, segundo Comte, permitia que a Sociologia se desvinculasse da reflexão abstrata e normativa da vida social, de modo a avançar na explicação dos fatos sociais. Deveria, para tanto, considerar o estudo dos fenômenos sociais à luz da física, da química, da astronomia e da fisiologia; os males que assolam a humanidade estão submetidos às leis naturais invariáveis e inevitáveis, sendo que perante eles a atitude científica deveria ser de sábia compreensão, procurando apenas analisá-los e identificá-los.

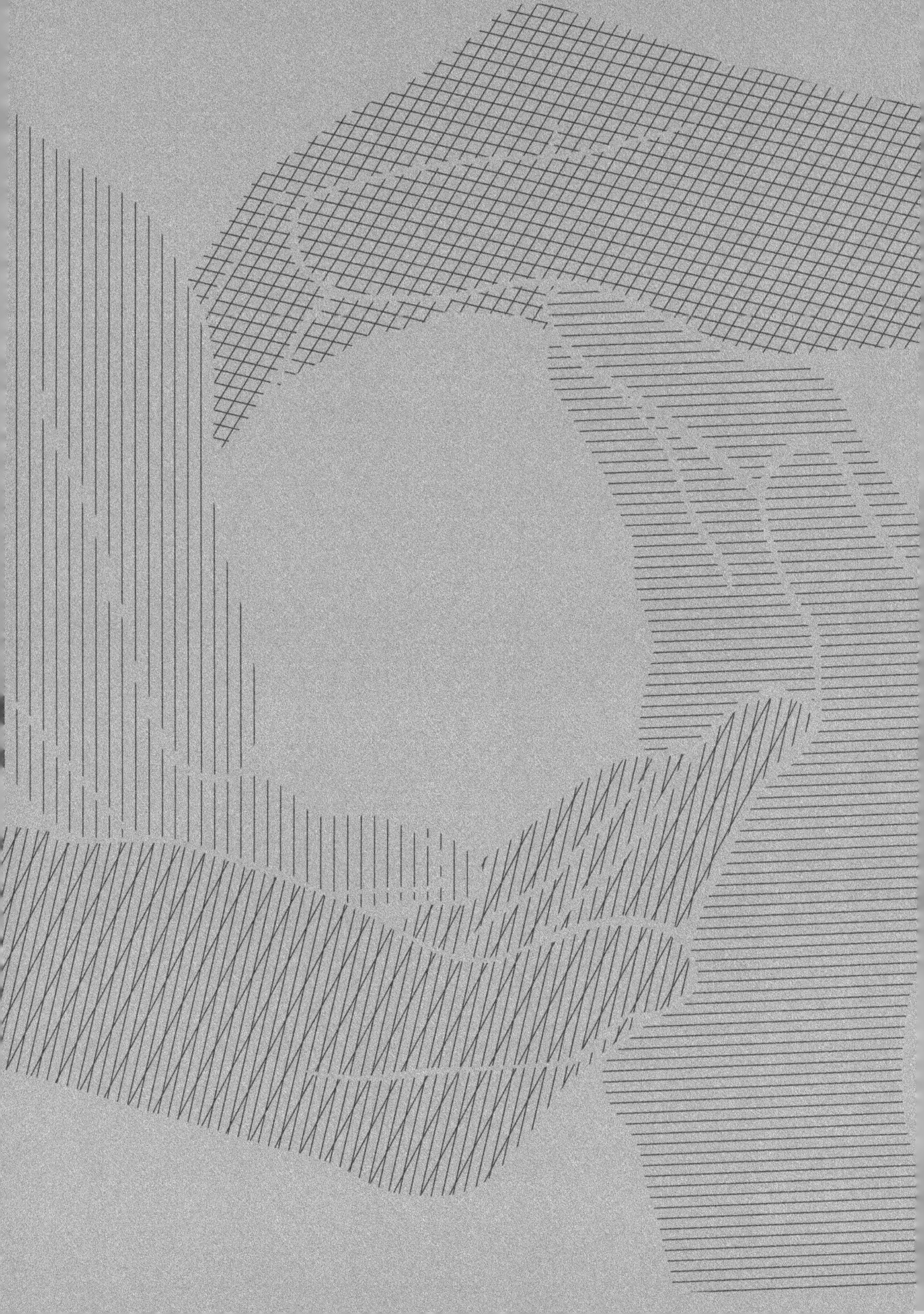

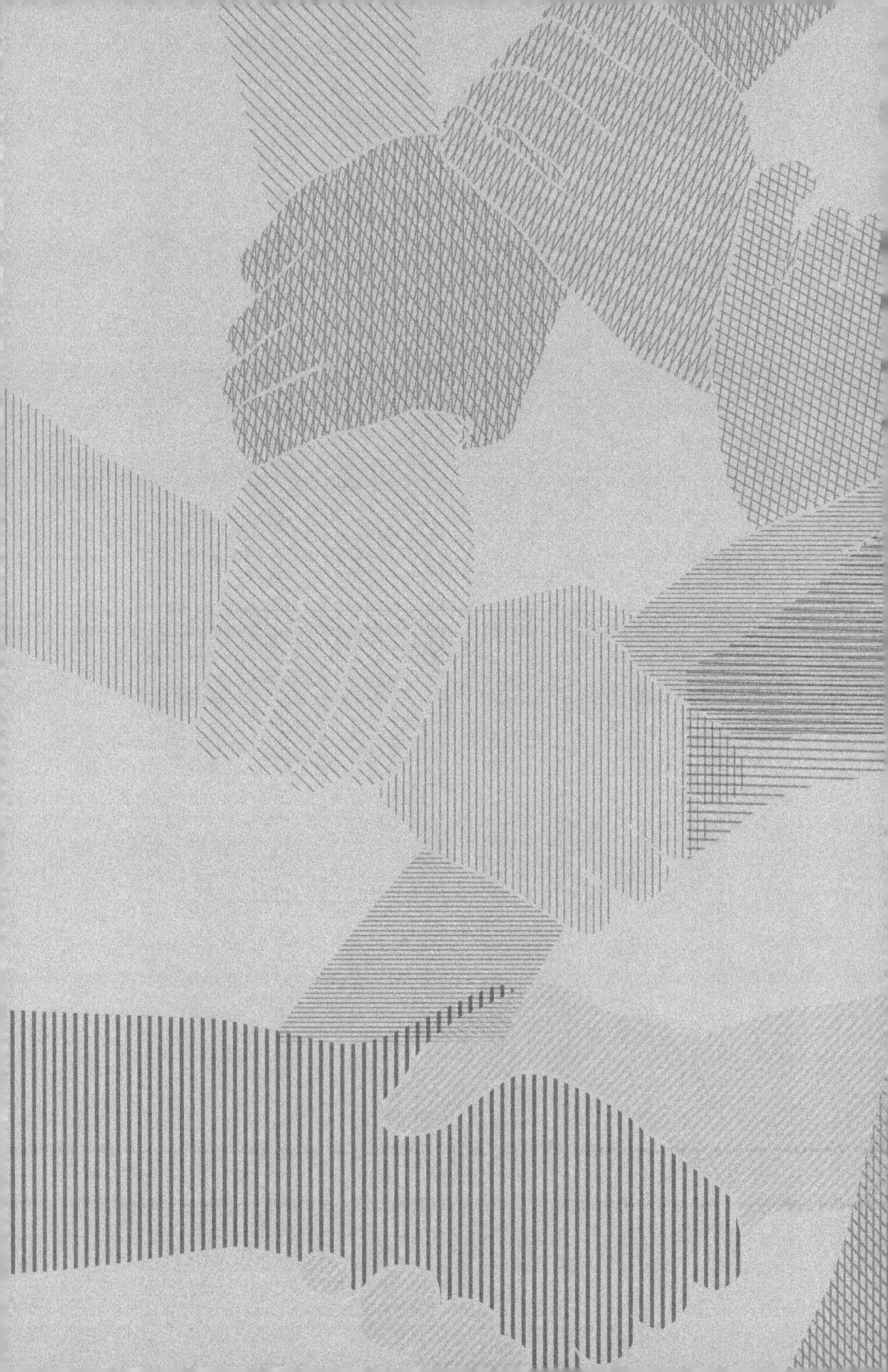

CAPÍTULO 3

Correntes do pensamento contemporâneo nas Ciências Humanas e Sociais

Conteúdos do capítulo:

- Émile Durkheim.
- Max Weber.
- Historicismo.
- Fenomenologia.
- Método em Marx.

Após o estudo deste capítulo, você será capaz de:

1. entender e identificar as principais vertentes do pensamento sociológico;
2. compreender os diferentes métodos de pesquisa nas Ciências Humanas e Sociais.

> *"Toda filosofia oferece uma forma de vida; toda filosofia é a crítica de uma forma de vida e, ao mesmo tempo, sugestão de outra forma de vida".*
> (Agnes Heller)

Contradizendo a lógica positivista, afirmamos que a pesquisa não é neutra, pois se desenvolve em conformidade com os interesses e os objetivos do pesquisador. Assim, entender as particularidades, objetivas e subjetivas, dos sujeitos históricos e sociais é um desafio para aqueles que se dedicam à pesquisa. Executar qualquer pesquisa de cunho científico pressupõe opções e escolhas, por conseguinte, valores. O primeiro passo para sua realização implica necessariamente a escolha de um tema ou a definição de um problema a ser investigado e que se pretende conhecer, seja sobre as composições e leis da natureza, seja sobre os fenômenos e as contradições sociais, investigando sobre a natureza existencial dos indivíduos sociais.

Assim, a definição do que se pretende pesquisar já é, por si só, uma opção, um recorte, uma escolha ou uma delimitação do problema. Ainda, essa escolha depende dos objetivos definidos pelo pesquisador e nos quais se pretende chegar, de modo que o pesquisador elabora um plano, um planejamento de trabalho para orientar suas ações. Nessa direção, busca-se, ainda, selecionar referenciais bibliográficos e métodos de investigação, estabelecer metodologias e instrumentos, definir os elementos constitutivos e constituintes para auxiliar e que fazem parte do processo de investigação.

Além disso, é importante destacar que nas Ciências Humanas e Sociais há diferentes referenciais teórico-metodológicos, com abordagens variadas e concepções de mundo com categorias de análises distintas. Tais referenciais necessitam ser analisados com cuidado para que não se "misturem" categorias de análises e visões de mundo, o que pode gerar algumas confusões no entendimento ou, ainda, um **ecletismo**, utilizando uma justaposição de teorias, teses e argumentos oriundos de referências e categorias de análises diversas, tendendo a uma conciliação teórica, o que não é aconselhável e, muitas vezes, desvaloriza o trabalho.

Nessa direção, propomo-nos, neste capítulo, a trazer alguns subsídios sobre determinadas correntes teóricas mais utilizadas no âmbito das Ciências Humanas e Sociais, particularmente, no Serviço Social, para que possamos distinguir melhor seus pressupostos.

3.1 Surgimento da Sociologia e suas implicações na pesquisa

Auguste Comte (1798-1857) foi o criador do termo *sociologia*, que se caracteriza pelo estudo dos aspectos sociais da vida humana em sociedade. Seu objetivo primordial é adquirir conhecimento relativo ao ser humano e à sociedade de maneira científica, por meio de um exame rigoroso da realidade social com a aplicação de métodos científicos. Como ciência, de acordo com o método positivista, busca estudar os fatos tais como se apresentam, descrevendo-os, analisando-os e explicando-os com o máximo de objetividade. Ao sociólogo cabe conhecer a sociedade e sua dinâmica como é, não como deveria ser.

Outro ponto a destacar é que a Sociologia se distingue das demais Ciências Humanas e Sociais principalmente com relação ao objeto de investigação. A primeira preocupação do sociólogo se refere às relações sociais em si, aos indivíduos inseridos em diferentes grupos sociais e à dinâmica da sociedade, verificando seus aspectos econômicos, sociais, políticos, culturais e religiosos. Visa, acima de tudo, produzir teorias, entendidas como o conjunto de preposições que se apoiam em conceitos e categorias definidas com exatidão, coerentes entre si e que possibilitam a dedução ou a definição, generalizada ou não, de fatos, fenômenos, acontecimentos e situações sociais observados.

De acordo com Véras (2014, p. 11), a Sociologia

> nasce e se desenvolve no mundo moderno trazida pela revolução burguesa, tanto nos seus aspectos políticos como nos econômicos e culturais. Foram os impasses do mundo moderno, e sua força maior,

o capitalismo, que provocaram a emergência do pensamento sociológico. A sociologia herdou do Iluminismo, do jacobinismo, do conservadorismo, do romantismo e do evolucionismo seus princípios explicativos e deve muito a Rousseau, Kant, Hegel, Goethe, Schiller, Adam Smith, David Ricardo, L. van Beethoven.

Assim, a realidade e os fatos pelos quais se originavam os problemas a serem esclarecidos, entendidos como construções sociais, em sua maioria são frutos das revoluções ocorridas durante os séculos XVIII e XIX e seus desdobramentos, principalmente o desenvolvimento do capitalismo e suas mudanças, o que denota grande preocupação de Comte com a "ordem social".
Em outros termos, significa a conservação da sociedade, na busca por estabilidade, tradição, autoridade e poder institucional, rompidos pelos movimentos revolucionários. Além do mais, os conflitos e as mudanças geradas pelo capitalismo, pela racionalidade, pelo protestantismo e pelo avanço do pensamento científico permitiam aos sujeitos sociais, inseridos em determinados contextos históricos, expressarem opiniões, valores, concepções de mundo e de sociedade diferentes das aceitas até então. Contudo, "a postura dialética em que se admite que sujeito e objeto se condicionam reciprocamente, como é o caso do materialismo histórico-dialético definindo a relação entre existência e consciência" (Véras, 2014, p. 23), alterou o olhar da Sociologia no sentido de negar a neutralidade proposta pelo Positivismo.

Para saber mais

QUINTANEIRO, T.; BARBOSA, M. L. de O.; OLIVEIRA, M. G. M. de. **Um toque de clássicos**: Marx, Durkheim, Weber. 2. ed. rev. e ampl. Belo Horizonte: Ed. da UFMG, 2011.

Sugerimos a leitura do livro Um toque de clássicos: Marx, Durkheim, Weber, *de Tania Quintaneiro, Maria Ligia de Oliveira Barbosa e Márcia Gardênia Monteiro de Oliveira.*

Desse modo, não há uma concepção única, coesa ou monolítica na Sociologia, que diverge em seus aspectos e entre seus representantes. Podemos destacar três correntes principais e que orientam o pensamento sociológico: perspectiva romântico-conservadora de Conde de Saint-Simon (1760-1825) e Comte, consolidada pelo pensamento positivista de Émile Durkheim (1858-1917); postura revolucionária e crítica de Karl Marx (1818-1883) e Friedrich Engels (1820-1895); e a corrente mais subjetivista e fenomenológica, liderada por Max Weber (1864-1920). Além do mais, essas correntes trazem em seu seio diferentes concepções ideopolíticas. Somos, por natureza, seres sociais, históricos e políticos. Desse modo, Demo (2006) aponta que toda pesquisa é sempre um fenômeno político porque induz e traduz, sobretudo, interesses, valores, ideologias, concepções de mundo e de realidade. Portanto, perpassam determinadas visões teórico-metodológicas e ideopolíticas escolhidas pelo pesquisador. Além disso, contrapondo o Positivismo, os métodos e as metodologias de pesquisas na área das Ciências Humanas e Sociais divergem das ciências naturais. De acordo com DaMatta (2000)[1], há diferenças significativas entre as pesquisas do âmbito das Ciências Humanas e Sociais e das ciências naturais. Podemos, ainda, enfatizar que há um distanciamento entre elas, sobretudo em suas abordagens epistemológicas e metodológicas para a apreensão do objeto de pesquisa.

Outro fator a considerar é que as pesquisas no âmbito das Ciências Humanas e Sociais utilizam particularmente, mas não somente, uma abordagem epistemológica no campo qualitativo em relação às pesquisas da área das ciências naturais ou mesmo das ciências exatas, além de terem abordagens teórico-filosóficas distintas, como em relação ao perfil do pesquisador, aos métodos de pesquisa, às técnicas de coleta de dados e ao modo de interpretação dos dados.

||||||||||||||||||||||||

1   DaMatta (2000) apresenta a gênese das pesquisas nas Ciências Sociais e como os primeiros estudos utilizaram instrumentos de pesquisa na área, principalmente no campo da antropologia. O autor busca mostrar as diferenças entre objetos de estudos das duas ciências e aponta que as pesquisas que utilizam como objeto de estudo o ser humano e sua produção e reprodução social e cultural, na e da vida social, necessitam de métodos de investigação distintos das ciências naturais. Esclarece, ainda, como esses métodos seguiram no âmbito das Ciências Humanas e como novas abordagens foram sendo construídas para possibilitar a investigação no cenário das Ciências Sociais. Destaca as diferenças de objeto de estudo e o encaminhamento metodológico das Ciências Naturais, aprofundando sua análise acerca da inadequação em relação às Ciências Humanas e Sociais.

Concordamos com Gatti (2012b) quando esta aponta que devemos considerar algumas perguntas importantes antes de iniciar qualquer investigação: De onde partiremos? Com quais referências? Para quem queremos falar? Por quê? Que tipos de dados nos apoiam? Como se organizam? Como cuidamos de nossa linguagem e comunicação? Essas questões são primordiais para a realização de qualquer pesquisa. Além do mais, as pesquisas em Ciências Humanas e Sociais não devem apenas buscar o conhecimento de coisas ou fenômenos, mas implica em um posicionamento ético e político sobre o que se pretende conhecer. A pesquisa não é um ato isolado, intermitente, fracionado, e sim uma atitude processual de investigação diante do desconhecido e dos limites naturais ou sociais que nos são impostos (Demo, 2006).

Portanto, antes de compreendermos o que é pesquisa e para que pesquisamos, importa-nos compreender as diferentes abordagens teórico-metodológicas no âmbito das Ciências Humanas e Sociais, tendo em vista, particularmente, as vertentes mais utilizadas nas pesquisas em Serviço Social, como Positivismo, historicismo, fenomenologia e marxismo.

Fique atento!

Há outras correntes teóricas no âmbito das Ciências Humanas e Sociais, como estruturalismo, funcionalismo, pragmatismo, hermenêutica, correntes pós-modernas, teoria da complexidade, entre outras; contudo, aqui trataremos daquelas mais utilizadas no âmbito do Serviço Social.

3.2 Positivismo de Émile Durkheim

A hipótese fundamental do pensamento positivista é que a sociedade humana é regulada por leis naturais, ou, conforme aponta Löwy (2003), por leis que têm as características das leis naturais e são invariáveis, independentes da vontade e da ação humana, tal como a lei da gravidade ou do movimento da Terra em torno do Sol. A ideia principal do método positivista é que a ciência só pode ser objetiva e verdadeira na medida em que elimina totalmente qualquer interferência de preconceitos ou pré-noções. Durkheim, fiel representante do Positivismo de Comte, buscava um projeto de **reforma social** que implicava uma **reforma moral da sociedade**; defendia que a sociedade era regida por leis naturais, fixas e imutáveis e cabia à Sociologia descobri-las e explicá-las. Seu objetivo era **conservar a ordem social**, caracterizando-se como um conservador-reformista.

Tendo como principais referências para situar seu pensamento a Revolução Francesa e a Revolução Industrial, encontrando em Saint-Simon e Comte o manancial de ideias para desenvolver sua teoria. Seu pensamento foi marcado pela Guerra Franco-Prussiana (1870), com a derrota humilhante para os franceses, a Comuna de Paris (1869-1870) e a constituição da III República Francesa (1870-1940). Nesse sentido, Durkheim criou um "novo sistema científico e moral que se harmonizasse com a ordem industrial emergente. O industrialismo, com sua incontida força de transformação, impunha-se a todos como a marca decisiva da sociedade moderna" (Quintaneiro; Barbosa; Oliveira, 2011, p. 68).

Durkheim nasceu em uma família judia que conservava suas tradições culturais, estudou em Paris na Escola Normal Superior, que tinha como característica formar a elite política da época. Fez estágio na Alemanha, entre 1883 e 1884, voltou para Bordeaux e trabalhou na formação de professores até 1902. Para ele, era importante a constituição de uma nova moral capaz de se constituir como um novo regulador, contudo, a sociedade deveria ser laica e civil.

Para ele, a função da Sociologia era descobrir as leis que regem a sociedade (leis sociais) e que devem ser fixas e imutáveis, idênticas às leis naturais. Portanto, o cientista social estuda a sociedade com o mesmo espírito objetivo, neutro, livre de juízo de valor, livre de qualquer ideologia ou visão de mundo, exatamente da mesma maneira como o físico, o químico, o fisiologista etc. estudam os fenômenos naturais. Ele se empenhou em dar à Sociologia francesa um estatuto de cientificidade.

A concepção positivista afirma a necessidade e a possibilidade de uma ciência social completamente desligada de qualquer vínculo com classes sociais, posições ideopolíticas, valores morais, ideologias, utopias etc. Segundo Löwy (2003), Durkheim era muito mais cientista social do que Comte; ele era um *sociólogo* no sentido mais explícito da palavra. Para Durkheim, a Sociologia deveria se preocupar, explicitamente, com o estudo dos **fatos essencialmente sociais**. Para a realização desse estudo, ele formulou *As regras do método sociológico*, obra que data de 1895, na qual aponta que o sociólogo busca entender os fatos sociais e tratá-los cientificamente; para tanto, deve preconizar algumas regras, chamadas de *método sociológico*, obedecendo aos pressupostos do método empírico-indutivo (Véras, 2014).

Filho de uma concepção de mundo própria do pensamento burguês e expressamente conectado ao empirismo inglês, Durkheim defendia que o capitalismo não poderia existir sem uma conexão com a realidade e o cientificismo. A ideia principal desse pensador foi a ética conservadora; a sociedade para ele era um conglomerado de indivíduos que deveriam ser regulados por regras (sistema de coerção) e sempre prevalecer sobre o indivíduo.

> Para o **pensamento burguês**, o ser humano nasce em total liberdade e tem de haver um poder absoluto (o Estado) para regular essa liberdade.

Para Durkheim, a família, a escola, o sistema judiciário e o Estado são exemplos de instituições que sustentam a sociedade, de modo que deveriam exercer sobre os indivíduos a coerção para manter os costumes, as normas e os valores herdados pelos antepassados, condicionando e controlando os membros da sociedade para não desestabilizar a vida comunitária, podendo, ainda, caso houvesse o descumprimento das normas, o indivíduo poderia ser repreendido ou punido, dependendo da falta cometida. O sistema penal é um bom exemplo para entendermos esse princípio.

> **Coerção:** pressão ou repressão exercida sobre alguém ou alguma coisa.

Durkheim destaca coerção, integração e manutenção da sociedade, sendo que os conflitos sociais existem basicamente por causa da anomia, da ausência ou da insuficiência de normatização das relações sociais ou mesmo da falta de instituições que regulem essas relações.

> **Anomia:** ausência de leis ou regras.

A concepção sociológica de Durkheim se baseia em uma teoria do **fato social**, que se traduz como "toda maneira de fazer, fixada ou não, suscetível de exercer sobre o indivíduo uma coação exterior; ou ainda, que é geral no conjunto de uma dada sociedade tendo, ao mesmo tempo, uma existência própria, independente das suas manifestações individuais" (Durkheim, 1973, p. 394-395).

Para ele, por exemplo, o processo de socialização, a educação, a disseminação de normas e de valores gerais, os agentes reais ou as maneiras culturais de uma sociedade são **fatos sociais** e devem ser tratados como coisas. O pesquisador busca eliminar todas as pré-noções e os juízos de valor daquilo que pretende conhecer ou investigar cientificamente, o que implica a objetividade e a neutralidade do objeto de pesquisa pelo pesquisador (ou cientista). Supõe-se, desse modo, uma ruptura epistemológica entre sujeito e objeto.

> Para Aron (2002, p. 526, grifo nosso), "devemos chamar de **coisa** toda realidade observável do exterior e cuja natureza não conhecemos imediatamente".

Ao longo da vida, os indivíduos aceitam padrões de comportamentos estabelecidos, formando uma consciência coletiva relativa aos vários papéis e às posições que ocupam na sociedade, de modo que alguns são herdados e outros recebidos e se transmutam em maneiras de pensar, sentir e agir. Tais padrões são coercitivos, institucionalizados, moralmente seguidos e responsáveis pela coesão dos grupos sociais (Véras, 2014).

- **Consciência coletiva**: integração entre os membros da sociedade; sentido de coletividade.
- **Coesão**: sentido de cooperação proporcionado pela divisão do trabalho social.

A crescente divisão do trabalho social é, para Durkheim, um fator que torna os indivíduos dependentes uns dos outros. Por exemplo, vamos aos supermercados para comprar mercadorias produzidas por outras pessoas, mas também podemos utilizar serviços sociais, como farmácia, hospital, escola, postos de atendimentos, nos quais encontramos outras pessoas que trabalham e exercem diferentes funções ou papéis sociais.

Sua metodologia se baseia em observar o **fato social** como *coisa* e reconhecê-lo pela **coerção** ou **coesão** que eles exercem sobre os indivíduos. Reconhece, desse modo, determinado fenômeno social na medida em que se impõe ao indivíduo, como a moda, que é um fenômeno social e cultural cuja origem é a sociedade. Para Durkheim, ela não tem sua origem em um indivíduo, mas é a sociedade que se manifesta por meio de obrigações implícitas (coercitivas) e difusas.

Outra questão importante para Durkheim é a distinção entre ***normal*** e ***patológico***. Ao se procurar as causas e identificar o fenômeno que produz os fenômenos, procura estabelecer a **função** que exerce, isto é, sua utilidade. Se sua função é normal, não há necessidade de intervir no fenômeno, mas se ele apresenta alguma anormalidade (patologia), busca um argumento científico para justificar projetos de "reforma". A pesquisa, para ele, deve ser fundamentalmente a **observação sistemática** de um fenômeno qualquer, ou seja, buscar uma tipologização e descrever os fenômenos segundo sua classificação, seu gênero etc. A finalidade da pesquisa é justificar o "dado" encontrado.

Para saber mais

UNIVESP. **Clássicos da Sociologia**: Émile Durkheim. Disponível em: <https://www.youtube.com/watch?v=SMaxxNEqk7U>. Acesso em: 11 nov. 2019

Sugerimos o vídeo-documentário Clássicos da Sociologia: Émile Durkheim, *produzido pela UNIVESP TV e que está disponível no YouTube. O vídeo ajuda a compreender melhor as ideias desse expoente da Sociologia.*

Para refletir!

Para compreender a influência que as relações familiares e escolares exercem sobre as pessoas, sugerimos o filme *Billy Elliot*, lançado em 2000, sob a direção de Stephen Daldry, que mostra a influência do pai sobre um garoto que desejava ser dançarino, mas que o pai queria que fosse boxeador.

3.3 Max Weber e o tipo ideal

Segundo Löwy (2003), Weber não foi um positivista clássico; nutria algumas divergências com relação ao pensamento positivista, contudo concordava com a ideia de que a ciência social deveria ser livre de juízos de valor.

Weber foi fortemente influenciado pelo pensamento de Immanuel Kant (1724-1804) e foi a expressão típica do pensamento da Alemanha do período guilhermino (1890-1918). Ao herdar do pai uma grande fortuna, dedicou a vida à cultura, transformando sua casa em um círculo privado de reuniões de intelectuais, filósofos, artistas e pessoas influentes da época. Buscava uma interpretação global da sociedade burguesa e foi o único pensador a oferecer uma visão alternativa ao pensamento de Marx. Sua preocupação era construir conceitos, **tipos ideais**. Diferentemente do pensamento de Durkheim, seu objeto central de pesquisa era compreender os indivíduos e suas **ações sociais**, a ação realizada a outrem e que tem sentido e significado.

> **Período guilhermino**: compreende o reinado de Guilherme II.

Nesse sentido, Weber (2012) define *ação social* como um comportamento humano, subjetivo. Suas preocupações eram o motivo de as pessoas tomarem certas decisões ou mesmo as razões que as levavam a determinados atos ou ações. Partindo dessas motivações, ele pretendia compreender a sociedade como um todo por meio de **tipos ideais**. No entanto, a ação social se refere ao comportamento de outros (agente ou agentes), de modo que Weber tinha como ponto de partida a classificação dos **tipos de ação social**, esta "definida [...] como toda ação humana (ato, omissão, permissão) dotada de um **significado subjetivo** dado por quem a executa e que **orienta** essa ação" (Quintaneiro; Barbosa; Oliveira, 2011, p. 113, grifo do original).

> **Tipos ideais**: constructos; abstração; instrumento para orientar determinada análise sociológica; parâmetro; conceito ideal simplificado e generalizado da realidade que não existe em seu estado puro.

Weber (2012) classifica, assim, quatro tipos de ação social:

1. **Ação racional**: Trata-se da ação que se refere a alguma finalidade ou objetivo. Em outras palavras, o agente da ação define claramente seu objetivo e combina os meios disponíveis para atingi-lo; por exemplo, a ação de um engenheiro que pretende construir uma ponte.
2. **Ação racional com relação a um valor**: Trata-se daquela ação em que o agente desempenha sua ação racionalmente, aceitando

todos os riscos não para obter um resultado extrínseco, mas para permanecer fiel à sua ideia de honra; por exemplo, a ação de um capitão que afunda com seu navio.
3. **Ação afetiva ou emocional**: É aquela ação definida por uma reação emocional do agente em determinadas circunstâncias, e não em relação a um objetivo ou a um sistema de valores; por exemplo, o soco dado em uma partida de futebol pelo jogador que perdeu o controle emocional.
4. **Ação tradicional**: Aquela ditada por hábitos, costumes e crenças, na qual o agente não precisa conceber um objetivo ou um valor nem ser impelido por uma emoção, simplesmente obedece aos reflexos enraizados por longa prática.

Para Weber, o objetivo da Sociologia era restituir o **sentido da ação**. Ele estava preocupado em estabelecer um **tipo ideal**, uma tipologia que não existe na realidade. O cientista, portanto, busca enunciar proposições factuais, relações de causalidade e interpretações compreensivas que sejam universalmente válidas.

Segundo Löwy (2003), o **tipo ideal** é uma construção teórica utilizada pelo sociólogo para analisar e estudar a sociedade e a realidade. Sua construção se faz por uma relação de valores que busca fornecer os critérios, as motivações para sua construção. Porém, essa construção está vinculada a determinada visão social de mundo do cientista social.

Em outras palavras, Weber busca analisar o fenômeno em seus diversos modos de manifestação, buscando um conceito típico e determinante de como estes se apresentam historicamente na realidade, para expressar aproximadamente um **tipo real** ou *puro*, isto é, um sentido objetivo, correto, racional ou verdadeiro e direcionado a certos fins (Weber, 2012). Ele trabalha com "os meios característicos da investigação científica" (Weber, 2001, p. 108). Um conceito é fruto de uma construção mental do objeto da investigação, representada por uma concepção ideal não existente na realidade. O **tipo ideal** é sempre genérico e a-histórico. São meios para se formular hipóteses. Nesse sentido, "o tipo ideal é um instrumento para conhecer a realidade, um recurso heurístico" (Véras, 2014, p. 236).

Os fenômenos sociais são analisados em relação ao tipo ideal, permitindo formular hipóteses explicativas. Para Weber, o conhecimento é sempre fragmentado; estudam-se apenas fragmentos da realidade sob determinada perspectiva, de modo a descrever o movimento normativo ideal de uma ação racional dirigida a determinado fim, o qual contrasta com a realidade, que é irracional. A concepção de *tipos ideais* é fundamental no pensamento de Weber, os quais podemos definir como a reconstrução mental dos fenômenos que são submetidos à investigação. Ele aponta que o conhecimento parte historicamente de perspectivas práticas, de modo que o pesquisador busca interpretar e pensar a sociedade pelo papel do sujeito, partindo do fundamento kantiano ao conceber que o conhecimento sempre é relativo e produto racional do sujeito que conhece, já que, assim como Kant, aponta que não se pode conhecer a *coisa-em-si*.

Weber assinala que uma ciência não tem a função de intervir na vida prática, mas proporcionar meios para a consciência dos indivíduos. As ações práticas implicam escolhas e valores para uma tomada de posição; desse modo, decidir por esta ou aquela opção é uma ação exclusivamente pessoal. A ciência tem o papel de apresentar de forma clara e transparente suas ideias, buscando compreendê-las, desvendar os porquês das alternativas e procurar "uma ordenação conceitual da realidade empírica" (Weber, 2001, p. 110).

> Para uma abordagem científica dos juízos de valor não é suficiente apenas compreender e reviver os fins pretendidos e os ideais que estão no seu fundamento, mas também e, acima de tudo, ensinar a "avaliá-los" criticamente. [...] Isto significa que só pode consistir numa avaliação lógico-formal do material que se apresenta nos juízos de valor e nas ideias historicamente dadas, e num exame dos ideais, no que diz respeito ao postulado da ausência de uma contradição interna do desejado. (Weber, 2001, p. 110)

É importante destacar que o objetivo da ciência, para Weber, é oferecer o "conhecimento do significado" daquilo que se almeja. Escolhas, decisões, julgamentos são questões de foro íntimo, portanto, não é função da ciência tecer valores ou pré-julgamentos, mas desvendar ou comprovar os fatos: "Uma ciência empírica não pode ensinar a ninguém o que deve fazer; só lhe é dado – em certas circunstâncias – o que quer fazer" (Weber, 2001, p. 111).

Em síntese, a ciência deve estudar o significado cultural da estrutura socioeconômica da vida social e humana e suas formas de organização histórica: "A ciência social assume seu caráter de ciência da cultura. [...] O domínio do trabalho científico não tem por base as conexões 'objetivas' entre as 'coisas', mas conexões conceituais entre problemas" (Véras, 2014, p. 231).

Para Weber, ao contrário de Durkheim, as normas, os costumes e as regras sociais não são algo externo aos indivíduos sociais, mas estão internalizados, de modo que os indivíduos escolhem suas condutas e seus comportamentos, dependendo das situações em que se apresentam. As **relações sociais** são orientadas e dotadas de conteúdos significativos.

Relações sociais: "probabilidade de que uma forma determinada de conduta social tenha, em algum momento, seu sentido partilhado pelos diversos agentes numa sociedade qualquer" (Quintaneiro; Barbosa; Oliveira, 2011, p. 117).

Para saber mais

UNIVESP. **Clássicos da Sociologia**: Max Weber. Disponível em: <https://www.youtube.com/watch?v=ea-sXQ5rwZ4>. Acesso em: 11 nov. 2019.

Sugerimos o vídeo-documentário Clássicos da Sociologia: Max Weber, *produzido pela UNIVESP TV e que está disponível no YouTube.*

3.4 Historicismo e Sociologia do conhecimento de Karl Mannheim

O historicismo é uma corrente específica no debate das Ciências Sociais. Considerado por Löwy (2003) como uma corrente que se diferencia do Positivismo e do marxismo, embora possa se articular tanto com uma quanto com a outra, tem como principal expoente Karl Mannheim (1893-1947), que, nascido na Hungria, de pais judeus, iniciou seus estudos de Filosofia na Universidade de Budapeste, sendo participante do grupo de estudos coordenado por György Lukács (1885-1971). Mannheim foi obrigado a deixar o país em virtude da queda do regime comunista, indo residir em Viena, Freiburg e, finalmente, em Heidelberg (Alemanha). Em 1930, assumiu a cadeira de Sociologia na Universidade de Frankfurt, mas foi obrigado a emigrar em razão da ascensão do regime nacional socialista e da introdução de leis que proibiam o exercício de cargos públicos por judeus (Weller et al., 2002).

Segundo Escorsim Netto (2011), Mannheim, do ponto de vista teórico-metodológico, é um pensador eclético, uma síntese entre o weberianismo, historicismo e marxismo. Para Mannheim (1968, p. 31),

> a Sociologia do Conhecimento busca compreender o pensamento no contexto concreto de uma situação histórico-social, de onde só muito gradativamente emerge o pensamento individualmente diferenciado. Assim, quem pensa não são os homens em geral, nem tampouco indivíduos isolados, mas os homens em certos grupos que tenham desenvolvido um estilo de pensamento particular em uma interminável série de respostas a certas situações típicas características de sua situação comum.

O historicismo, de acordo com Löwy (2003, p. 76), parte de três hipóteses fundamentais:

1. Qualquer fenômeno social, cultural ou político é histórico e só pode ser compreendido dentro da história, por meio da história e em relação ao processo histórico;
2. Existe uma diferença fundamental entre os fatos históricos ou sociais e os fatos naturais. Em consequência, as ciências que estudam estes dois tipos de fatos, o fato natural e o fato social, são ciências de tipos qualitativamente distintos;
3. Não só o objeto da pesquisa é histórico e está imerso no fluxo da história, como também o sujeito da pesquisa, o investigador, o pesquisador, está, ele próprio, imerso no curso do processo histórico.

Segundo Löwy (2009), o historicismo moderno começou a aparecer no fim do século XVIII e início do século XIX, sobretudo na Alemanha, como uma reação conservadora ao Iluminismo, à Revolução Francesa e à ocupação napoleônica. Apresentou-se em três fases distintas, revelando o sentido historicista e se opondo à abstração racionalista. No primeiro período, foi uma corrente altamente conservadora e, em alguns momentos, francamente reacionária. Nessa fase, seu fundamento previa que o historiador apenas constatasse os fatos históricos; pois não é ele, o pesquisador, quem avalia, e sim a própria história que se encarrega de apresentar seus valores. Segundo Löwy (2009), o historicismo conservador contém, em princípio, uma dimensão relativista: se todo fenômeno social ou cultural é histórico (portanto, limitado no tempo), o ponto de vista do historiador, é, por sua vez, relativo.

Apesar de se manifestar, em uma primeira fase, de maneira essencialmente conservadora, voltada ao passado, a justificação das instituições existentes, no século XIX, com Johann Gustav Droysen (1808-1884), começa a se transformar e a assumir um caráter relativista: "Droysen reconhece que esse método só pode levar a resultados parciais e unilaterais e que, inevitavelmente, uma ciência desse tipo só pode ser unilateral" (Löwy, 2003, p. 76).

Droysen defendia que não há uma verdade objetiva e neutra, pois carrega em si pontos de vistas particulares, vinculados a certas convicções políticas e religiosas. Contudo, o próprio processo histórico começou a dissolver essas convicções conservadoras.

O historicismo foi perdendo seu caráter conservador e assumindo uma postura mais **relativista**, sendo Wilhelm Dilthey (1833-1911) o principal autor dessa transição. Uma de suas contribuições está centrada na distinção entre ciências naturais e Ciências Sociais, afirmando que o objeto de estudo das ciências naturais é exterior ao ser humano; e, com relação às Ciências Sociais, o objeto de estudo é o próprio ser humano, que estuda a si mesmo. Há, assim, uma relação de identidade entre sujeito e objeto.

Relativismo: doutrina que afirma a relatividade do conhecimento.

A segunda contribuição de Dilthey está centrada no fato de que os juízos de valores e os juízos de fato são inseparáveis. E sua terceira contribuição está relacionada aos critérios metodológicos do historicismo, isto é, os fatos sociais não devem ser somente explicados, mas compreendidos; o historiador tem de entender o fenômeno pesquisado e chegar a seu significado. Além disso, os valores determinam a formação do aparelho conceitual utilizado e, sobretudo, fornecem as problemáticas de pesquisa (Löwy, 2003, 2009).

Diante disso, o **método historicista** busca apresentar uma cópia da realidade, sem pressuposições de fatos objetivos ou julgamentos de valor (Löwy, 2009). Há uma separação **axiológica** total e rigorosa na pesquisa científica entre fatos, valores, constatações e julgamentos, espelhando, de certa maneira, o princípio da neutralidade científica próprio do Positivismo. Contudo, Weber contrapõe essa neutralidade científica para as questões éticas e políticas, apontando que, nas opções práticas, éticas, sociais ou políticas, há certas influências de grupos ou camadas sociais. Do ponto de vista de classes, ideologias, utopias e visões de mundo há, direta ou indiretamente, julgamentos de valores, conscientes ou não. Contudo, Weber reconhecia a influência dos valores nas questões, mas não nas respostas à pesquisa (Löwy, 2009).

> **Axiologia**: relacionada ao estudo dos valores, particularmente dos valores morais.

Como representante de uma nova fase do historicismo, Mannheim buscava, na segunda metade do século XX, na Sociologia e na educação uma alternativa para a reconstrução social. Para ele, a Sociologia como ciência social aplicada se firmava como um recurso teórico-metodológico capaz de garantir um **diagnóstico social** da realidade, de modo que ela teria condições de buscar novos caminhos para a reconstrução social: uma reforma gradual das instituições sociais, dos valores e do próprio ser humano. Esse pensamento está muito próximo daquele desenvolvido por **Mary Richmond** (1861-1928).

> Em 1917, Mary Richmond editou o livro *Diagnóstico Social*, no qual definiu esse instrumento como método de Serviço Social de caso, segundo o modelo clínico da época, tornando-se, assim, um marco na gênese histórica do Serviço Social.

Mannheim (1968, p. 49) afirmava que

> as proposições principais das Ciências Sociais não são mecanicisticamente externas nem formais, nem representam correlações puramente quantitativas, mas, pelo contrário, diagnósticos situacionais, em que geralmente utilizamos os mesmos conceitos e modelos de pensamento concretos que foram criados para fins de atividade na vida real.

Seu objetivo, como pensador, era a **reconstrução social** por meio do domínio da razão sobre a vida social, por uma ação consciente do ser humano na construção de uma ordem social, o que exprime o caráter conservador de sua teoria. Defendia que a história do pensamento não era mera história das ideias, mas uma análise dos diferentes estilos de pensamento, a qual poderia fornecer alternativas para a mudança social (Escorsim Netto, 2011; Löwy, 2009). Entendia, ainda, que o conhecimento social é sempre parcial, porque está determinado por certa posição social, que, por sua vez, tem um pertencimento de classe, grupo ou ideologia. A solução, então, era construir uma síntese das perspectivas pelos intelectuais, entendidos como um grupo coerente em sua forma de pensar (Mannheim, 1968). Assim, os intelectuais teriam uma responsabilidade ética e política perante a sociedade, já que apresentam uma função prática de realizar diagnósticos da realidade social e uma função política de iluminar e orientar os parlamentares em suas decisões. O intelectual não deve atuar como político diretamente, mas como orientador (Mannheim, 1968).

Para saber mais

WELLER, W. et al. Karl Mannheim e o método documentário de interpretação: uma forma de análise das visões de mundo. **Revista Sociedade e Estado**, Brasília, v. 17, n. 2, p. 375-396, dez. 2002. Disponível em: <http://www.scielo.br/scielo.php?script=sci_arttext&pid=S0102-69922002000200008>. Acesso em: 12 maio 2019.

Para aprofundamento no tema em questão, sugerimos a leitura do artigo: Karl Mannheim e o método documentário de interpretação: uma forma de análise das visões de mundo, *disponível* on-line.

Além disso, Mannheim propõe que sujeito e objeto são de uma mesma natureza e têm as mesmas motivações, defendendo que os indivíduos não agem isoladamente, mas em grupos, e a produção do pensamento se dá de modo semelhante. Assim, cada grupo social apresenta conhecimentos próprios que os dirigem.

3.5 Nos caminhos da fenomenologia

Entre as preocupações do Serviço Social brasileiro no fim dos anos 1970 e início dos anos 1980 estava a produção do conhecimento direcionada para uma teorização da profissão. Voltava-se para a construção de um saber teórico-metodológico que desse conta da realidade social e de suas contradições, em um esforço de produzir um conhecimento, um saber progressivo e a adoção de princípios e valores que repensassem os fundamentos e a racionalidade da profissão.

Em um esforço teórico, alguns profissionais do Serviço Social se aliaram ao movimento que se formava no âmbito da Filosofia, da Sociologia, da Psicologia e das Ciências Sociais e que expressava uma abertura para uma terceira via ou pela possibilidade de construir uma teoria que envolvesse um processo de transformação social. Assim, apoiados em uma visão psicossocial, que tinha como preocupação abordar uma articulação entre objetivos dos programas sociais e o desempenho dos assistentes sociais, em uma tentativa de análise do processo de intervenção social e tendo como principal expoente Anna Augusta de Almeida, alguns profissionais se aproximaram da fenomenologia e das matrizes teóricas de vários fenomenólogos.

Para saber mais

ALMEIDA, A. A. de. **Possibilidades e limites da teoria do serviço social.** 2. ed. Francisco Alves: Rio de Janeiro, 1980.

Sugerimos a leitura do livro Possibilidades e limites da teoria do serviço social, *que expõe as ideias da autora e sua aproximação com a fenomenologia, apoiada em uma compreensão de ser humano e de mundo "orientada por uma hermenêutica da realidade pela teoria personalista do conhecimento, por uma fenomenologia existencial e por uma ética cristã motivante" (Almeida, 1980, p. 11).*

A fenomenologia não se enquadra no pensamento sociológico, mas, sendo utilizada também como método de análise da realidade, achamos por bem inseri-la aqui. Além do mais, foi uma metodologia apropriada pelo Serviço Social em dado momento de sua história. Tem como principal expoente Edmund Husserl (1859-1938), um dos maiores pensadores do início do século XX, considerado o pai da fenomenologia, que se traduz como um método científico-filosófico de descrição do mundo e dos fenômenos conforme estes se apresentam na consciência das pessoas, buscando, sobremaneira, um rigor insaciavelmente absoluto.

Husserl foi um dos poucos filósofos contemporâneos sem formação em Filosofia: sua área era a Matemática. Iniciou sua carreira como filósofo em 1887, em Halle (Alemanha), muito influenciado por seu mestre Franz Brentano (1838-1917), que também influenciou Sigmund Freud (1856-1939). Em 1901, dirigiu-se para Gottingen, encerrando sua carreira em Friburgo, onde faleceu sob perseguição nazista.

O principal estudo de Brentano foram os atos e os processos psíquicos. Para ele, o fenômeno psíquico se distingue dos demais por sua propriedade de se refletir a um objeto, bem como a um conteúdo de consciência, por meio de mecanismos puramente mentais. Distinguiu três classes de fenômenos psíquicos fundamentais: representação, julgamento e sentimento de amor (aprovação) ou de ódio (desaprovação).

A fenomenologia propõe estudar o fenômeno tal como ele se apresenta na consciência, sendo que *fenômeno* é tudo aquilo de que podemos ter consciência. Portanto, conforme a concepção husserliana, a fenomenologia é o estudo dos fenômenos puros e absolutos; é o estudo das essências. O termo *fenomenologia,* conforme os apontamentos de Zilles (2002), foi primeiramente utilizado pelo físico, filósofo e astrônomo suíço Johann Heinrich Lambert (1728-1777) em seu *Nouvel Organon: phénoménologie* (1764), concebido como a teoria da aparência ilusória e suas variedades, que apropriou-se dessa terminologia para fundamentar um saber empírico.

Kant, em carta a Marcus Herz, anunciou o propósito de escrever uma "fenomenologia geral", mostrando os limites do mundo sensível e do mundo inteligível. Georg Wilhelm Friedrich Hegel (1770-1831), por sua vez, definiu *fenomenologia* como "o saber da experiência que faz a consciência" (Zilles, 2002, p. 6). Em um contexto não filosófico, Ernst Mach (1838-1916), um filósofo positivista, empregou esse termo para designar uma "fenomenologia física geral" (Zilles, 2002, p. 6), e Pierre Teilhard de Chardin (1881-1955), padre jesuíta, teólogo, filósofo e paleontólogo francês, designava *fenomenologia* como o estudo de uma dialética da natureza centrada no ser humano (Zilles, 2002).

Mas é em Husserl que encontramos o significado para aquilo que ele denominou *ciência* ou *estudo dos fenômenos*, enquanto todo ato intencional do sujeito que *está-no-mundo* e presente à consciência, que lhe atribui significado: *fenômeno* é aquilo que se mostra, que aparece a nós, primeiramente, pelos sentidos; *logia* é a capacidade de refletir, um discurso esclarecedor; *fenomenologia*, então, é a filosofia que pretende observar o mundo antes do conceito e da ideia, como um exercício de deslumbramento diante do mundo.

Para Husserl, o mundo é o conjunto de significações e é no vivido que se encontra o sentido das coisas. O fenômeno é aquilo que se mostra à consciência. De acordo com Bello (2006, p. 18): "Quando dizemos que uma coisa se mostra, dizemos que ela se mostra a nós, ao ser humano, à pessoa humana. [...] As coisas se mostram a nós. Nós é que buscamos o significado, o sentido daquilo que se mostra".

Husserl foi o principal autor dessa teoria e teve grande influência na Filosofia contemporânea, o que gerou um movimento filosófico denominado *movimento fenomenológico*, ideias que alimentaram o pensamento de seus assistentes, entre eles Edith Stein (1891-1942) e Martin Heidegger (1889-1976)

> **Fique atento!**
> Edith Stein nasceu em Breslávia (Alemanha, hoje Wroclaw, Polônia), em 12 de outubros de 1891. Filha de judeus, com 11 irmãos, perdeu o pai aos 2 anos de idade. Considerava a mãe como "a mulher forte da Escritura". Realizou seus estudos na Universidade de Breslau e em 1913 se transferiu para Göttingen, onde se tornou aluna e assistente de Husserl. Em 1921, converteu-se ao catolicismo após a leitura do *Livro da Vida de Santa Teresa de Ávila*.
> Foi professora no Instituto Santa Maria Madalena, das Dominicanas, em Speyer. Em 1934, recebeu o hábito carmelita, passando a se chamar *Irmã Teresa Benedita da Cruz*. Em 1924, foi morta na Câmara de Gás em Auschwitz. Em poucas palavras, podemos defini-la como universitária, educadora, filósofa, conferencista, judia, carmelita, mártir e santa, uma síntese dramática do nosso século e, acima de tudo, uma síntese de uma concepção plena acerca do ser humano.

Edith Stein utilizou o método fenomenológico husserliano para encontrar a si mesma na redenção do amor à causa cristã. Heidegger, por sua vez, abriu as portas para o **existencialismo**, constituindo sua raiz na fenomenologia do ***Dasein***.

Existencialismo: corrente filosófica formulada, principalmente, no século XX, sob a influência de Kienkegaard (1813-1855) e que se preocupa com as análises da existência.
Dasein: ser-aí ou ser-aí-no-mundo; sinônimo de *ser existente*.

Heidegger criou o que hoje se denomina *fenomenologia existencial*. No livro *Ser e o Tempo* (1927), ele faz uma junção da perspectiva existencialista com a fenomenologia de Husserl. O existencialismo busca compreender o ser humano e o mundo pela sua facticidade; é um movimento distinto do idealismo e do materialismo porque supõe o mundo já dado, meio natural, campo dos pensamentos e das ações. Por conseguinte, o mundo é o que percebemos dele. A subjetividade humana não é real sem o mundo e, portanto, o mundo pertence à essência do ser humano, o qual existe enquanto ser que é jogado no mundo e que existe como ser consciente do mundo (*Dasein*).

Para saber mais

BELLO, A. A. **Introdução à fenomenologia**. Bauru: Edusc, 2006.

Sobre o tema *"fenomenologia"*, sugerimos a leitura do livro Introdução à fenomenologia, *de Angela Ales Bello*.

SÉTIMA morada. Direção: Márta Mészáros. Polônia, 1996. 108 min.

Para conhecer melhor a história de Stein, sugerimos o filme A sétima morada, *dirigido por Márta Mészáros.*

Outros fenomenólogos contemporâneos se destacaram: na fenomenologia da percepção de Maurice Merleau-Ponty (1908-1961); nos pensamentos de Hans-Georg Gadamer (1900-2002), Jürgen Habermas (1929-) e Karl-Otto Apel (1922-2017); na hermenêutica de Paul Ricoeur (1913-2005); e no existencialismo de Jean-Paul Sartre (1905-1980).

Husserl buscou na Filosofia o fundamento para a matemática e a lógica, baseando suas análises na reflexão do conteúdo do ato de pensar como manifestação da realidade (o fenômeno); considerava a fenomenologia como um "método de investigação". Ele formulou o método fenomenológico, dando origem a um movimento cujas influências se estenderam a todas as áreas das ciências humanas, em especial à Psicologia. Contudo, criticava o psicologismo e parte dos questionamentos, como: Qual é o significado do ato que estou operando? Qual é a formação que permite tais atos? Como nossa consciência pode ter acesso a um mundo do objeto? Como se forma a consciência do objeto da física e a consciência dos objetos de nosso mundo perceptivo? Como se forma, para nós, o campo de nossas experiências?

Propôs, então, uma filosofia na condição de ciência do conhecimento sistemático, na qual compreende um método (caminho; objetivo material), uma matéria de estudo e um objetivo formal (o jeito próprio de fazer ciência), como uma ciência das essências, partindo, assim, da concepção de *essencial* como tudo aquilo que faz que algo seja aquilo mesmo, e não outra coisa. Exemplo disso é a razão, que é essencialmente humana e nos difere dos outros seres vivos: não é visível, mas é primordial para que o humano seja humano. Husserl deu um novo significado à palavra *fenomenologia* e buscou retirar do concreto (da realidade) algo ou algum fenômeno e o transformar em essência (algo que não se vê).

Para o Serviço Social, a fenomenologia permite que o assistente social observe a realidade do indivíduo ou a situação e compreenda o que está por trás dela (problemas e soluções). O autor buscou dar certa sistematização à Filosofia, com bases sólidas e lógicas. Em sua obra *Meditações cartesianas*, Husserl tenta fazer uma comparação entre sua teoria e a de René Descartes (1596-1650). Segundo ele, o conhecimento começa com a experiência de coisas existentes de fato; um fato é o que acontece aqui e agora, é algo contingente, podendo ser ou não.

Para Husserl, quem quisesse entender a fenomenologia deveria iniciar pela leitura de *As ideias da fenomenologia* (1907) e *Investigações lógicas* (1901). Como idealista-realista, pensava a partir daquilo que já existe, e para ele as coisas só existem porque há a consciência das coisas. Os psicólogos diziam que as coisas só existem porque primeiro estão na consciência.

A **intencionalidade** de nossa consciência nos apresenta objetos, e não os "re-presenta" para nós. A tarefa primeira da fenomenologia, portanto, é verificar quais são as sínteses que se encontram na origem do efeito espetacular: temos consciência de um mundo, a despeito da variedade das perspectivas que possamos ter sobre ele.

Intencionalidade: qualidade que está dirigida a algo.

Para saber mais

CAVALIERI, E. Transcendência e imanência na fenomenologia de Husserl. **Revista Estudos de Religião**, São Paulo, v. 27, n. 1, p. 35-58, jan./jun. 2013. Disponível em: <https://www.metodista.br/revistas/revistasims/index.php/ER/article/view/4105/3615>. Acesso em: 12 nov. 2019.

Para maiores esclarecimentos, sugerimos o texto de Edebrande Cavalieri, Transcendência e imanência na fenomenologia de Husserl.

Para Merleau-Ponty (1999, p. 15): "Toda consciência é consciência de algo; [...] a percepção interior é impossível sem percepção exterior, que o mundo, enquanto conexão dos fenômenos, é antecipado na consciência de minha unidade, é o meio para mim de realizar-me como consciência".

Merleau-Ponty foi um filósofo fenomenológico francês, que, apesar de ter como referência a obra de Husserl, buscou construir sua teoria com base na maneira de o corpo se portar e na captação de impressões dos sentidos. Para ele, o ser humano é o núcleo dos debates a conhecer, que é criado e percebido por seu corpo. A base do conhecimento, portanto, está em percebermos o que nos cerca.

Para o autor, graças à consciência temos a percepção de algo (objeto ou fenômeno) que está fora de nós, que transcende nossos sentidos (transcendência). É essa **transcendência** que faz que nos percebamos como humanos e nos diferenciemos da natureza (ser-do-humano). O mundo se faz em nossa consciência e, por meio do método fenomenológico, podemos dar sentido a nossa experiência.

De acordo com Merleau-Ponty (1999, p. 6),

> O real é um tecido sólido, ele não espera nossos juízos para anexar a si os fenômenos mais aberrantes, nem para rejeitar nossas imaginações mais verossímeis. [...] O mundo não é um objeto do qual possuo comigo a lei de constituição; ele é o meio natural e o campo de todos os meus pensamentos e de todas as minhas percepções explícitas. [...] O homem está no mundo [e] é no mundo que ele se conhece.

A fenomenologia seria o estudo dos *Eidos* (essência) ou o estudo dos fenômenos, um método para o estudo da subjetividade. Podemos exemplificar da seguinte maneira: podemos estudar o ódio sem defini-lo, mas partindo da experiência do ódio (fenômeno-vivência) e buscando uma mudança de atitude (transcendência). Com o método fenomenológico, podemos conhecer a experiência do ódio e descrevê-la (**primeiro passo**); o **segundo passo** seria a redução eidética: descobrir os nexos causais (essência fenomenológica); depois, passaríamos para o **terceiro passo**, a redução transcendental: consciência da subjetividade (sentido da experiência); e, finalmente, iríamos para o **quarto passo**, a transcendência: criar novas possibilidades.

Para Merleau-Ponty (1999, p. 13): "A redução eidética [...] é a redução de fazer o mundo aparecer tal como ele é antes de qualquer retorno sobre nós mesmos, é a ambição de igualar a reflexão à vida irrefletida da consciência". Portanto, a fenomenologia visa mostrar e descrever com rigor científico **as estruturas em que a experiência se verifica** (ou que é vivida), de modo a compreender a **intencionalidade da consciência** – *toda consciência é consciência de alguma coisa*. Busca, ainda, a **intuição da essência e as regiões do ser**, ou seja, a representação não produz as coisas (ou os fenômenos), mas o que essa coisa (ou fenômeno) é (Capalbo, 1996).

Assim, a **redução fenomenológica** busca a descrição e a variação imaginária do fenômeno, de modo que o método fenomenológico chega à intuição das essências (pela redução transcendental ou fenomenológica daquilo que é percebido pela consciência) na busca do **ego transcendental**, isto é, o fundamento, a origem e toda sua significação (Capalbo, 1996).

Para Critelli (2006, p. 17), "a tarefa de se pensar a possibilidade de uma metodologia fenomenológica de conhecimento é, em última instância, uma reflexão sobre o modo humano de ser-no-mundo, inclusive tal como desdobrado na tradição da civilização ocidental". Conhecer e dar sentido às coisas (ou ao fenômeno) é tarefa puramente humana. Porém, nem tudo pode ser imediatamente compreensível, ainda que compreender o sentido das coisas seja uma possibilidade humana: "a verdade, do ponto de vista humano, reside no sentido, não no fato. [...] A intuição do sentido é o primeiro passo do caminho e revela ser possível captar o sentido" (Bello, 2006, p. 24-25).

Portanto, para a fenomenologia, o saber e a pesquisa se fazem sob a forma de pensamento crítico e interrogativo, de modo a afirmar as "verdades" inexistentes. Seu principal objeto é o mundo vivido, os sujeitos de maneira isolada.

> **Para refletir!**
>
> Os filmes do cineasta italiano Federico Fellini (1920-1993) permitem enxergar a realidade por meio de seus significados. Ele recusa o apoderamento do espectador para impingir nele significados; prefere deixar que os sentidos de cada pessoa atuem lenta e livremente. Sugerimos *Amarcord* (1973) ou *Satyricon* (1969) de Fellini, nos quais uma multidão de significados se congela em imagens poderosas que têm a força de transcendência a seu redor; em que o cineasta deixa a liberdade da consciência ao invés do racionalismo científico cinematográfico (Gonzaga Filho, 2013).

3.6 Marxismo e crítica à sociedade burguesa

Para fazermos uma correta interpretação do método em Karl Marx (1818-1883), temos de levar em conta algumas questões preliminares importantes. Marx não só desenvolveu uma teoria social, mas sua teoria está vinculada a razões ideopolíticas, a um projeto social revolucionário, a categorias analíticas específicas e a uma crítica feroz à sociedade burguesa e ao modo de produção capitalista.

Para saber mais

KONDER, L. **Marx**: vida e obra. 7. ed. São Paulo: Paz e Terra, 2011. (Coleção Vida e Obra).

Sugerimos a leitura da obra Marx: vida e obra, de autoria de Leandro Konder. Esse perspicaz e crítico pensador da nova geração nos incita, de maneira sintética, a conhecer um pouco mais sobre a vida e a obra de Marx e a navegar por suas teorias de maneira prazerosa.

A preocupação desse filósofo não era formular um pensamento epistemológico, mas ontológico; para ele, pensar uma teoria social era pensar a natureza do ser social (ontologia). Segundo Netto (2009), o problema central da pesquisa marxiana é a gênese, a consolidação, o desenvolvimento e as condições da crise da sociedade burguesa fundada no modo de produção capitalista. Firmado em três correntes do pensamento moderno (filosofia alemã, economia política inglesa e socialismo francês), Marx colocou as vigas mestras de sua teoria social de modo a analisar a sociedade burguesa, tendo como objetivo descobrir sua estrutura e sua dinâmica (Netto, 2009).

Não há como analisar o método de Marx desvinculando-o de suas referências teóricas, assim como a teoria social desenvolvida por ele ficaria ininteligível sem a correta consideração de seu método. Não pretendemos, aqui, fazer uma exposição sobre os pressupostos da teoria social de Marx, até porque esse não é o objetivo deste livro, mas pretendemos elencar algumas orientações necessárias para compreendermos seu método.

Nosso objetivo é expor alguns elementos básicos e necessários para que o leitor faça uma correta utilização desse método. Para isso, tomaremos como base as orientações do Prof. Dr. José Paulo Netto (2009), que expõe com muita clareza e de maneira sintética os elementos necessários para a compreensão desses pressupostos. Chamamos sua atenção para o entendimento de que Marx oferece um "processo intelectual" para a realização de suas pesquisas.

Foi o próprio Marx quem expôs o método de análise e de exposição de sua teoria na introdução do livro *Para a crítica da economia política* (1859), afirmando que a teoria não se reduz ao exame das formas dadas de um objeto, de modo que o pesquisador apenas descreva detalhadamente os resultados obtidos em determinada análise, nem é a construção de modelos explicativos para dar conta de determinada hipótese, conforme a tradição empirista ou positivista. Também não é a construção de enunciados discursivos sobre a realidade observada, conforme aponta Netto (2009). Para Marx, a teoria é uma modalidade peculiar de conhecimento e se distingue de todas as outras modalidades (arte, conhecimento prático da vida cotidiana, conhecimento mágico-religioso etc.), contendo, assim, suas especificidades (Netto, 2009).

Ainda de acordo com Netto (2009, p. 673, grifo do original),

> **A teoria é**, para Marx, **a reprodução ideal do movimento real do objeto pelo sujeito que pesquisa**: pela teoria, o sujeito reproduz em seu pensamento a estrutura e a dinâmica do objeto que pesquisa. E esta reprodução (que constitui propriamente o conhecimento teórico) será tanto mais correta e verdadeira quanto mais fiel o sujeito for ao objeto.

De outro modo, a construção de uma teoria é um processo intelectivo do real, ou seja, o pesquisador se apropria do objeto a ser estudado, descobre suas categorias de análises, o transpõe para sua mente, analisa suas contradições e expõe o modo de ser do objeto pesquisado.

Usaremos um exemplo partindo das próprias análises de Marx: seu objeto de pesquisa era a sociedade burguesa e seu principal objetivo era descobrir a estrutura e a dinâmica desta. A sociedade burguesa é, sem sombra de dúvidas, um objeto real e tem existência objetiva; não depende, sobremaneira, do sujeito ou do pesquisador para existir. O objetivo era investigar o movimento real dessa sociabilidade e suas contradições, de modo a ir além dos fenômenos aparentes, imediatos e empíricos, ou seja, como estes se apresentam.

O real, ou se preferirmos, a realidade, conforme se apresenta a nossos olhos, para Marx é um fenômeno abstrato: não conhecemos sua dinâmica, suas contradições, sua estrutura, seus mecanismos, enfim, não conhecemos nada sobre aquilo que está a nossa frente. Segundo Netto (2009, p. 684), para Marx,

> a abstração é a capacidade intelectiva que permite extrair da sua contextualidade determinada (de uma totalidade) um elemento, isolá-lo, examiná-lo; é um procedimento intelectual sem o qual a análise é inviável – aliás, no domínio do estudo da sociedade, o próprio Marx insistiu com força em que a abstração é um recurso indispensável para pesquisador.

Se observarmos, dada situação do cotidiano de trabalho do assistente social, verificaremos que os fatos aparentemente apresentados estão na esfera da **imediaticidade**: uma família, por exemplo. Podemos de início colher algumas informações preliminares, dados, local onde mora, composição, realidade econômica e social, condições de estudo e de trabalho etc., mas qual é a dinâmica dessa família? Como seus componentes chegaram à situação apresentada? Quais fatores históricos e sociais ou, até mesmo, culturais e morais levaram a tal situação? Quais valores sustentam as decisões tomadas pelos membros dessa família? Quais são suas contradições? Poderíamos elencar uma série de perguntas que indicariam que não conhecemos de modo profundo (ou concreto) aquela família.

Imediaticidade: trata-se do agir humano enquanto resposta ativa e imediata aos acontecimentos do cotidiano, ou seja, "o padrão de comportamento próprio da cotidianidade é a relação **direta** entre pensamento e ação; a conduta específica da cotidianidade é a conduta **imediata**, sem a qual os automatismos e o espontaneísmo necessários à reprodução do indivíduo enquanto tal seriam inviáveis" (Netto; Carvalho, 2010, p. 67, grifo do original).

Portanto, o real abstrato é transportado para nossa mente e, por meio de **mediações**, registramos os dados e os fatos apresentados. O objetivo do método em Marx é **ir além das aparências, das formas imediatas**, descobrindo sua essência, sua estrutura, sua dinâmica e suas contradições. A distinção entre *aparência* e *essência* é primordial para os pensadores dialéticos.

> Segundo Pontes (2002, p. 187), "a categoria de mediação possui um notável poder heurístico, se se considerar a sua legítima apreensão no prisma marxiano e lukacsiano. Apreendida como categoria central do método dialético marxiano, responsável pela complexidade da totalidade e pela dinâmica parte-todo no interior do ser social, a mediação o compõe ontologicamente. Também assume a forma de categoria reflexiva, criada pela razão, para captar o seu movimento". Para maiores esclarecimentos sobre a categoria mediação, consultar Pontes (2002, 1999).

É pela via das **mediações**, objetivas e subjetivas, que refazemos o caminho para a apreensão da **totalidade**. A totalidade concebida por Marx não é o "todo" constituído por "partes" funcionalmente integradas, mas é compreendida como um **processo permanente de totalização** (Guerra, 2009), de modo que as "partes" que a compõem não podem ser analisadas separadamente, somente em relação a suas "partes".

> **Totalidade**: segundo Löwy (2003, p. 16), é a "percepção da realidade social como um todo orgânico estruturado, no qual não se pode entender um elemento, um aspecto, uma dimensão, sem perder a sua relação com o conjunto".

O primeiro passo é capturar a estrutura e a dinâmica do objeto; para tanto, necessitamos de procedimentos analíticos e operacionais. O objeto de pesquisa que se apresenta tem existência objetiva e independe de nossa consciência, mas não é um fato isolado, como uma célula. Esse objeto (a família, conforme o exemplo que estamos sugerindo, ou a sociedade burguesa, conforme as análises de Marx) compreende um sistema de relações construídas pelos seres humanos; é, por conseguinte, um produto social, um produto da ação recíproca de homens e de mulheres (portanto, ontológico), conforme aponta Marx (2001).

Isso significa que há uma relação entre sujeito e objeto no processo de conhecimento teórico. O olhar do pesquisador é fundamental para apurar os fatores que compõem o objeto. Não há, em Marx, qualquer pretensão de neutralidade, de distanciamento entre o pesquisador e o objeto, como queriam os positivistas. O papel do sujeito é fundamental no processo de pesquisa. O sujeito "tem de apoderar-se da matéria, em seus pormenores, de analisar suas diferentes formas de desenvolvimento e de perquirir a conexão entre elas" (Marx, 2006, p. 28).

Para saber mais

MARX, K. **Para a crítica da economia política**. São Paulo: Nova Cultural, 2005. (Coleção Os Pensadores).

MARX, K. **O Capital**: crítica da economia política. 24. ed. Rio de Janeiro: Civilização Brasileira, 2006. v. 1. Livro 1.

É de fundamental importância para todo pesquisador que pretende direcionar suas análises com base no materialismo histórico-dialético, como apontado por Marx, estudar a introdução do livro Para a crítica da economia política, *bem como o primeiro e o segundo prefácio de* O Capital, *no qual Marx deixa claras as particularidades de seu método de análise e de exposição, além de seu entendimento sobre o materialismo dialético.*

O objeto dos estudos desenvolvidos por Marx na obra *Para a crítica da economia política* está claramente definido no prefácio: "Nesta obra, o que tenho de pesquisar é o modo de produção capitalista e as correspondentes relações de produção e de circulação" (Marx, 2005, p. 16). E o filósofo deixa bem claro qual é seu objetivo: "O objetivo final desta obra é descobrir a lei econômica do movimento da sociedade moderna." (Marx, 2005, p. 18). Já no prefácio, Marx aponta que seu método de exposição difere do método de pesquisa; depois de se apoderar de toda a matéria, em seus pormenores, e do objeto pesquisado (processo de investigação) e realizar a conexão entre as formas de desenvolvimento deste, é hora de concluir a investigação e descrever, adequadamente, o movimento real do objeto pesquisado. De outro modo, é o momento de realizar a exposição do movimento real do objeto pesquisado (ou concreto pensado) (Marx, 2005).

O autor aponta, ainda, que seu método dialético difere do de Hegel, que se baseia nos princípios do idealismo. Para Marx (2005, p. 28), "o ideal não é mais do que o material transposto para a cabeça do ser humano e por ela interpretado". É importante destacarmos que qualquer conclusão fundamentada pelo materialismo histórico-dialético será sempre provisória, sujeita a comprovação, reafirmação, abandono dos resultados a que o pesquisador chegou (Netto, 2009).

Outro fator importante a ser mencionado é que o objetivo da pesquisa marxiana, em seus 40 anos de profícuo trabalho, foi conhecer "as categorias que constituem a articulação interna da sociedade burguesa" (Netto, 2009, p. 685). De acordo com Ianni (2011, p. 398), "a categoria que se constrói é o resultado de uma reflexão obstinada, que interroga o real reiteradamente. E que desvenda do real aquilo que não está dado, não é imediatamente verificado".

Para Ianni (2011, p. 404), "as categorias se constroem pela reflexão que, ao mesmo tempo em que vai articulando as relações, os processos das estruturas que constituem o seu objeto, essa reflexão confere ao objeto uma nova realidade; entra na constituição do objeto".

As categorias são momentos de síntese de uma proposta ou de uma experimentação, e estas, por sua vez, são extraídas ao fim da pesquisa, quando já houve apropriação do movimento real do objeto. Marx, ao longo de sua obra, apresenta várias categorias (trabalho, objetivação, valor), contudo, há três delas que se articulam plenamente em seu arcabouço teórico-metodológico e que aparecem de maneira nuclear em sua concepção: **totalidade, contradição** e **mediação**.

> **Contradição:** de acordo com Bottomore (2012, p. 117-118), essa categoria é utilizada por Marx ao longo de sua obra e está relacionada a
>
> > (a) inconsistências lógicas ou anomalias teóricas intradiscursivas; (b) oposições extradiscursivas como, por exemplo, a oferta e a procura que envolvem forças ou tendências de origens (relativamente) independentes as quais interagem de tal modo que seus efeitos tendem a se anular mutuamente, em momentâneo ou semipermanente equilíbrio; (c) contradições dialéticas históricas (ou temporais); e (d) contradição dialéticas estruturais (ou sistêmicas).

Desse modo, o método em Marx, oriundo da razão dialética, parte da pergunta-chave: O que se quer conhecer? Definido o objeto de pesquisa, parte-se para o processo de investigação, para a reprodução ideal do movimento real do objeto. O pesquisador tem a função de reproduzir em sua mente o movimento da realidade, buscando descobrir suas regularidades universais (leis). Os aspectos metodológicos permitem conhecer o objeto em sua historicidade e, depois de realizado o processo de conhecimento ou de apropriação do objeto, é hora de expor os resultados apurados.

A definição do objeto de pesquisa é a fase preliminar e fundamental para o início de qualquer análise. As operações que compõem esse momento são a definição do "problema de pesquisa", o referencial teórico e a(s) hipótese(s) ou expectativas que o pesquisador decide ou deseja estudar. Para a definição do objeto é necessário, primeiro, definir o tema (o que se pretende estudar), realizar uma criteriosa revisão bibliográfica para conhecer tudo o que já foi pesquisado sobre o tema escolhido e, depois, delimitar o tema, verificar suas características, sua regularidade ou suas rupturas. Somente após esse processo lento e gradativo é que se tem condições para definir o objeto de pesquisa.

De acordo com Véras (2014, p. 195), "o materialismo histórico-dialético oferece condições intelectuais ao sujeito investigador para explicar diacronicamente os fenômenos sociais: a história como processo e totalidade em transformação". Em outras palavras, os fundamentos metodológicos da teoria social de Marx buscam estudar os fatos históricos em sua totalidade e em seus elementos contraditórios, de modo a encontrar o fator responsável por sua transformação em um novo fato. Dessa maneira, a perspectiva firmada pelo materialismo histórico-dialético proporciona um contínuo processo de investigação e de aprendizagem.

Em síntese, o método em Marx propõe caminhar do real abstrato (do cotidiano dado) para o real concreto (ou concreto pensado); do campo da abstração intelectiva ou reflexiva para o campo correlacionado de forças operantes da realidade. Por meio da construção de mediações possíveis, podemos compreender e transformar a realidade social no sentido de desvendar as contradições da vida social e da ontologia do ser social, isto é, entre o particular e o universal e entre o singular e o genericamente humano (da aparência para a essência), no sentido de desvelar as vias de resistência ultrageneralizadas que impedem a transformação dos nexos de articulação do fenômeno estudado para o concreto pensado (Veroneze, 2013).

O materialismo de Marx e Engels afirmava que as relações sociais estão inteiramente ligadas às **forças produtivas**, de modo que o lugar ocupado na produção material determina sua classe social. Além disso, as forças produtivas ampliam a capacidade de os seres humanos produzirem desumanidades, mas também possibilitam o desenvolvimento humano e social.

> **Forças produtivas**: dizem respeito a todo o processo de produção e de reprodução material da sociedade.

A dialética marxista postula que as leis do pensamento correspondem às leis da realidade, de modo que a realidade é contraditória e o pensamento dialético, como ciência, busca mostrar essas contradições em determinado momento histórico e contexto social. Contudo, a síntese dessas contradições é sempre provisória, já que carrega em si seus opostos, na direção de uma nova tese (negação da negação), que em outro momento pode gerar algo novo ou uma nova síntese.

Marx e Engels se apropriaram do método dialético para explicar as mudanças ocorridas na história ao longo dos tempos. Ao estudarem determinado fato histórico, eles procuravam seus elementos contraditórios, buscando encontrar o ponto responsável por sua transformação em um novo fato, dando continuidade ao processo histórico. A realidade, assim, é dinâmica e está sempre em movimento.

No processo histórico, as contradições são geradas pelas lutas de classes, chamando atenção para a sociedade como um todo, organizada em classes sociais antagônicas. O movimento da história tem, assim, uma base material e econômica e obedece a um movimento dialético. As contradições geradas pelo capitalismo propõem, desse modo, uma mudança radical nas bases do modelo de sociabilidade por meio da revolução e do comunismo, segundo os pressuposto de Marx.

Para saber mais

UNIVESP. Clássicos da Sociologia: Karl Marx. Disponível em: <https://www.youtube.com/watch?v=2DmlHFtTplA>. Acesso em: 13 maio 2019.

Sugerimos o vídeo-documentário Clássicos da Sociologia: Karl Marx, *produzido pela Univesp TV e que está disponível no YouTube.*

Síntese

Neste capítulo, discutimos as principais linhas teóricas das Ciências Humanas e Sociais, seus expoentes e sua utilização nas pesquisas científicas. Partimos do surgimento da Sociologia e analisamos os principais elementos teórico-metodológicos do Positivismo de Durkheim e sua concepção do fato social. Passamos pelo pensamento de Weber e pelo conceito de tipos ideais, além de tratarmos dos três momentos do historicismo alemão, discutindo suas diferenças e seus conceitos principais.

Apresentamos os fundamentos da fenomenologia, suas categorias e seus método de análise desenvolvidos por Husserl e seus principais seguidores. Por último, discutimos os pressupostos do método em Marx, suas principais categorias de análise e seus estudos sobre a sociedade burguesa e o capitalismo, analisando suas diferenças e implicações. Sugerimos alguns filmes e recursos audiovisuais para um melhor entendimento e aprofundamento dessas correntes e desses métodos utilizados no Serviço Social.

Questões para revisão

1. Assinale a alternativa correta em relação ao pensamento de Durkheim:
   a) De acordo com Löwy (2003), a ideia fundamental do método positivista é que a ciência só pode ser indutiva e provisória.
   b) Para Durkheim, a Sociologia deve se preocupar em explicar a realidade por meio dos tipos ideais, na condição de reconstrução mental dos fenômenos.
   c) A concepção sociológica de Durkheim se baseia em uma teoria da ação social.
   d) A metodologia positivista, segundo Durkheim, baseia-se em observar o fato social como coisa e reconhecê-lo pela coerção que ele exerce sobre os indivíduos.
   e) Para Durkheim, deve-se buscar um tipologização e descrever as estruturas em que a experiência se verifica.

2. Considerando a perspectiva weberiana, analise as afirmativas a seguir.
   I) Para Weber, o objeto de pesquisa é a ação social, isto é, a ação realizada a outrem e que tem sentido e significado.
   II) O fato social é um instrumento para estudar a realidade.
   III) Weber busca analisar o fenômeno conforme ele aparece na mente humana.

IV) Para Weber, o conceito é fruto de uma construção mental do objeto de investigação.
V) Weber aponta que o conhecimento parte da ideia que temos sobre as coisas.

Agora, assinale a alternativa que apresenta a resposta correta:
a) Somente a afirmativa II está correta.
b) As afirmativas I e IV estão corretas.
c) As afirmativas IV e V estão corretas.
d) Somente a afirmativa V está correta.
e) As afirmativas II, III e V estão corretas.

3. Com relação ao historicismo, assinale a alternativa correta:
a) O fundamento do historicismo em sua primeira fase previa que o historiador buscasse entender os fatos históricos na condição de leis naturais.
b) Droysen começou a transformar o historicismo assumindo um caráter relativista.
c) Dilthey se centrava no fato de que os juízos de valores e os juízos de fato são insuperáveis.
d) Para Mannheim, o intelectual deve atuar como político diretamente.

4. Considerando a perspectiva fenomenológica, analise as afirmativas a seguir.
I) A fenomenologia se propõe a estudar o ser tal como se apresenta no próprio fenômeno da consciência.
II) Para Husserl, o mundo é o conjunto de significações e é no vivido que se encontra o sentido das coisas.
III) Para Brentano, o fenômeno psíquico se distingue dos demais por sua propriedade de se refletir a um objeto, bem como a um conteúdo de consciência, por meio de mecanismos puramente mentais.
IV) A fenomenologia permite que o assistente social observe a realidade do indivíduo ou da situação e compreenda o que está por trás.
V) A intencionalidade de nossa consciência nos apresenta objetos, mas não suas representações e seus significados.

Agora, assinale a alternativa que apresenta a resposta correta:
a) As afirmativas I e II estão corretas.
b) Somente a afirmativa III está correta.
c) As afirmativas IV e V estão corretas.
d) As afirmativas I, II e IV estão corretas.
e) As afirmativas I, II, IV e V estão corretas.

5. Com relação ao pensamento de Marx, assinale a alternativa correta:
a) A preocupação de Marx não era formular um pensamento epistemológico, mas fenomenológico.
b) Para Marx, a teoria se reduz ao exame das formas dadas de um objeto, de modo que o pesquisador apenas descreva em detalhes os resultados obtidos em determinada análise.
c) Há, em Marx, a preocupação com a neutralidade e o distanciamento entre o pesquisador e o objeto.
d) O objetivo do método em Marx é ir além das aparências, das formas imediatas, descobrir a essência, a estrutura, a dinâmica e as contradições do objeto.
e) Podemos entender a categoria de mediação em Marx como a capacidade intelectiva que permite extrair da realidade um elemento, isolá-lo e examiná-lo.

Questão para reflexão

1. Destaque as principais características das linhas teórico-metodológicas discutidas neste capítulo.

Exercício resolvido

1. Assinale a alternativa **incorreta**:
   a) Durkheim defendia que a sociedade era regida por leis naturais, fixas e imutáveis, e cabia à Sociologia descobri-las e explicá-las.

b) Para Weber, o objetivo da Sociologia é restituir o sentido da ação; ele se preocupava em estabelecer um tipo ideal, uma tipologia que não existe na realidade.
c) Para Weber, a ciência deve estudar de modo científico o significado cultural da estrutura socioeconômica da vida social e humana e suas formas de organização histórica.
d) Para Mannheim, as proposições das Ciências Sociais não são mecanicamente externas nem formais nem representam correlações ou diagnósticos situacionais, em que geralmente utilizamos os mesmos conceitos e modelos de pensamento concretos que foram criados para fins de atividade na vida real.
e) Para Marx, as ideias fundamentam as transformações históricas e a própria realidade, muito diferente do que Hegel defendia, que são as forças produtivas que fazem que a história mude – e, como motor da história, temos a luta de classes.

Resposta: e

Comentário: A dialética marxista aponta que as relações sociais são inteiramente ligadas às forças produtivas, afirmando que o modo pelo qual a produção material de uma sociedade é realizada constitui o fator determinante da organização política, social e cultural dessa sociedade em determinado contexto histórico. Inverte o pensamento de Hegel, afirmando que a realidade é contraditória, e o pensamento dialético, como ciência, busca mostrar essas contradições em determinado momento histórico. As contradições são geradas pelas lutas de classes, chamando atenção para a sociedade como um todo, organizada em classes sociais antagônicas.

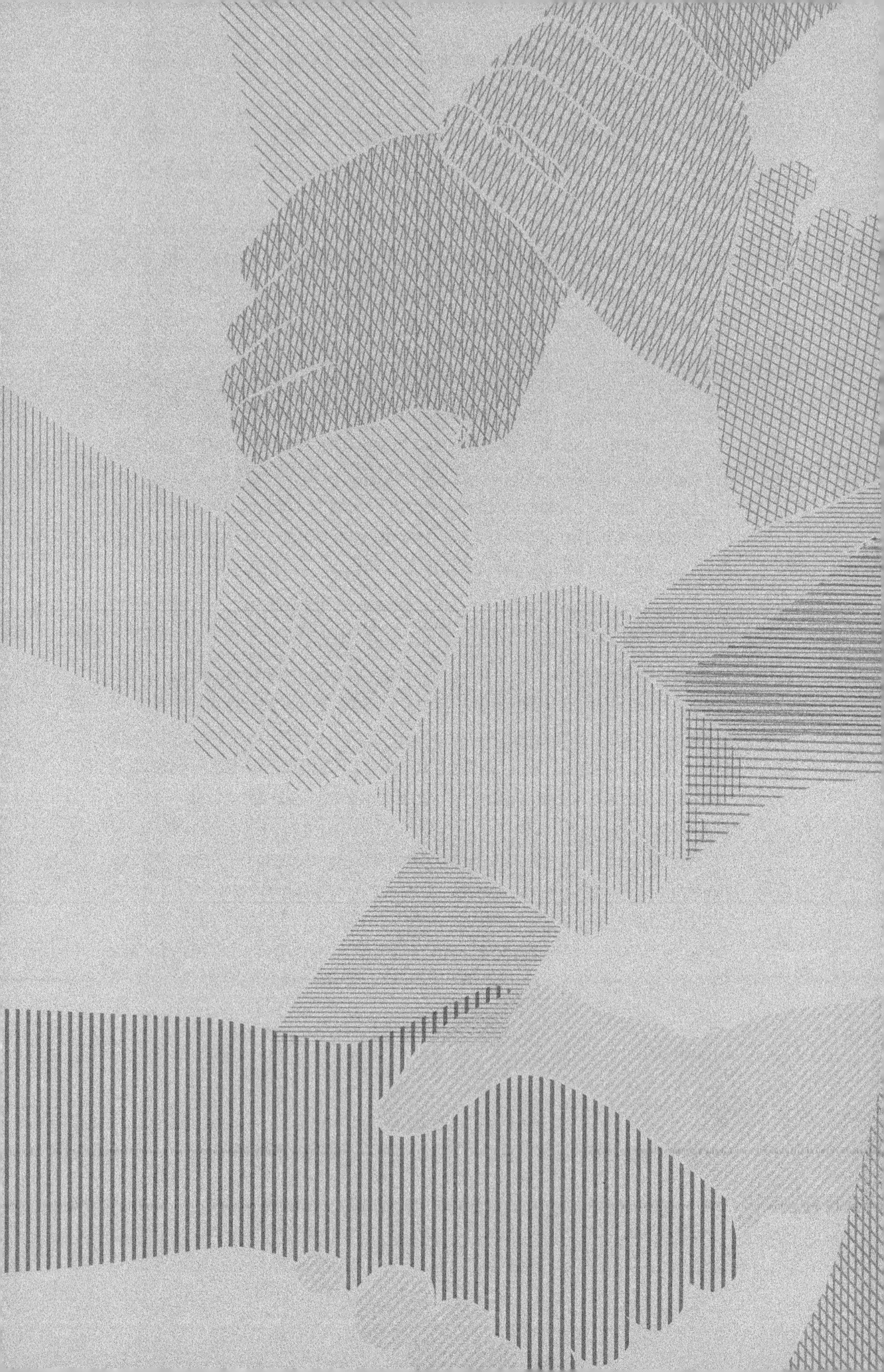

CAPÍTULO 4

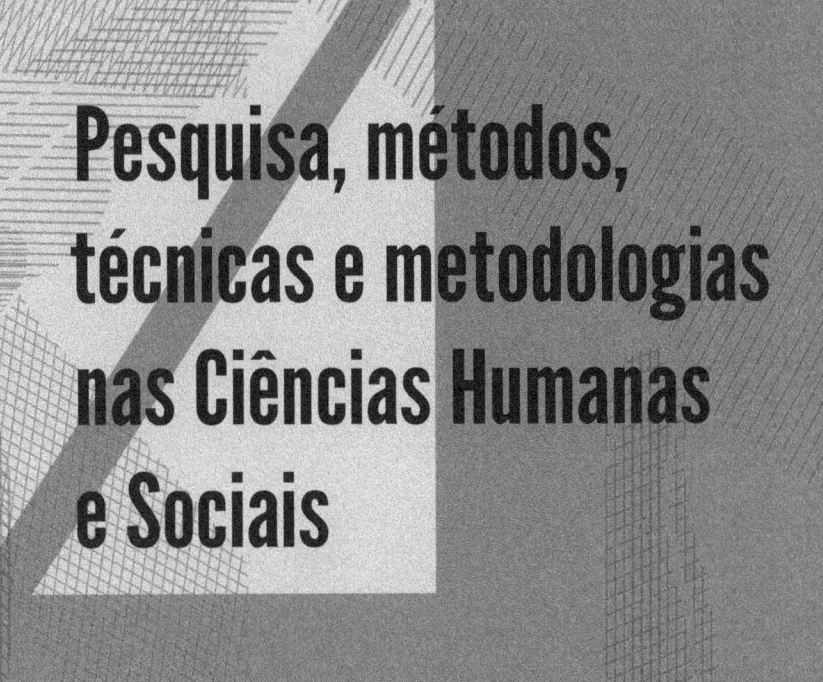

Pesquisa, métodos, técnicas e metodologias nas Ciências Humanas e Sociais

Conteúdo do capítulo:

- Pesquisa.
- Métodos de investigação científica.
- Tipos de pesquisa.
- Noções gerais sobre narrativa.
- Abordagens de pesquisa.

Após o estudo deste capítulo, você será capaz de:

1. entender o que é pesquisa;
2. distinguir os diferentes métodos de investigação científica nas Ciências Humanas e Sociais;
3. identificar os principais tipos de abordagem de pesquisa nas Ciências Humanas e Sociais.

> *"A rigor, cada viajante abre seu caminho, não só quando desbrava o desconhecido, mas inclusive quando redesenha o conhecido".*
> *(Otávio Ianni)*

Ao longo dos capítulos anteriores, apontamos alguns exemplos do que é a pesquisa, mas ainda precisamos de definições mais precisas sobre seu significado epistemológico. Então, o que é *epistemologia*? É a ciência que busca estudar as maneiras de se adquirir conhecimentos. Nesse sentido, podemos reforçar que seus antecedentes nos remetem ao grego, em um substantivo composto pelas palavras *episteme*, que significa "conhecimento" ou "ciência", e *logos*, que significa "discurso" ou "estudo". Assim, *epistemologia* é a disciplina que estuda **como se gera e se valida o conhecimento**. Sua função é analisar os processos que são utilizados para gerar ou justificar determinado conhecimento científico, considerando os fatores históricos, sociais, psicológicos e valorativos.

De modo geral, podemos dizer que a epistemologia parte de perguntas e de respostas vitais para a produção de qualquer conhecimento, como: O que é o conhecimento? Como levamos a cabo a racionalidade do ser humano? Como comprovamos o que descobrimos ou conhecemos? Para responder a esses questionamentos, podemos partir de diferentes modos, métodos, metodologias e técnicas que justificam aquilo que pretendemos conhecer.

Segundo Abbagnano (2007), *epistemologia* é sinônimo de *gnosiologia* ou *teoria do conhecimento*. Outra disciplina relacionada à epistemologia é a **Metodologia** – os caminhos que percorreremos para chegar a determinado conhecimento (as etapas do processo de conhecimento). Para tanto, é necessário partir de alguns pontos fundamentais. Aqui, cabe-nos uma ressalva: *método* é diferente de *metodologia*; podemos entender etimologicamente **método** como **aquilo que está no meio do caminho,** ou seja, como opera nossa maneira de pensar e quais são suas categorias, seus fundamentos e sua corrente de pensamento (concepção teórica).

Toda investigação segue um método e pretende chegar a determinado fim. A **metodologia**, por sua vez, compreende as formas, os meios, os instrumentos e as técnicas que utilizaremos para isso. Para Minayo (2008, p. 14), metodologia é "o caminho do pensamento e a prática exercida na abordagem da realidade". De outro modo, "a metodologia inclui simultaneamente a teoria da abordagem (o método), os instrumentos de operacionalização do conhecimento (as técnicas) e a criatividade do pesquisador (sua experiência, sua capacidade pessoal e sua sensibilidade)" (Minayo, 2008, p. 14).

Esse jogo de palavras é necessário para compreendermos o que é fazer pesquisa, já que nos ajuda a entender que, ao nos propormos a produzir determinado conhecimento científico, temos de compreender primeiramente como se dá esse processo. Portanto, neste capítulo, buscaremos apontar alguns procedimentos utilizados pelas Ciências Humanas e Sociais para chegar a esse fim.

4.1 O que é pesquisa?

Pesquisa é, de modo geral, a atividade que nos permite chegar a determinado conhecimento. É a atividade **científica** pelo qual descobrimos a realidade (Demo, 2006). Para Minayo (2008, p. 16), a pesquisa é "a atividade básica da ciência na sua indagação e construção da realidade" e que alimenta a produção do conhecimento teórico-prático e prático-teórico da realidade e do mundo em seus diferentes aspectos: econômico, político, social, cultural, psicológico e espiritual.

Concordamos com Demo (2006, p. 16) quando afirma que a "pesquisa não é ato isolado, intermitente, especial, mas **atividade** processual de investigação diante do desconhecido e dos limites que a natureza e a sociedade nos impõem". O autor ainda destaca que a característica fundamental do ser humano é a capacidade de criar, já que criar, para ele, é um "processo de **digestão** própria"

(Demo, 2006, p. 17, grifo do original). A figura de linguagem nesse caso é proposital quando entendemos o que é e como se dá o processo digestivo nos seres animais. Não criamos do nada, partimos sempre de alguma coisa ou lugar, assim como não nos alimentamos do nada; nosso metabolismo quebra as moléculas necessárias dos alimentos, extrai sua essência, que é utilizada para a manutenção do corpo e da vida, e elimina aquilo que não nos serve.

Metabolizamos os alimentos, assim como buscamos metabolizar fatos, situações, acontecimentos, coisas e fenômenos da realidade ou daquilo que pretendemos conhecer. Esse processo é o que faz da pesquisa algo encantador, pois é por meio dela que conhecemos as coisas, o ser humano, a natureza, o mundo e o universo, seja ele material, seja espiritual.

Ainda, de acordo com Demo (2006, p. 19), "a pesquisa é a descoberta da realidade". Podemos dizer que ela nos permite viajar para dentro das coisas, das histórias, dos mundos, dos fenômenos e descobrir sua singularidade, sua particularidade e sua universalidade. É a busca pelo desconhecido, portanto, ela esconde seus mistérios, revela-nos as essências das coisas e nos leva a lugares e a situações desconhecidas.

Fique atento!

A pesquisa também pode ser uma forma de descoberta e denúncia. O filme *Messias do mal*, lançado em 2002, dirigido por Mario Philip Azzopardi e baseado em uma história real, conta a história de um líder de uma estranha comunidade. A assistente social Paula Jackson, ao visitar essa comunidade, descobre acontecimentos, assassinatos, rituais absurdos e abusos mentais. O longa-metragem mostra como a investigação pode salvar pessoas e condenar culpados.

Se observarmos qualquer coisa à nossa frente, verificaremos que conhecemos muito pouco ou quase nada daquilo que se apresenta. O mundo se faz ininteligível para nós e só percebemos a aparências das coisas, e é por meio da observação e da investigação que as coisas e os fenômenos se revelam. O primeiro conhecimento é aquele que se apresenta a nossos sentidos, é o objeto, o fenômeno, a coisa, o fato, a situação, o problema, a contradição, enfim, aquilo que está à nossa frente. O segundo passo é se apropriar desse objeto, entender suas leis, seus fundamentos, suas constituição, seus processos, sua história, suas contradições, seu modo de ser e de estar; podemos, ainda, conhecê-lo por aquilo que outros já o estudaram. Só assim poderemos ter os elementos necessários para compreender o objeto em sua profundidade ou em sua totalidade.

Registraremos aqui a história de Marie Curie, ou Madame Curie, por considerarmos digna de nota. No outono de 1891, a jovem polaca Marie Sklodowska se matriculou no curso de Ciências da Universidade Sorbonne, em Paris. Causava estranheza aos colegas por seu ar tímido, expressão obstinada e vestuário austero e pobre. Escolhia sempre o primeiro lugar nas aulas de Física e considerava perdido qualquer momento em que não estivesse se dedicando aos estudos.

Sua obstinação era tão grande que ficava horas a fio escrevendo números e equações sem se dar conta de que suas mãos enrijeciam e seu corpo tiritava de frio por não acender a lareira para economizar carvão. Ficava semanas inteiras sem ingerir qualquer alimento além de chá e pão. Conta-se que quando queria festejar algum acontecimento mais feliz, comprava dois ovos, um chocolate e duas ou três frutas; tal regime a deixou com uma saúde frágil.

Essa paixão científica, aos 26 anos de idade, fez com que ela desenvolvesse uma feroz independência pessoal. Em 1894, conheceu aquele que seria seu companheiro, o cientista Pierre Curie, que em poucos meses a pediu em casamento. Porém, casar-se com um francês significava ter de abandonar a volta à Varsóvia e sua família, conforme os costumes da época. Passaram-se 10 meses para que Marie aceitasse a proposta de Pierre.

Até o fim de 1897, Marie tinha obtido dois diplomas universitários, uma bolsa de estudos e publicado um importante trabalho sobre magnetização do aço temperado, porém sua meta era o doutorado. Ao procurar um objeto para suas investigações, descobriu uma publicação do eminente francês Antoine Henri Becquerel[1] que apontava para um elemento químico desconhecido nas partículas do urânio. Sua obstinação pela ciência fez que assumisse, com seu marido, uma longa empreitada na busca pelo elemento radioativo.

Em julho de 1898 o casal anunciou o descobrimento de uma dessas substâncias, à qual Marie deu o nome de *polônio*, em homenagem a sua terra natal. Em dezembro do mesmo ano revelaram a existência do segundo elemento: **rádio**. Essa pesquisa demorou cerca de 4 anos e incansáveis experimentos.

Marie foi a primeira mulher no mundo a ganhar o Prêmio Nobel, em um período em que somente os homens iam às universidades, e ficou surpresa principalmente ao descobrir o elemento químico que iniciou uma verdadeira revolução nas ciências e na medicina. Em 1943, um maravilhoso filme foi produzido em sua homenagem: *Madame Curie*, do qual destacamos o seu discurso na Faculdade de Ciências da Universidade de Paris, pronunciado em comemoração ao vigésimo quinto aniversário da descoberta do **rádio**:

> *Mesmo agora, após vinte e cinco anos de pesquisa investigativa, sentimos que ainda há bastante para ser feito. Nós fizemos descobertas. Pierre Curie, nas sugestões que encontramos em suas notas e nos pensamentos expressados, nos ajudou e guiou até eles. Mesmo que apenas um de nós não possa fazer muito, cada um talvez possa pegar um pouco de sabedoria ainda que modesto e insuficiente, mas que pode despertar o sonho do homem de alcançar a verdade. Por meio dessas pequenas luzes em novas trevas é que veremos pouco a pouco os esboços desse grande projeto que dá forma ao universo. Eu estou entre aqueles que pensam que por este motivo, a ciência*

---

1 Antoine Henri Becquerel (1852-1908) foi o físico que descobriu acidentalmente aquilo que mais tarde foi denominado *radioatividade*.

> *tem grande beleza e com sua grande força espiritual limpará um dia este mundo de seus males, sua ignorância, pobreza, doenças, guerras e mágoas procurem a clara luz da verdade. Procurem estradas novas desconhecidas mesmo quando a visão dos homens alcançar mais longe que agora. A maravilha divina nunca falhará. Cada época tem seus próprios sonhos. Deixe então os sonhos de ontem para trás. Você, tome a tocha do conhecimento e construa o palácio do futuro.*

Para saber mais

MADAME Curie. Direção: Mervyn LeRoy. EUA: 1943. 124 min.

A *história surpreendente dessa mulher à frente de seu tempo pode ser encontrado no filme* Marie Curie, *no qual é possível observar a garra e a determinação de uma pesquisadora incansável, juntamente com o seu marido, para descobrir dois elementos químicos radiativos que possibilitaram grande progresso à humanidade.*

De acordo com Demo (2006), a pesquisa busca capturar a realidade por meio do método, desfaz a aparência visível, observável, para surpreender o que se esconde por trás do desconhecido: "O pesquisador não somente é quem sabe acumular dados mensurados, mas, sobretudo, que nunca desiste de questionar a realidade, sabendo que qualquer conhecimento é apenas recorte" (Demo, 2006, p. 20). Todo conhecimento é a interpretação de algo, que, sendo uma interpretação, parte de valores, escolhas e ideologias do pesquisador, conforme já apontamos – essa é a responsabilidade ética e política por parte do pesquisador. Além do mais, todo conhecimento é provisório; o que hoje é considerado uma "verdade" no futuro pode não ser.

O conhecimento é válido até que se prove o contrário ou algo que ainda não foi percebido, conforme aponta Sposati (2007, p. 17), "o social é sempre uma construção, portanto é grafado pela relação espaço-tempo. Todo conhecimento é perene até que um novo conhecimento demonstre sua falência".

Para saber mais

SPOSATI, A. Pesquisa e produção do conhecimento no campo do Serviço Social. **Revista Katálysis**, Florianópolis, v. 10, n. especial, p. 15-25, 2007. Disponível em: <http://www.scielo.br/pdf/rk/v10nspe/a0210spe.pdf>. Acesso em: 12 nov. 2019.

Para saber mais sobre o tema em questão, sugerimos o artigo de Aldaíza Sposati, "Pesquisa e produção do conhecimento no campo do Serviço Social".

O rigor científico nos impulsiona a ressaltar a preocupação com a veracidade dos fatos, com as análises teóricas e com a formulação dos quadros explicativos dos resultados. Desse modo, é imprescindível ter clareza das referências utilizadas, do burilamento conceitual, do domínio dos diferentes métodos, metodologias e técnicas de pesquisa e da capacidade criativa, discursiva e analítica. Nesse sentido, Demo (2006, p. 22) adverte:

> A realidade que se quer captar é a mesma para todos, mas para captar é preciso concepção teórica dela, que pode ser diferente em todos, dependendo do que se define por ciência, por método, ou do ponto de partida e do ponto de vista, ou da ideologia subjacente, ou de circunstâncias sociais condicionantes ou condicionadas por interesse históricos dominantes.

É importante salientarmos que nem todos os campos da ciência obtêm suas conclusões da mesma maneira, portanto, há diversos modos de se chegar a um resultado. Já enfatizamos que as ciências naturais, exatas e tecnológicas se diferenciam das Ciências Humanas e Sociais por diferentes concepções teórico-metodológicas e técnicas de estudo e pesquisa. Assim, o estudo nas Ciências Humanas e Sociais parte do pressuposto de que o objeto de pesquisa tem uma **consciência histórica**; não é só o pesquisador que tem a capacidade de dar sentido a seu trabalho intelectual, mas seu objeto é também social, portanto, é composto de sujeitos históricos e sociais, grupos e sociedades que dão significado a suas ações e construções (Minayo, 2008).

Contrapondo o Positivismo, há uma identidade entre sujeito e objeto. Pesquisamos seres humanos, comportamentos, culturas, classes sociais, faixas etárias, territórios, movimentos sociais, formas e relações de trabalho, modos de ser e de estar de sujeitos sociais, classes, grupos e sociedades, formas de violências, denúncias, abusos, descasos, desproteções sociais etc. Esses aspectos divergem das ciências naturais, exatas e tecnológicas, nos quais o objeto de estudo são a natureza, os números e as técnicas.

> **Fique atento!**
>
> A ciência é dinâmica e muda a todo o momento; assim, as teorias estão sempre pondo à prova o conhecimento já produzido por meio de novas descobertas, novos experimentos ou até mesmo novas teorias. Portanto, o que é válido em determinada época pode não ser em outra. Por exemplo, hoje as teorias de Albert Einstein (1879-1955) são muito mais aceitas do que as de Isaac Newton (1642-1727).

Portanto, há formas, métodos e metodologias diferentes para se fazer pesquisa. Na sequência, trataremos dos elementos constitutivos das pesquisas em Ciências Humanas e Sociais, sobretudo as Ciências Sociais Aplicadas, como é o caso do Serviço Social – lembrando que há outras visões de ser humano e de mundo, outros métodos e outras teorias, mas focaremos as mais utilizadas pelos pesquisadores em Serviço Social.

4.2 Métodos de investigação científica das Ciências Humanas e Sociais

Segundo Gil (1999), para chegar a um conhecimento considerado científico é necessário identificar as operações mentais e as técnicas que possibilitam a verificação de determinado objeto. De outro modo, busca-se situar e escolher os procedimentos teórico-metodológicos que serão adotados. O **método** pressupõe o arcabouço teórico que compõe as várias visões de mundo e de ser humano. Podemos, assim, explicitar que esse conhecimento é proveniente de estudos e de abordagens já realizadas por outros pesquisadores; são o conjunto de fundamentos, de conceitos e de categorias para explicar ou compreender determinados fenômenos e processos.

Já enumeramos algumas teorias explicativas sobre a sociedade contemporânea, elencando alguns teóricos clássicos das Ciências Humanas e Sociais e como estes concebem ou traduzem a realidade social (Émile Durkheim, Max Weber, Karl Marx, Edmund Husserl, entre outros). Desse modo, essas narrativas compreendem elementos constitutivos e constituintes para entender os problemas, as questões, os fatos, os acontecimentos, os fenômenos e os processos sociais e que foram formuladas por pensadores que buscaram observar e estudar a realidade social.

Teorias, portanto, são explicações da realidade e buscam esclarecer o objeto de investigação. Levantam questões, focalizam problemas, formulam perguntas, esclarecem hipóteses, enfim, permitem maior clareza na organização dos dados e iluminam as análises (Minayo, 2008).

Karl Marx (1818-1883) considerava a teoria como a reprodução ideal do movimento real do objeto pesquisado. A teoria é produzida quando há a ausência de massa crítica, quando esta é insuficiente ou quando há um caráter mistificador dela. É dela que se extrai o **método** que é traduzido como o conjunto de procedimentos empregados na investigação e na demonstração dos conhecimentos apurados. O método, no legado marxiano e na tradição marxista, por exemplo, é a elevação do abstrato para o concreto, é a "alma" da pesquisa, é o que "ilumina" no processo de descobertas e de interpretações.

Todo procedimento científico parte da observação de um fato; depois, são formuladas perguntas (dúvidas ou o que se quer saber sobre esse fato) e se constroem **hipóteses**, possíveis explicações. Em seguida, parte-se para a experimentação (testes, pesquisa de campo, formulações lógica, aplicação de questionários, entrevistas, experiências em laboratórios, análise de dados estatísticos etc.).

Segundo Severino (2007, p. 103), hipótese é a "proposição explicativa provisória de relações entre fenômenos, a ser comprovada ou infirmada pela experimentação. E se confirmada, transforma-se na lei".

Fique atento!

Toda hipótese construída necessita ser passível de experimentação, de teste, para ser comprovada ou refutada.

Caso os resultados do processo de experimentação comprovem as hipóteses, parte-se para a redação da conclusão e para a publicação dos resultados em meios científicos, para que a comunidade relacionada possa tomar conhecimento da pesquisa, aceitá-las, refutá-las ou mesmo gerar novas pesquisas.

Suponhamos que você observe determinado fato e queira descobrir as causas que possam tê-lo gerado. Por exemplo, em determinada época do ano, há um aumento considerável no número de atendimentos realizados por um Centro de Referência de Assistência Social (CRAS) em sua cidade; esse é o primeiro passo.

O segundo passo, então, é a problematização: Por que há esse aumento no atendimento em determinada época do ano? Quais são as causas? Qual é a característica das pessoas que procuram o atendimento?

Em um terceiro momento, você formulará a hipótese: em determinada época do ano há colheita do café e depois há um período entre uma colheita e outra (a entressafra), portanto, o aumento dos atendimentos no CRAS tem a ver com a sazonalidade da produção rural. Essa é uma possível explicação que poderá ou não ser comprovada por meio da pesquisa (coleta de informações). Caso a hipótese se confirme, você chegará a um resultado positivo, portanto, já poderá redigir a conclusão ou os resultados e como chegou a eles.

É o método escolhido que norteia os caminhos da pesquisa e fornece elementos para justificar os resultados. Contudo, há formas de raciocínio, procedimentos lógicos e racionais que possibilitam a argumentação ou a justificação das hipóteses levantadas.

4.2.1 Raciocínio indutivo e dedutivo

É importante salientarmos que preferimos a utilização do termo *raciocínio* a *método de indução* e *dedução*, conforme utilizado por Severino (2007), por compreendemos que exprimem melhor a forma do procedimento racional-lógico, da natureza da pesquisa. De acordo com Cervo e Bervian (1983, p. 33-34), *indução* e *dedução* "são, antes de mais nada, formas de raciocínio ou de argumentação e, como tais, são formas de reflexão e não de simples pensamento". Severino (2007) esclarece que são dois tipos de raciocínio processuais pelos quais o pesquisador passa do particular para o universal ou do universal para o particular.
Define-se como **indução** o

> procedimento lógico pelo qual se passa de alguns fatos particulares a um princípio geral. Trata-se de um processo de generalização, fundado no pressuposto filosófico do determinismo universal. Pela indução, estabelece-se uma lei geral a partir da repetição constatada de regularidades em vários casos particulares; da observação de reiteradas incidências de uma determinada regularidade, conclui-se pela sua ocorrência em todos os casos possíveis. (Severino, 2007, p. 104)

O raciocínio indutivo parte, principalmente, do pensamento de Francis Bacon (1561-1626), Thomas Hobbes (1588-1679), John Locke (1632-1704) e David Hume (1711-1776). A indução é o procedimento pelo qual uma observação particular se torna uma **lei geral ou científica**, por exemplo: João trabalha, Pedro trabalha, Fernando trabalha; João, Pedro e Fernando são homens; logo, todos os homens trabalham.

> De acordo com Severino (2007, p. 103), a lei científica é o "enunciado de uma relação causal constante entre fenômenos ou elementos de um fenômeno. Relações necessárias, naturais e invariáveis. Fórmula geral que sintetiza um conjunto de fatos naturais, expressando uma relação funcional constante entre variáveis".

Perceba que no exemplo anterior fizemos uma análise específica de cada sujeito e concluímos com uma generalização, mas essa conclusão pode ou não ser verdadeira, o que exige uma experimentação. A ideia é observar os fatos e, por meio de sua prevalência, traçar uma resposta conclusiva generalizada; mas, nesse caso, o que se constatou de uma amostragem foi estendido a todo o gênero masculino.

Nesse tipo de raciocínio, é possível que as premissas sejam verdadeiras, mas a conclusão pode ser falsa, então não fica excluída a possibilidade de que haja homens que não trabalhem. Por esse motivo, o raciocínio lógico é mais utilizado em pesquisas da área das ciências naturais, embora possa ser aplicado também às Ciências Humanas e Sociais. Outro tipo de raciocínio é a **dedução**, em que o pesquisador parte de regras gerais ou de uma generalização indutiva e busca verificar se a conclusão é verdadeira. O pesquisador parte do geral para o particular.

> **Dedução**: de acordo com Severino (2007, p. 105), é o "procedimento lógico, raciocínio, pelo qual se pode tirar de uma ou de várias proposições (premissas) uma conclusão que delas decorre por força puramente lógica. A conclusão segue-se necessariamente das premissas".

Nessa forma de raciocínio, se a conclusão for falsa, com certeza uma das premissas também será falsa. Ela é muito utilizada pelas ciências exatas, pois busca resultados exatos: ninguém duvida que 2 + 2 = 4. Esse raciocínio tem por base o pensamento de René

Descartes (1596-1650), Baruch Spinoza (1632-1677) e Gottfried Wilhelm Leibniz (1646-1716).
Por exemplo: se observarmos as frutas, verificaremos que todas elas têm sementes. Essa é uma constatação geral. A laranja é uma fruta; logo, deduz-se que todas as laranjas têm sementes. No raciocínio dedutivo, partimos de um fato ou um fenômeno em sua generalidade e chegamos a determinada conclusão lógica, porém podemos verificar, por meio da experimentação, que algumas laranjas não têm sementes. Assim, sem sombra de dúvidas, uma das premissas está incorreta.
No caso em questão, ou a laranja não é uma fruta ou nem todos os frutos têm sementes, por isso o raciocínio dedutivo parte de um raciocínio indutivo, de uma generalização (todas as frutas têm sementes). Essa classificação nos leva a considerar as formas de raciocínio lógico.
Embora a lógica tenha várias definições, podemos entendê-la como "a boa aproximação, como a disciplina que privilegia o estudo de conjuntos coerentes de enunciados", isto é, "o estudo das inferências válidas" (Abbagnano, 2007, p. 724). Em outras palavras, a lógica demonstra uma evidência, a conclusão de um raciocínio.

Para saber mais

CHAUI, M. **Convite à filosofia**. 12. ed. São Paulo: Ática, 1999.

Para saber mais sobre lógica, sugerimos a leitura do quinto capítulo do livro Convite à filosofia, *de Marilena Chaui. Nessa unidade, a autora discute sobre o nascimento da lógica, seus elementos constitutivos, a lógica através dos tempos e a lógica e a dialética.*

4.2.2 Raciocínio hipotético-dedutivo

O raciocínio hipotético-dedutivo é o mais utilizado entre os pesquisadores, considerado por muitos como aquele que mais se aproxima do raciocínio lógico, também chamado de *método hipotético-dedutivo.* Trata-se do procedimento que busca os resultados por meio de tentativa e de erro – consiste na identificação de um problema e na formulação de hipóteses para serem testadas. Desse modo, o pesquisador experimenta todas as hipóteses para eliminar as falsas.

É importante destacarmos que na ciência não existem "verdades" incontestáveis, absolutas, pois parte-se da premissa de que o conhecimento perfeito não pode ser alcançado, já que sempre pode surgir uma nova hipótese, um novo experimento, uma nova informação ou mesmo pode não haver elementos suficientes para refutá-la; descobertas futuras passíveis ou testes mais avançados podem levar a novas experiências, novas hipóteses ou novas descobertas.

Por exemplo, imagine quando o vírus da AIDS foi descoberto. Na época não havia tratamentos nem medicamentos e as pessoas contaminadas, na maioria dos casos, acabavam morrendo. Foram necessários grandes investimentos, muitas pesquisas e testes para descobrir um tratamento eficaz; por meio de tentativa e erro, os cientistas foram eliminando os resultados negativos e realizando novos testes. A ideia é que a ciência descarte, com muitas investigações, todas as hipóteses falsas encontradas ao longo do tempo, permitindo que o conhecimento se aproxime cada vez mais dos resultados positivos, e isso demanda novas pesquisas e tecnologias.

4.2.3 Método fenomenológico

Tal como apresentado por Edmund Husserl (1859-1938), o método fenomenológico se propõe a demonstrar o que é o objeto e esclarecê-lo. Sujeito e objeto são desconhecidos ou puros. Sua preocupação é descrever o fenômeno e ir conhecendo, por meio da exclusão, aquilo que se apresenta diretamente à consciência. A fenomenologia ressalta que o mundo e as coisas são percebidos, primeiramente, pela consciência. Portanto, o método

fenomenológico pretende conhecer as coisas por meio de suas representações, de como elas aparecem na consciência. A origem das coisas está em suas representações, e não no sentido material das coisas, no significado das coisas ou dos fenômenos e de como eles se manifestam na consciência.
De acordo com Severino (2007, p. 114),

> a Fenomenologia parte da pressuposição de que todo conhecimento fatual (aquele das ciências fáticas ou positivas) funda-se num conhecimento originário (o das ciências eidéticas) de natureza intuitiva, viabilizado pela condição intencional de nossa consciência subjetiva. Graças à intencionalidade da consciência, podemos ter uma intuição eidética, apreendendo as coisas em sua condição original de fenômeno puro, tais como aparecem e se revelam originalmente, suspensas todas as demais interveniências que ocorrem na relação sujeito/objeto.

A análise fenomenológica é intencional e a realidade é aquilo que percebemos dela. Por exemplo, ao observarmos um cubo, já sabemos intuitivamente o que ele é, mas é necessário vivenciarmos e observarmos em outros ângulos para entendermos sua verdadeira essência, refletindo sobre sua forma, suas dimensões, o material em que foi produzido e suas perspectivas. Em outras palavras, a atitude fenomenológica é se voltar para as coisas em si mesmas.

Em outro exemplo, a escuta, em uma abordagem fenomenológica, foi muito utilizada nos anos 1980 por muitos assistentes sociais que defendiam esse método. Por meio dele, o assistente social ia investigando (percebendo) a vida do sujeito, tomando consciência dos atos, das sensações, dos juízos, dos valores, da memória, dos problemas, dos traumas etc. Os fenômenos apareciam por intermédio da fala e da escuta (metodologia dialógica), e para tanto era necessário estabelecer uma reciprocidade entre o sujeito e o profissional, sendo que os problemas eram tratados de modo individual, não relacionando o sujeito aos problemas conjunturais; por conseguinte, as causas dos problemas eram atribuídas somente ao sujeito (individualização do fenômeno).

4.2.4 Método dialético

O método dialético é amplamente utilizado no Serviço Social, mas não somente nele, tendo como base o materialismo histórico-dialético. Neste item, trataremos apenas de alguns elementos substanciais relacionados ao emprego desse método, tendo em vista sua complexidade. A dialética é bastante antiga e deriva da noção de diálogo – em outros termos, conceitos e ideias que se contrapõem umas às outras, o que faz gerar novas ideias, dando a concepção de movimento. Porém, ao longo da história, recebeu significados diferentes. Podemos encontrar a dialética no período pré-socrático, mas sua maior expressão na Antiguidade está em Platão (429 a.C.-348 a.C.) e Aristóteles (384 a.C.-322 a.C.).

Não pretendemos fazer, aqui, um resgaste histórico-filosófico da dialética, mas partir de sua concepção moderna, fundamentada pelo pensamento de Georg Wilhelm Friedrich Hegel (1770-1831). A concepção hegeliana, porém, é **idealista** e diverge da concepção marxista, que é **materialista histórico-dialética**. Para Hegel, as ideias é que fundamentam as transformações históricas e a própria realidade. Marx, por outro lado, defendia que são as forças produtivas que alteram a história, que tem como motor a luta de classes.

> **Idealismo**: "considera a história como o puro movimento das ideias, como ideias em movimento. Na prática política, os idealistas tendem a superestimar a importância da luta ideológica e a desprezar os atos práticos de, transformação da realidade" (Lessa; Tonet, 2008, p. 45).
>
> **Materialista histórico-dialético**: de acordo com Lessa e Tonet (2008, p. 45), o materialismo histórico-dialético foi
>
>> descoberto por Marx ao estudar a sociedade capitalista, caracteriza-se por conceber o mundo dos homens como síntese da prévia-ideação com a realidade material, típica e elementarmente por meio do trabalho. As dimensões ideal e material dos atos humanos são integradas, possibilitando tanto

> reconhecer a importância das ideias para a história, quanto a sua importância quando não encontram as condições históricas necessárias para que seja traduzidas em prática (para que sejam objetivadas) por atos humanos concretos. O materialismo histórico-dialético, portanto, é a superação histórica tanto do idealismo quando do materialismo mecanicista. Ele possibilita compreender a base material das ideias e, ao mesmo tempo, a força material das ideias na reprodução social.

De acordo com Severino (2007, p. 116-117), na dialética,

> o desenvolvimento histórico não é uma evolução linear, a história é sempre um processo complexo em que as partes estão articuladas entre si de formas diferenciadas da simples sucessão e acumulação. As mudanças no seio da realidade humana ocorrem seguindo uma lógica da contradição e não da identidade. A história se constitui por uma luta de contrários, movida por um permanente conflito imanente à realidade.

Teremos de nos deter um pouco mais nesse método, por ser o mais empregado nas pesquisas em Serviço Social – apesar de nem sempre ser utilizado de maneira adequada –, partindo da compreensão da dialética em Hegel para compreender a concepção do materialismo histórico-dialético em Marx.

Hegel considera a compreensão do presente por meio da explicação do sentido desenvolvido pelo processo histórico; assim, tem um compromisso com a realidade. Sua preocupação está em atingir uma explicação do absoluto, em sua totalidade. Mas como chegar a esse conhecimento? Como o ser humano toma consciência das coisas? Essas são indagações prementes no pensamento de Hegel, que o construiu centrado na processualidade histórica e da transformação da realidade concreta sob a influência do pensamento de Immanuel Kant (1724-1804), porém contrapondo-o conforme a tradição idealista alemã de sua época.

Assim, Hegel admitia a dialética como a hegemonia das ideias sobre a matéria; Marx e Friedrich Engels (1820-1895), no entanto, apontavam que essa concepção estava de "cabeça para baixo": para o materialismo histórico-dialético, a dialética se afirma por meio da hegemonia das condições materiais que produzem as ideias na realidade. A processualidade histórica, em Hegel, traz a compreensão de que tudo no mundo está em constante movimento, em contínua transformação e desenvolvimento. O modo como se operam essas transformações e esse desenvolvimento foi o que Hegel constituiu como dialético, partindo do princípio de que em cada momento histórico e em determinadas condições os seres humanos produzem determinado conceito sobre aquele período, uma ideia ou *espírito*. Assim, para ele, "o mundo é a manifestação da ideia" (Aranha; Martins, 1986, p. 263).

Hegel, assim como Marx e Engels, não criou um método de análise da realidade, mas uma teoria. Contrariamente ao pensamento hegeliano, o materialismo histórico-dialético não parte da ideia ou do espírito, mas das condições materiais de produção, da realidade objetiva em sua unidade e em suas contradições, e é dessa realidade que se extraem as categorias que expressam o desenvolvimento histórico e social das coisas, do ser humano e do mundo.

Buscaremos, de maneira simples, entender a dialética hegeliana. Então, imagine que você queira construir uma mesa com base em um tronco de árvore. Assim, com o seu trabalho, criará o objeto desejado – então, o trabalho aparece como uma forma de mediação e de objetivação da ideia. Ao esculpir a madeira, você destrói a forma inicial, que se transforma em outra coisa, mas essa outra coisa (a mesa) conserva as propriedades do tronco da árvore (sua ideia ou seu espírito). Desse modo, a mesa é uma "não-árvore" e a árvore é uma "não-mesa".

Perceba que o *não*, aqui, não indica seu contrário, e sim sua negação. A forma inicial do tronco foi modificada pela ação humana e deixou de existir para dar lugar a outra forma, a da mesa. Por sua vez, a ideia de tronco continua existindo. Assim, podemos dizer que a ideia do tronco (ou *espírito* do tronco) prevalece no objeto construído, nesse caso, na mesa. Se quisermos explicar o que era o tronco, partiremos de sua ideia, pois ele deixou de existir. Temos, desse modo, uma **ideia** na qual identificamos o tronco; contudo, essa ideia foi negada ao se construir a mesa.

A mesa é a negação do tronco e traz em si suas contradições (a mesa é o "não-tronco" e o tronco é a "não-mesa"). Esse processo compreende a **antítese**, a negação da ideia inicial. Por sua vez, a mesa se apresenta como uma positividade, algo objetivo, real, tal como o tronco, mas nega a forma de tronco, pois agora é outra coisa, é a negação da negação ou **síntese** desse processo. Portanto, "o trabalho nega a natureza, mas não a destrói, antes a recria" (Aranha; Martins, 1986, p. 111).

Se nos apropriarmos do determinado momento histórico, como o liberalismo, teremos o marxismo como uma ideia ou teoria que se contrapõe a essa concepção de mundo. O resultado desse embate de ideias resultou em um novo conhecimento ou ideia: o Estado de Bem-Estar Social. Temos, desse modo, o mesmo princípio, uma **tese** que é contraposta por uma **antítese** (ou ideia oposta), que se negam entre si, resultando em uma nova ideia; a **síntese** ou a negação da negação. Essas ideias, para Hegel, é que moviam a história, transformando-a.

Para Hegel, o conteúdo da Filosofia é, originalmente, o conhecimento que se produziu e se reproduz no domínio do espírito. Seu conteúdo é, então, a realidade. Para ele, o fim supremo da Filosofia era produzir, mediante a consciência, a conciliação entre a razão consciente em si mesma. Desse modo, para que o ser humano possa aceitar e ter como verdadeiro certo conteúdo da experiência, ele deve ser capaz de encontrá-lo em seu próprio interior, transpondo do plano do pensamento conceitual (a ideia) para a realidade (Hegel, 2013, 1997).

Hegel definiu a estrutura e a função da dialética por meio do diálogo, identificando, sobremaneira, suas leis com as do próprio ser: tese, antítese e síntese. Marx e Engels, por sua vez, deslocaram o diálogo para seu estatuto ontológico, para dar um sentido materialista e revolucionário, partindo de elementos e movimentos contraditórios da sociedade ou da realidade social, eliminando qualquer elemento metafísico. Foi esse processo dialético que Marx e Engels inverteram.

Para Hegel, o pensamento cria o movimento da história, ao contrário do materialismo histórico-dialético, que afirma que a história se revela pela ação dos sujeitos sociais na realidade por meio das forças produtivas. A história parte de condições objetivas e materiais, e não de ideias. Para Marx, segundo Netto (2011, p. 52), "o método não é um conjunto de regras formais que se 'aplicam' a um objeto que foi recortado para uma investigação determinada nem, menos ainda, um conjunto de regras que o sujeito que pesquisa escolhe, conforme a sua vontade, para 'enquadrar' o seu objeto de investigação".

Fique atento!

Os conceitos elementares da dialética hegeliana seriam: ser (afirmação), nada (negação) e vir-a-ser (negação da negação); para Marx, ao contrário, a consciência humana individual se produz da atividade material objetiva comum, da existência social, sendo a essência humana o conjunto das relações sociais (Sampaio; Frederico, 2009).

De certo modo, o objeto de pesquisa, para Bornheim (1977, p. 179), vincula-se ao "seu desenvolvimento, a razão da própria coisa deve desdobrar-se em sua contraditoriedade e encontrar em si mesma sua unidade". Hegel centrava-se na categoria do sujeito; Marx, por sua vez, centrava-se na categoria do objeto, portanto, o fundamento do ser humano está na sua objetividade, pois ele é natureza. Para Marx, o ponto de partida, a origem, está na atividade humana (na produção), em sua concepção ontológica, e não no "espírito" (ideia), conforme concebia Hegel, nem na matéria, mas no próprio ser humano, entendido como atividade.

Para Marx e Engels (2007, p. 49), "os homens que desenvolvem sua produção material e sua circulação material trocam também, ao trocar esta realidade, seu pensamento e os produtos de seu pensamento. Não é a consciência quem determina a vida, mas a vida que determina a consciência".

Portanto, as três leis da dialética para Hegel são contradição, mediação e totalidade; e o movimento da dialética se dá em três etapas: afirmação, negação e negação da negação, ou seja, tese, antítese

e síntese. Para Marx e Engels, as três leis que fundamentam o materialismo histórico-dialético são totalidade, historicidade e contradição.
De acordo com Kosik (2010, p. 37),

> Marx distinguia entre o método de investigação e o método de exposição. Apesar disso, passa-se por cima do método de investigação como sobre qualquer coisa já conhecida; e equipara-se o método de exposição à forma de apresentação, não se percebendo, por conseguinte, que ele é o método de explicação, graças ao qual o fenômeno se torna transparente, racional, compreensível.

Destacamos, desse modo, três etapas essenciais para a correta utilização do método em Marx:

1. deve-se apropriar da matéria (objeto) pelo qual se pretende realizar a investigação, incluindo todos os seus pormenores, detalhes históricos, disponíveis etc.;
2. analisar cada forma de desenvolvimento do próprio material, encontrando seus nexos categoriais;
3. somente após essa análise criteriosa o investigador terá condições para fazer as coerências internas, determinando as unidades, as variáveis, as categorias, as contradições e as várias formas de desenvolvimento desse material.

E o autor continua:

> Sem o pleno domínio de tal método de **investigação**, qualquer dialética não passa de especulação vazia. Aquilo de onde a ciência inicia a própria exposição já é **resultado** de uma investigação e de uma apropriação crítico-científica da matéria. O início da exposição já é um início **mediato**, que contém em embrião a estrutura de toda obra. (Kosik, 2010, p. 37-38)

Não podemos deixar de destacar que o início da exposição é totalmente diferente do início da investigação. Esta compreende todo o processo de coleta, análise teórica e de dados, comprovação ou refutação da hipótese e dos resultados. Já a exposição é o resultado da apropriação científica da matéria (objeto analisado); é o momento de **síntese**.

Ao realizarmos uma análise tendo como norte o materialismo histórico-dialético, partimos de um fato real e material. Por exemplo, suponhamos que você necessite realizar uma análise sobre determinada política de saúde de seu município, em um período específico. Desse modo, partimos do entendimento de que aquela política de saúde faz parte de uma totalidade e que não podemos desconsiderar esse fato. Nesse caso, a política de saúde compreende uma expressão das políticas públicas oferecidas pelo Estado para atender a determinada demanda social. Portanto, não podemos desconsiderar sua processualidade histórico-social, isto é, sua gênese, seu movimento, suas contradições, o contexto, a problematização, o jogo de interesses, as relações humanas, enfim, sua totalidade. Ainda na ótica do capitalismo, há uma série de interesses econômicos, políticos, sociais, culturais, de classe e ideológicos que também não podem ser desconsiderados.

Nesse sentido, há uma articulação entre sua singularidade, sua particularidade e sua universalidade, em um amplo processo de mediações; partimos do pressuposto de que as relações sociais fazem parte de um complexo sistema correlacional de articulações e interesses. Assim, a singularidade dessa pesquisa compreende a política de saúde de seu município em determinado período; esse é o recorte da realidade, mas que está inserido em um sistema global, no caso em questão, nas políticas públicas ofertadas por um Estado burguês e capitalista e que atende a determinada população que, em sua maioria, compõe a classe operária.

Sua particularidade será a resultante das relações estabelecidas entre essas instâncias, vinculadas a seu processo histórico-social, suas contradições, seus jogos de interesses, sua luta de classe e suas determinações universais de uma realidade ampla, inscrita na ordem e na lógica do capital. Desse modo, as análises feitas nessa perspectiva teórico-metodológica buscam realizar um esforço reflexivo não linear nem circunscrito, mas tendo seu objeto inserido em um complexo movimento da realidade social, analisando de maneira criteriosa e crítica, de modo a despertar a conscientização de determinado problema e buscar oferecer possibilidades para sua transformação.

Assim, o objeto é analisado em sua processualidade histórica, no conjunto das relações sociais e da luta de classe, potencializando os agentes históricos de transformação, compreendendo o presente como expressão de seu passado, sem desconsiderar o aspecto crítico, o que possibilita uma análise entre seus múltiplos aspectos.

Para saber mais

KONDER, L. **O que é dialética**. 28. ed. São Paulo: Brasiliense, 2007. (Coleção Primeiros Passos, n. 23).

Para saber mais sobre a dialética, sugerimos a leitura do livro O que é dialética, de Leandro Konder, no qual é possível ter contato com a dialética em seus diversos momentos históricos e seus principais pensadores.

4.2.5 Teoria da Complexidade

A Metodologia Multidimensional em Ciências Humanas foi influenciada pelo pensamento de Edgar Morin (1921-), pesquisador emérito do Centre National de la Recherche Scientifique (CNRS). Nascido em Paris, formou-se em História, Geografia e Direito, mas migrou para Filosofia, Sociologia e Epistemologia. É autor de vários livros sobre a Teoria da Complexidade, entres outras temáticas.

De acordo com Rodrigues (2006), diversas pesquisas vêm sendo realizadas seguindo os ensinamentos de Morin, principalmente por dois núcleos de estudos do setor de pós-graduação da Pontifícia Universidade Católica de São Paulo (PUC-SP): o Núcleo de Estudos e Pesquisas sobre Ensino e Questões Metodológicas em Serviço Social (Nemess) e o Núcleo de Estudos da Complexidade. Tais estudos buscam romper com a visão reducionistas e recuperar os objetivos de investigação em suas múltiplas dimensões e níveis pluridimensional e transdisciplinar utilizando o método de Morin.

Para Rodrigues e Limena (2006, p. 9), o "método não se limita mais a um conjunto de procedimentos ordenados e coerentes, ao primado da ordem, à preponderância de um rigor científico descontextualizado, à fragmentação do fenômeno e à lógica dedutivo-identitária". Em 1999, a Organização das Nações Unidas para a Educação, a Ciência e a Cultura (Unesco) solicitou a Morin a sistematização de um conjunto de reflexões que servissem como ponto de partida para se repensar a educação do século XXI; surgiram, assim, *Os sete saberes necessários à educação do futuro* (Morin, 2000):

1. **Conhecimento**: É um problema de todos e cada um deve levá-lo em conta desde muito cedo e **explorar as possibilidades de erro** para ter condições de ver a realidade, porque não existe receita milagrosa.
2. **Conhecimento pertinente**: É necessário contextualizar todos os dados, já que o contexto tem necessidade, ele mesmo, de seu próprio contexto.
3. **Identidade humana**: Quando sonhamos com nossa identidade, devemos pensar que temos partículas que nasceram no despertar do universo, temos átomos de carbono que se formaram em sóis anteriores ao nosso, **somos todos filhos do cosmos** e a vida é viver poeticamente na paixão, no entusiasmo.
4. **Compreensão humana**: A palavra *compreender* vem do latim *compreendere*, que quer dizer colocar junto todos os elementos de explicação, ou seja, não ter somente um elemento de explicação, mas diversos; e a compreensão humana vai além disso, porque, na realidade, comporta uma parte de empatia e de identificação.
5. **Incerteza**: É necessário mostrar em todos os domínios, sobretudo na história, o surgimento do inesperado, e essa incerteza é uma incitação à coragem; a aventura humana não é previsível, mas o imprevisto não é totalmente desconhecido.
6. **Condição planetária**: Daqui para frente, existem, sobretudo, os perigos de vida e de morte para a humanidade, como a ameaça da arma nuclear, a ameaça ecológica, o desencadeamento dos nacionalismos acentuados pelas religiões; é preciso mostrar que a humanidade vive agora uma comunidade de destino comum.

7. **Antropoética**: Os problemas da moral e da ética diferem a depender da cultura e da natureza humana, e existe um aspecto individual, um social e outro genético, diria de espécie, algo como uma trindade em que as terminações são ligadas: a antropoética (Morin, 2007).

Com base nesses preceitos, em 1977 Morin produziu sua principal obra, *O método*, organizada em seis volumes: *A natureza da natureza I; A vida da vida II; O conhecimento do conhecimento III; As ideias – habitat, vida, costumes, organização IV; A humanidade da humanidade – a identidade humana V;* e *A ética VI* (Rodrigues; Limeira, 2006). Com elas, Morin definiu seu método, resultante de sua convicção de que a ciência antropossocial tem de se articular com a ciência da natureza, o que requer uma reorganização da estrutura do saber e do "espírito" questionador. Para Rodrigues e Limena (2006, p. 18, grifo do original):

> O significado que Morin atribui às questões de método tem como centro o homem (individual, social, biológico) e sua condição humana, solo em que pretende regenerar dissociação entre indivíduo/sociedade/espécie. Recria, a partir dessa tríade, uma concepção de método que transpõe o conjunto de conhecimento e de procedimentos formais, o primado da ordem, a preponderância de um rigor científico e uma lógica dedutivo-identitária, para lançar-se na busca de explicações complexas da realidade social fecundadas nas concepções de **auto-organização e de religação**.

Essa interdependência transdisciplinar entre as várias áreas do saber produz um conhecimento diferenciado e legítimo, permitindo o trânsito entre esses diversos saberes *entre, através e além* das disciplinas compartimentadas. Seu método consiste em "pensar o não pensado" (Rodrigues; Limeira, 2006, p. 19). A Teoria da Complexidade compreende, sobremaneira, as incertezas, as indeterminações e os fenômenos aleatórios, tendo uma relação estreita com o **acaso**. Contudo, ela "não se reduz à incerteza, **é a incerteza no seio de sistemas ricamente organizados**" (Morin, 2007, p. 35, grifo do original).

Fundamentada nos autores pós-modernos, tem uma estreita relação com a Física, a Antropologia e a Biologia. A noção de sistema foi incorporada pela noção de meio ambiente e ecossistema, nesse campo de pesquisa, para as áreas de preservação ambiental, do planeta e da vida humana (bioética), reconhecendo a interligação entre sujeito e objeto: "o sujeito e o objeto aparecem assim como as duas emergências últimas inseparáveis da relação sistema auto-organizador/ecossistema" (Morin, 2007, p. 39). Nessa concepção, sujeito e objeto são indissociáveis.

Para saber mais

MORIN, E. **Introdução ao pensamento complexo**. Tradução de Eliane Lisboa. 3. ed. Porto Alegre: Sulina, 2007.

RODRIGUES, M. L.; LIMENA, M. M. C. (Org.). **Metodologias multidimensionais em Ciências Humanas**. Brasília: Líber Livro, 2006. (Série Pesquisa, v. 14).

Para maior aprofundamento no tema, sugerimos a leitura dessas duas obras, de Edgar Morin e Rodrigues e Limena, respectivamente.

4.3 Tipos de pesquisa

Queremos destacar apenas alguns tipos de pesquisa – em geral, as que são mais utilizadas no âmbito das Ciências Humanas e Sociais –, lembrando que há outros tipos; portanto, você pode aprofundar seus estudos com leituras complementares.

4.3.1 Descritivas, exploratórias e explicativas

As pesquisas podem ser classificadas segundo seus objetivos, de acordo com o tipo de conhecimento que se pretende produzir. Nesse caso, a pesquisa pode ser descritiva, exploratória ou explicativa.

A **pesquisa descritiva**, em geral a mais utilizada, busca relatar ao máximo algum tema ou assunto que já recebeu diversas análises. De modo geral, representa estudar um fato ou fenômeno que já foi explorado por outros pesquisadores, como os princípios constitucionais, os fundamentos do Serviço Social, a política de estágio, entre outros assuntos. É possível, por exemplo, fazer um levantamento de dados sobre determinada prática do trabalho profissional. Por meio do conhecimento já sistematizado, pode-se expor, classificar, interpretar e descrever esses dados, fazendo ou não o uso de variáveis. Depois desses procedimentos, basta tecer alguns comentários ou relatar as conclusões alcançadas.

Na pesquisa descritiva, faz-se uso das técnicas de descrição, como o próprio nome já diz, para definir, com riquezas de detalhes, fatos, acontecimentos, relatos, experiências, situações, enfim, proporcionar ao leitor um material em que ele possa visualizar mentalmente o que está sendo transmitido ou encontrado. Por exemplo, suponhamos que você queira saber sobre determinado grupo de pessoas em situação de risco social. Para isso, identificará as características (tipo de população, valores, crenças, sexo, etnia etc.) e, depois, pode estabelecer comparações entre outros grupos que enfrentam a mesma situação ou realizar outras comparações. Com certeza você chegará a algumas conclusões e, ao final, descreverá todo esse processo, reunindo os procedimentos utilizados e os resultados a que chegou.

Você também pode estudar um fato ou fenômeno observado em determinada época e verificar se as variáveis aumentaram ou diminuíram, por exemplo, no caso da violência domiciliar contra as mulheres. Nesse caso, você pode analisar as variáveis de determinado período e comparar com os números de outra época, após o município ter tomado algumas medidas protetivas. Uma das grandes vantagens desse tipo de pesquisa é que ela pode proporcionar novos olhares sobre um tema já investigado ou mesmo aprofundar um conhecimento já produzido, podendo gerar novos resultados ou novas pesquisas.

No caso da **pesquisa exploratória**, pode-se verificar ou fazer abordagens sobre algo cujo conhecimento produzido é insuficiente ou em que não houve análise sobre determinado assunto ou perspectiva. Normalmente, esse tipo de pesquisa visa encontrar algo novo ou propor novas problematizações ou hipóteses. Por exemplo, você pode querer identificar as causas e as importâncias de um grupo de pessoas que vivem em situação de rua. Nesse caso, começará identificando os motivos que levaram essas pessoas a viverem nessa situação, a falência dos equipamentos de proteção ou de políticas públicas, os problemas gerados, as determinações, enfim, produzirá um conhecimento novo, que poderá ser comparado com outras pesquisas já realizadas.

Outra questão é que você poderá ir a campo para explorar essa problemática, verificando todos os aspectos da questão, fazendo entrevistas, formulando questionários, delimitando o grupo de análise e o universo da pesquisa, utilizando a tecnologia para o processamento e o cruzamento dos dados, enfim, pisando em um terreno novo, desconhecido e sobre o qual se sabe muito pouco ou nada. O objetivo desse tipo de pesquisa é exatamente saber sobre determinado fato ou situação e suas especificidades, a fim de conhecer o assunto de maneira mais aprofundada, além de realizar, ao mesmo tempo, pesquisas bibliográficas e teóricas que possam justificar ou interpretar os dados coletados.

Além do mais, o conhecimento apurado deve ser demonstrado. É preciso ter subsídios teórico-metodológicos e técnico-operativos para justificar ou analisar tais situações, além dos princípios éticos, que são imprescindíveis para qualquer pesquisa que envolva seres humanos.

A **pesquisa** *explicativa*, como o próprio termo diz, visa explicar ou fundamentar um fenômeno ou uma situação observada. É um conhecimento que exige procedimentos mais complexos, pois busca produzir um conhecimento novo e que pode representar a continuação de uma pesquisa descritiva e exploratória. Nesse tipo de pesquisa é possível identificar a prevalência de um fenômeno. Suponhamos, por exemplo, que você queira fazer uma análise avaliativa das políticas protetivas desenvolvidas pelo Sistema Único de Assistência Social (Suas), se estão ou não atendendo a seus objetivos em determinado município.

Essa pesquisa pode ser bem generalizada, resultando em um enorme trabalho que pode até mesmo ser o objetivo de um núcleo de estudo que busque avaliar as políticas desenvolvidas pelo Suas. Imagine que você necessitará de um conhecimento amplo, pesquisas bibliográficas e teóricas, pesquisa de campo, análise de dados estatísticos, procedimentos complexos de verificação de variáveis, demonstração de dados, situações, características, problemas, tabulação de dados, cruzamento de resultados, comparação de experiências, enfim, há muito trabalho, mas o conhecimento produzido será totalmente novo, inovador e criativo, podendo até mesmo alterar ou avaliar os erros e os acertos dessa política.

Ao final, os resultados obtidos devem ser publicados para que outros pesquisadores ou responsáveis pela política possam tomar conhecimento do que o grupo de pesquisa descobriu ou avaliou. Esses dados podem gerar livros, relatórios e muitos artigos, além de novas pesquisas, problematizações e hipóteses.

Para saber mais

SANTOS, C. J. G. dos. **Tipos de pesquisa**. Disponível em: <http://www.oficinadapesquisa.com.br/APOSTILAS/METODOL/_OF.TIPOS_PESQUISA.PDF>. Acesso em: 12 maio 2019.

Para saber um pouco mais sobre esse assunto e ter dicas interessantes para diferenciar os tipos de pesquisa, sugerimos a leitura do texto produzido pelo Prof. Carlos José Giudice dos Santos.

Trataremos, agora, dos tipos de pesquisa de acordo com os procedimentos metodológicos a serem definidos e utilizados.

4.3.2 Bibliográfica

As pesquisas bibliográficas são aquelas que ainda não foram objeto de análise. É importante, no entanto, diferenciá-las de revisão bibliográfica (ou de literatura). De modo geral, toda e qualquer pesquisa parte de uma ***revisão bibliográfica***, compreendida como a verificação em obras, artigos, dissertações, teses e diversas fontes de pesquisa sobre o objeto. Esse processo permite saber tudo o que foi pesquisado sobre determinado assunto ou tema, seja em fontes **primárias**, seja em fontes **secundárias**.

> **Fontes primárias**: ainda não foram objeto de análise; por exemplo, na aplicação de questionários, as respostas obtidas são fontes primárias, documentos que nunca foram analisados etc.
> **Fontes secundárias**: já passaram por algum tipo de análise; por exemplo, uma pesquisa já realizada e publicada.

Já a **pesquisa bibliográfica** é a pesquisa em livros, revistas, *sites*, artigos e diversas publicações sobre um tema específico, tem fundamentação teórica e pretende, ao final, emitir uma conclusão sobre o assunto pesquisado, algo que possa contribuir para a produção do conhecimento. De acordo com Severino (2007, p. 122), a *pesquisa bibliográfica* "é aquela que se realiza a partir do registro disponível, decorrente de pesquisas anteriores, em documentos impressos, como livros, artigos, teses etc. Utiliza-se de dados ou de categorias teóricas já trabalhados por outros pesquisadores e devidamente registrados".

A pesquisa bibliográfica pode ser dirigida para realizar comparação e descrição do objeto de pesquisa de acordo com a hipótese formulada, que poderá ser aceita ou refutada. Esse tipo de investigação busca colocar o pesquisador em contato com aquilo que já foi produzido sobre determinado assunto ou autor, com a finalidade de buscar a análise desse conhecimento (Lakatos; Marconi, 2009).

Para saber mais

GARCIA, E. Pesquisa bibliográfica versus revisão bibliográfica: uma discussão necessária. **Revista Línguas & Letras**, Cascavel, v. 17, n. 35, p. 291-294, 2016. Disponível em: <http://erevista.unioeste.br/index.php/linguaseletras/article/view/13193/10642>. Acesso em: 12 nov. 2019.

Sugerimos a leitura do artigo de Elias Garcia, "Pesquisa bibliográfica versus revisão bibliográfica: uma discussão necessária".

Com aumento significativo e estímulo, as atividades de pesquisa, tendo em vista as exigências de produtividade no âmbito das universidades brasileiras, têm oportunizado um número expressivo de apresentação e publicação de trabalhos científicos em diversos congressos e encontros nacionais e internacionais. Contudo, a atual conjuntura tem prezado pela quantidade, mas nem sempre tem levado em conta a qualidade dos trabalhos publicados. Esse fator tem direcionado discussões sobre as implicações éticas e políticas da produção do conhecimento e a dificuldade de entendimento dos termos e procedimentos de pesquisa. Dentre os inúmeros questionamentos, destacam-se as formas de encaminhamento e de construção do processo de pesquisa, principalmente no que diz respeito aos procedimentos teórico-metodológicos e éticos que buscam orientar os projetos de pesquisas.

Conforme vimos no decurso deste livro, a produção do conhecimento exige rigor científico, o que quer dizer que o pesquisador necessita ter clareza na definição do método e das referências bibliográficas a serem utilizadas. Há um grande número de pesquisas bibliográficas que não atendem a esses pré-requisitos ou mesmo trabalhos acadêmicos nos quais o aluno replica análises já realizadas ou faz uma revisão de literatura, não reescrevendo ou acrescentando nada de novo, o que muitas vezes pode ser considerado plágio, assunto que discutiremos mais adiante.

De acordo com Lima e Mioto (2007), um dos procedimentos metodológicos mais utilizados pelos investigadores na atualidade é a pesquisa bibliográfica. De modo geral, muitos estudantes e pesquisadores optam por esse procedimento por acreditarem ser mais fácil ou mesmo por não dominarem as técnicas e as metodologias de pesquisa empírica. Segundo as autoras,

> Isto acontece porque falta compreensão de que a revisão de literatura é apenas um pré-requisito para a realização de toda e qualquer pesquisa, ao passo que a pesquisa bibliográfica implica em um conjunto ordenado de procedimentos de busca por soluções, atento ao objeto de estudo, e que, por isso, não pode ser aleatório. (Lima; Mioto, 2007, p. 38)

A escolha do tema e do objeto de pesquisa é fundamental para ordenar os procedimentos de apreensão da realidade e do problema de pesquisa. Nesse sentido, o método e as técnicas de coleta de dados são fundamentais no processo.

> **Fique atento!**
>
> De acordo com Garcia (2016, p. 294), "Apesar de muitos professores orientadores incentivarem a realização da pesquisa bibliográfica sob curiosa afirmação de que é mais simples, essa orientação está equivocada, uma vez que se esquecem de avisar da necessidade de apresentar, ao final uma contribuição, de concordância ou discordância ao que está posto pelos autores pesquisados".

Algumas dicas podem ajudar nesse processo. Inicialmente, deve-se buscar delimitar o universo da pesquisa e definir os instrumentos e as técnicas de coleta de dados. Também é importante escolher e ter uma boa fundamentação teórica, detalhando as fontes principais de modo a identificar o mote da pesquisa e a análise dos resultados. No caso da pesquisa bibliográfica, os textos já produzidos se tornam fontes dos estudos a serem realizados, o que não quer dizer copiá-los, e sim interpretá-los. Desse modo, a revisão bibliográfica é um procedimento metodológico muito comum em qualquer pesquisa, mas que difere da pesquisa bibliográfica.

Outro ponto importante é a definição da linha teórica (positivista, marxista, fenomenológica etc.) na qual a pesquisa será baseada, pois exprime opções éticas e políticas do pesquisador, conforme já apontamos. A fundamentação metodológica busca nortear o caminho a ser percorrido pelo pesquisador, podendo se caracterizar por estudos *descritivos*, *exploratórios* ou *explicativos*, nos quais o objeto de estudo é apenas estudado em suas diferentes expressões. Realiza-se, assim, aproximações com base em fontes bibliográficas que permitem a utilização de dados dispersos em inúmeras publicações.

No caso da análise exploratória-descritiva, realiza-se a pesquisa bibliográfica por meio de uma reflexão pessoal de determinado assunto. Isso não significa que não seja possível retomar o objeto de estudo a qualquer momento e formular novas hipóteses que possam implicar em novos procedimentos metodológicos.

É importante destacarmos que os resultados da pesquisa não dependem somente da quantidade, mas da qualidade das fontes pesquisadas. Prefira realizar seus estudos com base em obras e autores originais, como os clássicos, evitando fazer uso de "citação da citação". Um número considerável desse recurso, o uso de autores secundários ou mesmo de trechos citados por outros autores empobrecem o texto. Portanto, sugerimos que use esses recursos somente em casos extremamente necessários.

Fique atento!

Toda pesquisa requer atenção constante ao objeto e aos objetivos preestabelecidos pelo pesquisador, para não se desviar, perder o caminho ou mesmo se deter em análises que parecem nunca ter fim.

Para que possamos compreender melhor os assuntos aqui discutidos, trataremos de alguns procedimentos que podem contribuir para uma boa revisão bibliográfica e para uma boa pesquisa bibliográfica, destacando que esses processos podem ser utilizados em qualquer tipo de pesquisa, não se caracterizando por modelos.

Antes de iniciar qualquer pesquisa, torna-se necessária a elaboração de um projeto de pesquisa, no qual se definem todos os procedimentos para esta ou aquela investigação. É necessário definir e delimitar o tema e o objeto, firmar os objetivos da pesquisa, justificar por que a pesquisa é importante, elaborar um plano metodológico, escolher o método e o referencial teórico, definir o cronograma, os custos e os resultados esperados e, por fim, expor as referências utilizadas até o momento.

O segundo passo é a investigação prévia no material bibliográfico produzido. Há muitos temas com poucos ou quase nenhum material publicado, por serem assuntos pouco pesquisados ou mesmo por não terem sido explorados; em outros casos, é difícil encontrar tais materiais, muitas vezes por estarem em outro idioma ou com suas publicações esgotadas. Por isso, é imprescindível fazer um levantamento prévio das bibliografias e das informações referentes ao objeto de pesquisa, para evitar certas dificuldades no decurso do processo de investigação.

> **Fique atento!**
>
> Afirmamos categoricamente que não há uma boa pesquisa sem leituras prévias daquilo que já foi produzido ou de materiais que auxiliarão no processo. Necessitamos nos apropriar do objeto, conhecê-lo em seus pormenores, para, somente depois, analisá-lo em sua totalidade.

O passo seguinte é fazer um exame cuidadoso e crítico na bibliografia encontrada e formular as próprias afirmações; é o momento de fazer uso da capacidade criativa e crítica para examinar, ler, contrapor, comparar ou justificar as informações colhidas e selecionadas no material em análise.

Por último, é o momento de síntese, do produto final. Com as leituras realizadas e as anotações feitas, indagações e explorações produzidas, basta expor todo o processo investigativo e os resultados alcançados. No caso da pesquisa bibliográfica, a leitura se apresenta como a principal técnica, pois é por meio dela que são colhidas as informações e os dados contidos no material selecionado. Nesse caso, sugerimos algumas técnicas para uma boa leitura.

Inicialmente, é possível usar procedimento de reconhecimento, que consiste na leitura exploratória e rápida da obra ou do material em análise. É sempre bom buscar informações paralelas sobre a obra e o autor, para não cair em contradições e embates teóricos e perder tempo. O objetivo desse procedimento é localizar e selecionar a bibliografia a ser trabalhada. É o momento de realizar uma incursão na biblioteca ou em bases de dados disponibilizados na internet.

> **Fique atento!**
>
> Há muitas publicações na *web*, o que inclui materiais confiáveis ou não, por isso é necessário ter cuidado para não cair em armadilhas. Sugerimos buscar ou verificar as fontes, os autores e os assuntos para garantir a veracidade do conteúdo.

Depois de selecionar o material, é hora de realizar uma leitura mais detalhada, estar atento às informações selecionadas e que têm a ver com o tema, os objetivos e o objeto da pesquisa. Sugerimos fazer uso de algum tipo de marcação, destacar pontos importantes, frases, parágrafos, conceitos, capítulos, enfim, informações relevantes. Outra técnica é reescrever fragmentos do texto, fazendo pequenos comentários com as próprias palavras sobre o material escolhido.

Destacamos que é importante como pré-requisito para a formatação de trabalho científicos consultar as normas técnicas da Associação Brasileira de Normas Técnicas (ABNT), colocar o texto reescrito entre aspas, para depois não configurar plágio de outros autores, o que pode gerar aborrecimentos ou mesmo sanções legais. Recomendamos, além das aspas, colocar entre parênteses o último sobrenome do autor, o ano, a página e a obra ou fonte para não se perder quando estiver redigindo as referências. Também é importante anotar em separado as obras e os materiais lidos e pesquisados, os endereços eletrônicos, entre outras fontes, para não se esquecer de citá-los nas referências ou para não perdê-los.

> **Fique atento!**
>
> Nunca se esqueça de salvar seus arquivos em vários locais diferentes ou mesmo fazer *backups*, pois a tecnologia tem suas falhas e pode nos deixar na mão.

Sugerimos, ainda, resumir livros e artigos lidos para que se possa ter uma noção geral do conteúdo tratado, podendo fazer uso de fichas ou anotações. Para tanto, é interessante fazer uma leitura crítica e reflexiva do material, destacando os pontos, as ideias e os conceitos principais. Esse é o momento de compreensão das afirmações e das discussões apresentadas por outros autores. Concordamos com Lima e Mioto (2007, p. 44) que "para a realização de uma pesquisa bibliográfica é imprescindível seguir por caminhos não aleatórios, uma vez que esse tipo de pesquisa requer alto grau de vigilância epistemológica, de observação e de cuidado na escolha e no encaminhamento dos procedimentos metodológicos".

A pesquisa bibliográfica é mais do que a simples observação, cópia ou descrição de assuntos e fontes pesquisadas, pois implica expor o tema ou fazer uma catalogação de bibliografias de modo cuidadoso e preciso. É um exercício atento de leituras que pressupõem disciplina e técnicas para uma melhor assimilação dos conteúdos. Além disso, compreende questionamentos, reflexões e interlocuções com autores com os quais nem sempre concordamos, ou mesmo tais análises apresentam um leque de possibilidades para as quais precisamos estar atentos a fim de não fugirmos de nossos propósitos.

4.3.3 Documental

A pesquisa documental é aquela que utiliza como material, sem tratar de maneira analítica ou interpretativa, documentos oficiais, cartas, fotografias, registros, relatórios técnicos, gravações de entrevistas, reportagens de jornais e de revistas, diários, documentos oficiais ou não de empresas, entidades ou órgãos. Esse tipo de consulta pode ter como propósito realizar um levantamento de dados para a definição de um tema ou uma problemática de pesquisa (Eco, 2012). Nesse caso, as análises das fontes implicam que elas possam não ter recebido um tratamento analítico satisfatório ou que o tratamento realizado foi insuficiente, a partir do que o pesquisador desenvolverá sua investigação e sua análise.

De acordo com Sá-Silva, Almeida e Guindani (2009), a utilização de documentos em pesquisas deve ser apreciada e valorizada, principalmente quando o objetivo da pesquisa busca ampliar o entendimento de objetos cuja compreensão necessita de contextualização histórica e sociocultural, como a reconstrução de uma história vivida. Os autores destacam que, de modo geral, a análise documental é muito parecida com a revisão bibliográfica; o que as diferencia são as fontes pesquisadas, que, no caso em questão, são documentos que tenham informações factuais e que podem ser escritos ou não – como filmes, vídeos, *slides*, fotografias, gravações, entre outros –, ou mesmo documentos jurídicos, cadernos de anotações, atas, planilhas, relatórios, declarações, memorandos, escrita oficial, registros, manuscritos, cartas, qualquer material escrito que contenha informações relevantes sobre determinado assunto, pessoa, comportamento social ou humano (Sá-Silva; Almeida; Guindani, 2009).

Outra especificidade é que esse tipo de pesquisa busca informações, indagações, esclarecimentos e conteúdos em pequenos fragmentos de relatos e anotações que podem revelar conteúdo histórico, social e cultural e que servem como prova, registro, denúncia ou memória de acontecimentos, fatos, circunstâncias, situações ou estados. Na maioria das vezes, a análise de documentos é um trabalho hercúleo para juntar informações ou pistas capazes de fornecer informações interessantes, originais e verdadeiras. O pesquisador, nesse caso, pode encarar um verdadeiro quebra-cabeça para organizar as informações contidas nos diversos documentos. Trata-se de um método de coleta de dados que exige alguns cuidados por parte do pesquisador.

Sugerimos que, para iniciar, o pesquisador deve localizar os textos pertinentes e avaliar sua credulidade e sua representatividade:

> o investigador deve compreender adequadamente o sentido da mensagem e contentar-se com o que tiver na mão: eventuais fragmentos, passagens difíceis de interpretar e repletas de termos e conceitos que lhes são estranhos e foram redigidos por um desconhecido. É impossível transformar um documento; é preciso aceitá-lo tal como ele se apresenta, às vezes, tão incompleto, parcial ou impreciso. (Sá-Silva; Almeida; Guindani, 2009, p. 8)

É importante considerar essa observação, tendo em mente que, às vezes, esses fragmentos são as únicas fontes que podem esclarecer determinada situação, fato, acontecimento ou pessoa. Por isso, é fundamental avaliar o contexto histórico no qual o documento foi produzido, a época, a linguagem, os termos, os elementos que compõem o universo sócio-político-cultural do autor e daqueles a quem foi destinado. Outra questão importante é verificar se o autor fala em seu nome, em nome de outrem ou de algum grupo social: "É preciso, então, poder ler nas entrelinhas, para compreender melhor o que os outros viviam, senão as interpretações correm o risco de serem grosseiramente falseadas" (Sá-Silva; Almeida; Guindani, 2009, p. 9).

Depois disso, o pesquisador precisa se assegurar da qualidade da informação transmitida, verificar a procedência do documento – se ele retrata direta ou indiretamente o que foi registrado. Além do mais, há muitos documentos que trazem termos técnicos, como materiais jurídicos, de direito, médicos, legais, entre outros. Por conseguinte, o pesquisador precisa contextualizar as particularidades de cada documento e de sua utilização e produção, para que as informações contidas não se tornem ininteligíveis.

Outro passo importante é verificar de maneira adequada o sentido das palavras e dos conceitos. Muitos documentos apresentam regionalismos, gírias, formas particulares e culturais de se expressar, linguagem popular, entre outros **eufemismos** que devem ser preservados em sua originalidade, no sentido preciso em que foram empregados.

Eufemismo: ato de suavizar a expressão de uma ideia, substituindo a palavra apropriada por outra locução ou acepção mais agradável.

Sugerimos que o investigador interprete e sintetize as informações, determine tendências e, na medida do possível e do necessário, faça interferências, produzindo, um conhecimento criativo no formato científico, sempre com o cuidado de não alterar a informação original. Em seguida, é hora de analisar os dados e montar o quebra-cabeça: problematizar o quadro encontrado, reconstruir o contexto histórico, social, político e cultural, realizar uma fundamentação teórica, reunir as informações em categorias ou grupos e produzir o trabalho final.

> **Fique atento!**
>
> "Construir categorias de análise não é uma tarefa fácil. Elas surgem, num primeiro momento, da teoria em que se apoia a investigação. Esse conjunto preliminar de categorias pode ser modificado ao longo do estudo, num processo dinâmico de confronto constante entre empiria e teoria, o que dará gênese a novas concepções e, por consequência, novos olhares sobre o objeto e o interesse do investigador" (Sá-Silva; Almeida; Guindani, 2009, p. 12).

A definição das categorias de análises busca, antes de tudo, refletir os propósitos da pesquisa. Assim, esse tipo de trabalho está muito relacionado à história, sobretudo, aos métodos críticos de investigação sobre fontes documentais, podendo, ainda, compor uma pesquisa bibliográfica ou teórica.

4.3.4 Teórica

A pesquisa teórica é "dedicada a reconstruir teoria, conceitos, ideias, ideologias, polêmicas, tendo em vista, em termos imediatos, aprimorar fundamentos teóricos" (Demo, 2000, p. 20). De modo geral, segundo o mesmo autor, esse tipo de investigação tem como objetivo reconstruir teorias, quadros de referência, condições explicativas da realidade, polêmicas e discussões pertinentes ou mesmo contrapor teorias.

É o tipo de pesquisa que não implica intervenção na realidade de maneira direta nem parte da realidade concreta propriamente dita, mas nem por isso deixa de ser importante, tendo papel decisivo na criação de condições para a intervenção. Nesse caso, o que a diferencia da revisão bibliográfica ou da pesquisa documental é que parte, normalmente, de uma inquietação sobre alguma problematização teórica e se delineia a partir de interrogações conceituais, categoriais ou de determinado autor ou pensador. Esse tipo de pesquisa busca analisar determinada teoria – por exemplo, discutir sobre a teoria do cotidiano em Agnes Heller ou sobre o conceito de dialética em Lukács (Mészáros, 2013). Nesses casos, há um aprofundamento teórico em obras específicas.

O trabalho necessita de precisão nos conceitos, nas categorias e nas referências de análise e implica perceber as tensões correlacionadas, contribuindo assim para o avanço do conhecimento. Caracteriza-se, desse modo, um estudo exploratório, conceitual e descritivo. A reflexão sobre algum ponto ou uma teoria assume um papel fundamental, pois será por meio de abstrações (análises e construções mentais) que se chegará aos resultados, além de contribuir para o domínio de determinada teoria, conceito, autor ou categoria; caso contrário, a pesquisa pode se tornar apenas uma compilação do que já foi dito. Busca-se, então, realizar um exaustivo processo de reflexão e crítica teórica.

Nesse caso, a revisão literária é interinamente teórica, pois o problema investigado se remete a alguma teoria. Procede, então, analisar as propriedades e os fundamentos teóricos de interesse, buscando a apropriação de suas categorias fundamentais. A revisão crítica de uma teorização constitui um aspecto essencial e de grande importância para um processo de investigação e produção de conhecimento científico, bem como para a produção de novos saberes, modos de pensar e interpretar determinada teoria, capazes de contribuir para seu aprofundamento e gerar novos conhecimentos.

4.3.5 Empírica ou de campo

A pesquisa empírica ou de campo na área social difere da pesquisa empírica da área das ciências naturais e tem relação com as experiências etnográficas, principalmente da Antropologia. Trata-se do momento em que o pesquisador vai a campo para colher informações com pessoas ou grupos sociais sobre o objeto pesquisado. De acordo com Minayo (2008, p. 61, grifo do original), "o **trabalho de campo** permite a aproximação do pesquisador da realidade sobre a qual formulou uma pergunta, mas também estabelece uma interação com os 'atores' que conformam a realidade e, assim, constrói um conhecimento empírico importantíssimo para quem faz pesquisa social".

A pesquisa de campo requer a confrontação das análises teóricas e suas hipóteses com a realidade empírica, de modo geral, para confrontar, refutar ou confirmar determinada hipótese. Na grande maioria das vezes, esse é um procedimento próprio das pesquisas qualitativas, mas não somente. Podemos definir como *campo* o recorte espacial ou territorial, que "diz respeito à abrangência, em termos empíricos, do recorte teórico correspondente ao objeto de investigação" (Minayo, 2006, citado por Minayo, 2008, p. 62).

De acordo com Severino (2007, p. 123), na pesquisa de campo,

> o objeto/fonte é abordado em seu meio ambiente próprio. A coleta dos dados é feita nas condições naturais em que os fenômenos ocorrem, sendo assim diretamente observados, sem intervenção e manuseio por parte do pesquisador. Abrange desde os levantamentos (*surveys*), que são mais descritivos, até estudos mais analíticos.

A pesquisa social trabalha com **sujeitos sociais e com intersubjetividades** pessoais, sociais e culturais. Desse modo, o trabalho de campo visa à interação social do pesquisador como os sujeitos ou objetos da investigação, de modo a descobrir as particularidades da realidade social. É comum, nesse tipo de pesquisa, fazer uso de formas e técnicas, como observação, questionários, entrevistas, coleta de dados estatísticos etc.

Como é o momento de interação entre o pesquisador e os sujeitos de pesquisa, sugerimos que algumas precauções sejam tomadas, como apresentação da pesquisa, do pesquisador e da instituição à qual está filiado, explicações prévias sobre a pesquisa, os motivos e a devolutiva dos resultados, entre outros cuidados. Minayo (2008, p. 64) expõe que a entrevista é, acima de tudo, uma conversa entre duas ou mais pessoas, na qual o pesquisador tem como

objetivo "construir informações pertinentes para um objeto de pesquisa". Além do mais, a autora destaca, de maneira sintética e muito clara, algumas estratégias que fazem parte dos procedimentos para uma boa coleta de dados por meio de entrevista.
As pesquisas podem ser realizadas por meio de **questionários totalmente estruturados**, nos quais o informante está condicionado a responder a perguntas formuladas previamente pelo investigador. Podem, ainda, ser realizadas de maneira **semiestruturada**, com a combinação de perguntas fechadas e abertas, nas quais o entrevistado tem a possibilidade de discorrer sobre algum tema de acordo com os objetivos do entrevistador. Triviños (2010, p. 147) aponta que é "aquela que parte de certos questionamentos básicos, apoiados em teorias e hipóteses, que interessam à pesquisa, e que, em seguida, oferecem amplo campo de interrogativas".
O questionário também pode ser confeccionado com **questões abertas ou em profundidade**, de modo que o informante é convidado a falar livremente sobre determinado assunto, buscando maior aprofundamento e reflexão às questões propostas. Outra forma característica é a **pergunta focalizada**, quando se destina a esclarecer apenas determinado assunto ou problema.
A filmagem (ou *técnica projetiva*) também é comum, centrada na utilização de material audiovisual, como filmes, vídeos, pinturas, gravuras, fotos, poesias, contos e redações; em geral, é utilizada para tratar de temas complicados ou polêmicos, como violência, aborto, violação de direitos, entre outros (Triviños, 2010). É por meio de entrevistas que também se produzem histórias de vida, histórias bibliográficas, etnobiografias ou etno-histórias. Esse tipo de pesquisa é muito comum na **metodologia de história oral**, assunto que abordaremos mais adiante.
Outra forma muito comum de pesquisa social são os **grupos focais**, uma modalidade de **entrevista em grupo** na qual as falas de um são confrontadas com as de outros. Essa técnica consiste em trabalhar reuniões com um pequeno número de pessoas e exige a presença de um animador e de um relator, conforme as orientações de Minayo (2008). Nesses grupos, o animador introduz a discussão e a mantém acesa, enfatizando que não há respostas certas ou erradas; ele observa os participantes, encorajando-os a

expor ideias, buscando as deixas para propor aprofundamentos, construir relações entre os participantes ou individualmente, esforçando-se para que respondam aos comentários dos outros integrantes do grupo, observando sempre as comunicações não verbais. O relator, por sua vez, auxilia na coordenação das atividades e anota todo o processo, focando o objetivo proposto pela investigação (Minayo, 2008).

Algumas considerações práticas são necessárias para a realização das entrevistas. De acordo com o exposto por Minayo (2008, p. 66-67, grifo do original):

- **Apresentação**: o princípio básico em relação a esse ponto é que uma pessoa de confiança do entrevistado (líder da coletividade, pessoa conhecida e bem aceita) faça a mediação entre ele e o pesquisador. Seria muito arriscado entrar, sobretudo em comunidades ou grupos conflituosos, sem antes saber o que o mediador representa: ele tanto pode abrir como fechar portas.

- **Menção do interesse da pesquisa**: o investigador deve discorrer resumidamente sobre o trabalho para seu entrevistado e, também, dizer-lhe em que seu depoimento pode contribuir direta ou indiretamente para a pesquisa como um todo, para a comunidade e para o próprio entrevistado. [...]

- **Apresentação de credencial institucional**. Hoje, sobretudo em caso de pesquisas em equipe, o coordenador costuma escrever uma carta introdutória em que todos os aspectos principais do estudo são mencionados, o papel é institucionalmente timbrado e, em adendo, é apresentado um termo de adesão para ser assinado pelo interlocutor. Esse termo passou a ser exigido desde a portaria 96/1996 do Ministério da Saúde que regula as pesquisas nacionais com seres humanos. Mesmo levando em conta todos esses cuidados, nada substitui a introdução feita por alguém de confiança de ambas as partes que possa fazer a mediação entre o pesquisador e seus interlocutores.

- **Explicação dos motivos da pesquisa** em linguagem de senso comum, em respeito aos que não necessariamente dominam os códigos das ciências sociais.

- **Justificativa da escolha do entrevistado**, buscando mostrar-lhe em que ponto e porque foi selecionado para essa conversa.

- **Garantia de anonimato e de sigilo** sobre os dados, assegurando aos informantes que não se trata de uma entrevista de mídia, onde os nomes precisam ser ditos e, ao mesmo tempo, mostrando que sua contribuição faz sentido para o conjunto do trabalho.
- **Conversa inicial** a que alguns pesquisadores denominam "aquecimento". Visa a quebrar o gelo, perceber se o possível entrevistado tem disponibilidade para dar informações e criar um clima o mais possível descontraído de conversa. No caso de estar combinada com a observação participante, a construção da identidade do pesquisador pelo grupo vai se forjando nas várias instâncias de convivência, desde o início.

Essas recomendações são fundamentais para o sucesso das entrevistas. É usual gravá-las, seja com gravadores, seja com câmeras, para que se preserve com maior fidelidade a conversa. É importante destacar que se deve manter no anonimato a identidade do entrevistado, pois o pesquisador não é um repórter e não precisa identificar seu informante diretamente, e sim os atributos gerais que designem seu lugar social (Minayo, 2008).

Outra técnica trazida por Minayo (2008) é o **diário de campo**, um caderno, bloco de notas ou arquivo eletrônico no qual o pesquisador registra todas as informações importantes que fazem parte do material em análise em suas várias modalidades.

Nesse contexto, Minayo (2008, p. 73) faz a seguinte observação:

> A simplicidade por parte do pesquisador é fundamental para o êxito de sua observação, pois ele é menos olhado pela base lógica dos seus estudos e mais pela sua personalidade e seu comportamento. As pessoas que o introduzem no campo e seus interlocutores querem saber se ele é "uma boa pessoa" e se não vai "fazer mal ao grupo", não vai trair "seus segredos" e suas estratégias de resolver os problemas da vida.

Ainda, cabe ressaltar que a pesquisa de campo tem um caráter **experimental**, então, o objeto de estudo pode necessitar de condições técnicas de observação no campo ou em um laboratório, o que implica manipulação e técnicas específicas para criar o ambiente ou as condições adequadas para a realização do experimento. Essa modalidade de pesquisa é muito utilizada pelas ciências naturais, biológicas, médicas ou tecnológicas, pois, no âmbito das Ciências Humanas e Sociais, existem os padrões éticos e legais.

4.3.6 Estudo de caso

O estudo de caso se caracteriza pelo estudo exaustivo de um ou mais casos específicos e busca proporcionar maior familiaridade com um tema ou problema, com vistas a formular ou constituir hipóteses (Eco, 2012) e dar conta da diversidade dos fatos sociais. Essa metodologia se objetiva, na maioria das vezes, às análises voltadas ao cotidiano profissional, de modo a atender às demandas atuais da sociedade e que têm implicações diretas ou indiretas no Serviço Social, coerente com uma prática crítica. Além do mais, atende a outros saberes, principalmente àqueles em que busca verificar casos específicos, como casos clínicos, psicológicos, de grupos, entre outros.

De acordo com Diniz (1999, p. 43), "entendemos o estudo de caso como uma forma particular de estudar a realidade, cuja metodologia permite o uso e exploração de distintas técnicas de coleta e análise dos dados", em uma cuidadosa indagação sobre determinado problema particular pessoal ou comunitário. De acordo com Triviños (2010, p. 133), "é uma categoria de pesquisa cujo objeto é uma **unidade** que se analisa aprofundadamente". Pode-se estudar uma pessoa, uma instituição, um problema, uma especificidade, um grupo, uma prática, um tipo de intervenção profissional ou um caso específico, aquele "considerado representativo de um conjunto de casos análogos" (Severino, 2007, p. 121).

Nessa opção metodológica, utiliza-se, em grande medida, a entrevista e a análise de prontuários como técnicas de abordagem pertinentes à ação profissional e à investigação científica, na busca de captar a expressividade humana e social no cotidiano. Sua utilização é adequada para investigar tanto a vida de uma pessoa quanto a existência de uma entidade de ação coletiva em seus aspectos sociais ou culturais (Diniz, 1999). Além dessas técnicas, podem ser utilizados questionários, observações empíricas, dados estatísticos, entre outros procedimentos que possam contribuir para o sucesso da investigação.

Parte de uma análise exploratória de um caso específico permite a apreensão do problema em seus diferentes ângulos. Sua particularidade está em romper com o senso comum, propiciando a compreensão científica do fato por meio de uma investigação profunda:

> O caso escolhido para a pesquisa deve ser significativo e bem representativo, de modo a ser apto a fundamentar uma generalização para situações análogas, autorizando inferências. Os dados devem ser coletados e registrados com o necessário rigor e seguindo todos os procedimentos da pesquisa de campo. Devem ser trabalhados, mediante análise rigorosa, e apresentados em relatórios qualificados. (Severino, 2007, p. 121)

Segundo Diniz (1999, p. 46), "a representatividade do objeto investigado realiza-se pela eleição dos dados e pela disponibilidade do pesquisador em observar os fatos, captando-lhes os nexos, a fim de elaborar uma posterior narração, que seja exata e competente". É importante que esse procedimento esteja articulado com os referenciais teóricos, em conformidade com o objeto da investigação, podendo ser efetuadas análises quantitativas ou qualitativas em conformidade com os objetivos propostos. Ainda, de acordo com Diniz (1999, p. 49), "o estudo de caso é, portanto, uma investigação empírico-indutiva, na qual o caso é a unidade significativa do todo, a deter a possibilidade de explicação da realidade concreta".

É importante salientarmos que o assistente social tem condições específicas para a realização de estudos de casos, como observador criterioso da realidade, pois é um dos profissionais que mais se aproximam dos problemas sociais e do cotidiano dos indivíduos sociais (Diniz, 1999). Nessa metodologia, busca-se compreender e explicar determinado problema, fenômeno ou circunstância por meio de amostragem e de probabilidades definidas e que representem a mediação entre o singular e o universal, não de modo generalista, mas em suas particularidades, buscando suas recorrências mais gerais.

4.3.7 Metodologia da história oral

A história oral é uma modalidade específica do discurso, no qual *história* evoca uma narrativa do passado e *oral* indica um meio de expressão (Portelli, 2011). É uma metodologia de pesquisa que vem sendo muito utilizada nos estudos e na produção de textos que buscam registrar fatos, acontecimentos e pessoas ou mesmo "ouvir a voz dos excluídos e dos esquecidos; trazer à luz as realidades 'indescritíveis'" (Joutard, 2000, p. 33).

Sua contribuição está relacionada a analisar e preservar memórias por intermédio de entrevistas realizadas com pessoas ou grupos que estiveram em acontecimentos ou fatos históricos e sociais de interesse para pesquisas acadêmicas nas mais diversas áreas do saber. Ainda, caracteriza-se pela coleta de depoimentos de pessoas que testemunharam acontecimentos significativos, fatos relevantes, processos históricos e sociais, lutas sociais, batalhas, modos de ser e de estar de grupos, comunidades e sociedade, tendo como técnica básica a gravação de depoimentos e a transcrição das falas dos sujeitos sociais envolvidos (Veroneze, 2019).

Essa metodologia não é somente utilizada por acadêmicos, pois busca tratar de problemas ou questões do cotidiano, histórias de vida e registros de memórias ricas em repertórios entrelaçados pelas dimensões políticas da vida pública e privada, de modo a ouvir os relatos cotidianos, principalmente das classes mais populares, fazendo uma interface com as várias Ciências Humanas e Sociais. Sua importância está em registrar cada acontecimento individual em sua multiplicidade e fazer uma relação com os acontecimentos mais gerais e universais. De outro modo, cabe sintetizar a essência **humano-genérica** dos fatos e dos acontecimentos sociais (Veroneze, 2019).

Humano-genérica: processo acumulativo do desenvolvimento histórico-social do ser humano em sua generalidade, "produto e expressão de suas relações sociais, herdeiro e preservador do desenvolvimento humano" (Heller, 2004, p. 21).

> **Fique atento!**
>
> O sujeito não deve ser desconectado de sua dimensão social; deve-se buscar entender os fatos e os acontecimentos com base nas interpretações e no contexto cotidiano, reconhecendo sua singularidade, sua experiência social, o modo de vida, sua cultura, seus desafios, suas emoções, sua função, sua interação com o grupo ao qual pertence, seus valores e sua história.

Segundo Thomson (2000, p. 47), "os acadêmicos reconhecem hoje que o processo de entrevista opera dentro de sistemas de comunicação culturalmente específicos, de modo que não há, necessariamente, uma única, ou universal 'maneira certa', de se fazer história oral". O testemunho oral, o ato de recordar e as novas tecnologias permitem, hoje, multiplicar os modos de registros e apresentar a história oral como metodologia de pesquisa. Essa prática tem gerado pesquisas em três gêneros distintos: tradição oral, história de vida e história temática (Veroneze, 2019).

Na **tradição oral**, a característica principal é o testemunho transmitido de uma geração para outra. Isso não quer dizer que o relato se baseia em um conhecimento do senso comum, mas que tem como consequência resolver problemas imediatos da vida prática (Köche, 2015). É um discurso dinâmico, que está constantemente em contato com a atualidade mais contemporânea e, assim, integralmente originária da história (Joutard, 2000). A oralidade se baseia em resgatar tradições rurais e urbanas, experiências de luta e resistência, histórias de vida e pessoais, memórias, experiências, fatos e ações vivenciados pelos narradores e coletado por meio de entrevistas.

A **história de vida**, na tradição da oralidade, não pode ser confundida com a história de vida autobibliográfica. A **autobiografia** resulta em um relato em que a escrita é realizada pela própria pessoa ou por análise documental. A **história de vida**, por sua vez, concentra-se na história pessoal de um indivíduo contada por ele mesmo; é, portanto, um relato pessoal (Veroneze, 2019). Um exemplo bem original desse gênero é a tese de doutorado de Elizabete Terezinha Silva Rosa (2016), vinculada ao Programa de Pós-Graduação em Serviço Social da Pontifícia Universidade Católica de São Paulo (PUC-SP), que resgatou a trajetória profissional de Nobuco Kameyama. Essa pesquisa permitiu conhecer seu legado e sua contribuição ao Serviço Social brasileiro em sua maturação profissional, no período histórico compreendido entre os anos de 1959 e 2009 (Veroneze, 2019).

Outro gênero de metodologia da história oral é a **história temática**. Um belo exemplo desse tipo de narrativa é o livro de Maria Esperança Fernandes Carneiro (2014), que recupera a história d'*A revolta camponesa de Formoso e Trombas*. Essa obra é resultante de sua dissertação de mestrado defendida em 1982 na Universidade Federal de Goiás (UFG), no Departamento de Ciências Humanas do Curso de História (Veroneze, 2019). A autora contextualiza a expansão capitalista do agronegócio e a luta pela terra, a qual resultou e resulta em uma série de conflitos sociais no campo, envolvendo grileiros, camponeses, fazendeiros, posseiros, políticos, polícia e aproveitadores.

Na segunda parte do livro, Carneiro (2014) faz um breve histórico do processo de acumulação de capital no Brasil e no Estado de Goiás, demarcando suas análises do início do século XVIII à década de 1960. Também traz um breve relato sobre o município de Formoso e Trombas e o processo de migração. Na terceira parte, expõe com maestria e com base na metodologia da história oral, a Revolta Camponesa de Formoso e Trombas, um conflito armado que se sucedeu naquela região do Estado de Goiás entre os anos de 1950 e 1964. Caracterizou-se por ser um movimento de luta e resistência pela posse da terra e que é reconstruído, fundamentalmente, a partir das histórias de vida colhidas na oralidade com parte significativa dos camponeses participantes do episódio, enriquecida com pesquisa documental e bibliográfica (Veroneze, 2019).

4.3.7.1 Orientações técnicas sobre a arte de narrar

Tomamos a liberdade de reproduzir neste item partes do artigo escrito por Veroneze (2019), que tem como título "A magia de narrar: a arte de tecer, dialogar e contar história", publicado no livro *História oral na pesquisa em Serviço Social: da palavra ao texto*, por se tratar de um assunto importante para completar nossas discussões, salientando que as orientações que aqui trazemos são apenas sugestões técnicas que podem auxiliar a composição de textos narrativos.

Foram feitas algumas adequações ao texto original para atender aos objetivos deste livro, sem, contudo, prejudicar o conteúdo. Partiremos dos esclarecimentos de Granatic (1995) para trazer algumas dicas importantes no desenvolvimento da arte de narrar.

A **narração** é a modalidade de redação na qual são contados um ou mais fatos que ocorreram em determinado tempo e lugar, envolvendo personagens, podendo a história ser real ou fictícia. A primeira decisão a ser tomada em uma narração é se o narrador fará ou não parte da narrativa. Tanto é possível contar uma história com apenas uma personagem como narrar fatos acontecidos. Essa decisão determina o tipo de narrador, que pode ser em primeira pessoa (aquele que participa da ação, que se inclui na narrativa como narrador-personagem) ou em terceira pessoa (aquele que não participa da ação, que não está incluído na narrativa e é o narrador-observador) (Granatic, 1995). Nos textos narrados em primeira pessoa, o narrador não precisa ser necessariamente o personagem principal, pode apenas ser alguém que, estando no local dos acontecimentos e os presenciado, narra os fatos.

O narrador necessita conhecer alguns elementos básicos de qualquer narração. O texto narrado conta, de certo modo, um **fato** que se passa em determinados **tempo** e **lugar**. A narração só existe na medida em que há determinada ação, a qual implica necessariamente em **personagens** ou sujeitos da ação. Um fato, uma história, geralmente acontece por determinada **causa** e se desenrola envolvendo certas circunstâncias que a caracterizam.

É necessário, portanto, mencionar em detalhes o **modo** como aconteceu, contextualizando o ocorrido de maneira que o leitor possa compreender **onde, como, por que, com quem** e **em que circunstâncias** se deram os fatos. Um acontecimento pode, ou não, provocar determinadas **consequências**, as quais, na maioria das vezes, devem ser observadas, mas não necessariamente; podem ser descritas nas entrelinhas daquilo que não foi dito ou observado.

Assim, temos os elementos básicos de qualquer narração: o **fato** (o que se pretende narrar), o **tempo** (quando o fato acorreu), o **lugar** (onde o fato se deu), os **personagens** ou **sujeitos da ação** (quem participou do ocorrido ou o observou), as **causa** ou os motivos (que determinou a ocorrência), o **modo** (como se deu o fato), e a(s) **consequência**(s), caso haja. Uma vez conhecidos esses elementos básicos, resta saber como organizá-los; geralmente, isso depende do estilo de quem narra, mas há um esquema básico que pode auxiliar para contar qualquer fato, de modo a organizar adequadamente a composição do texto.

É sempre importante fazer uma introdução, pois, quando narramos, o fazemos para alguém, um leitor, então devemos situar o texto de modo que quem está lendo possa ter noção do que se trata. Assim, é necessário explicar o **fato** a ser narrado, determinar o **tempo**, as **circunstâncias** e o **lugar**. A introdução é uma síntese, um breve relato daquilo que se quer narrar. Nesse sentido, busque ser sucinto, não se alongar em muito detalhes, mas apenas situar as ideias-chave, de modo que o leitor possa entender o que o texto pretende.

Feito isso, passa-se ao desenvolvimento propriamente dito. Apontam-se as **causas** do fato, é feita a apresentação dos **personagens**, dos principais **acontecimentos** e do **modo** como a história se desenrolou, de maneira clara e detalhada. Por último, busque expor as **consequências**, caso haja, ou uma breve conclusão de tudo que se tenha apurado ao longo da narração.

> **Fique atento!**
>
> Ao descrever ou transcrever os relatos, mantenha a forma como foram colhidos e cuide para que apareçam no decorrer de toda a narração, uma vez que são os desencadeadores da sequência narrativa.

A narrativa é um movimento dialético, uma relação entre sujeito e objeto, um processo histórico. A questão mais importante é conhecer as formas do existir e o movimento no qual se constroem os significados (Lukács, 2010). Outro ponto importante a destacar é que o elemento *causa* pode não existir em uma narração, já que há fatos que decorrem de causas específicas e outros que podem ter motivos desconhecidos ou indeterminados.

Os elementos aqui destacados não precisam, necessariamente, aparecer na ordem que sugerimos; apenas apontamos algumas sugestões de como construir uma narração e os principais recursos para narrar qualquer fato, o que inclui matérias jornalísticas, fatos corriqueiros, viagens, histórias, acontecimentos, bem como a utilização de pesquisas que têm como metodologia a história oral. O importante é que o narrador se identifique com o texto narrado e consiga contar uma história de modo satisfatório, que desperte o interesse do leitor para continuar lendo e que os fatos estejam detalhadamente enlaçados.

A pesquisa em Serviço Social, como possibilidade latente, busca "a valorização do povo, da riqueza de suas histórias, de suas experiências coletivas mobilizadoras de novas formas de sociabilidade" (Bourguignon, 2008a, p. 304).

E ainda temos outro elemento importante a destacar: o tipo de narração. Há dois tipos de narração: *objetiva* e *subjetiva*. No primeiro caso, o narrador se limita a contar os fatos, sem deixar que seus sentimentos ou suas emoções transpareçam no decorrer da narrativa. Esse tipo de texto costuma aparecer nas "ocorrências policiais" em jornais e revistas, nas quais o redator apenas informa os fatos sem se envolver com a ocorrência; assim, ela se apresenta de maneira impessoal e direta. No segundo caso, os fatos são apresentados levando em conta as emoções e os sentimentos envolvidos na história. O fato não é narrado de modo frio e impessoal, pelo contrário, são ressaltados os efeitos psicológicos (subjetivos) que os acontecimentos desencadearam, o que é muito comum no romance narrativo ou nas narrações romanceadas.

A narrativa pode, ainda, apresentar o discurso dos sujeitos. Para aqueles que pretendem fazer uso da metodologia da história oral, é imprescindível a utilização dos relatos dos sujeitos da ação, o que utilizamos como citação direta no corpo do texto ou em destaque, seguindo as normas da ABNT. Desse modo, o discurso pode ser indireto ou direto (quando registramos a fala do sujeito da ação). Lembrando que é indispensável manter a forma original como os depoimentos foram colhidos, respeitando a linguagem coloquial, os tradicionalismos, as gírias, os regionalismo, entre outras expressões, sem correção e respeitando as emoções do personagem.

Também é importante ter em mente a forma verbal do discurso: no discurso direto, são utilizados com frequência os verbos no presente do indicativo (fica, há), com a pontuação característica (travessão, dois-pontos); já nos discursos indiretos, preferencialmente, utilizam-se verbos no pretérito imperfeito do indicativo (ficava, havia) e há a ausência de pontuação característica. Cabe ainda falarmos nos tipos de linguagem: *coloquial* e *formal*. A linguagem formal ou científica é a da língua culta, que se caracteriza pela correção gramatical, pela ausência de gírias ou termos regionais, pela riqueza de vocabulário e de frases bem elaboradas. A linguagem coloquial é aquela que utilizamos no dia a dia, nas conversações informais; pode ser uma linguagem descontraída, que dispensa formalidades e aceita gírias, diminutivos afetivos e palavras de cunho regional.

A narrativa representa a linguagem do fato vivido e pensado. O tom, o volume e o ritmo do discurso popular estão carregados de significados e conotações sociais irreproduzíveis na escrita. A memória oral traduz a história como ela realmente aconteceu. O fundamental na utilização da metodologia da história oral é a entrevista, que é pessoal e tem a possibilidade de registrar emoções, sentimentos, hesitação, lapsos, silêncio e pausa; com o avanço da tecnologia, as filmagens permitem capturar também os gestos e as expressões.

As variações são introduzidas pelo leitor, e não pelo texto em si. As fontes históricas são narrativas, de modo que um informante pode relatar em poucas palavras experiências que se desenvolveram e duraram longo tempo ou mesmo discorrer sobre breves episódios. Há uma relação entre a velocidade da narração e a intenção do narrador. As entrevistas sempre revelam eventos ou aspectos desconhecidos, lançam nova luz sobre áreas inexploradas da vida diária das classes subalternas ou populares. As subjetividades do entrevistado permitem construir uma narrativa que revela um grande empenho na relação do relator com sua história.

Os documentos de história oral são sempre o resultado de um relacionamento, de um projeto compartilhado no qual entrevistador e entrevistado são envolvidos – mesmo essa relação não sendo harmoniosa. De certo modo, nas fontes escritas, o texto se encontra pronto, estável; já na oralidade, o que é transmitido se torna algo a ser construído, que está em movimento e que se exprime por meio do diálogo. Estabelece-se, assim, uma relação em que o pesquisador aceita o informante e dá preferência ao que ele quer falar.

A oralidade permite resolver questões que podem ser retomadas. O resultado da entrevista é o produto de ambos: narrador e pesquisador. O testemunho oral nunca se repete; é impossível extrair a memória completa de um único informante. As pesquisas históricas, com a utilização das fontes orais, sempre têm uma natureza inconclusa, de um trabalho em andamento, e as representações sociais são carregadas de significados socialmente situados, preservados e reatualizados, de modo que possibilitam estudos sobre a cultura dos sujeitos que experimentam e registram, de diversas maneiras, relações, eventos e situações históricas.

É importante destacarmos que as percepções dos sujeitos em suas tensões cotidianas contêm evidências das realidades historicamente situadas para além do mundo das representações, do universo de suas simbologias e significados, podendo interpretar indícios de realidades históricas em suas contradições. Cabe ao historiador (pesquisador) compreender como o real está presente nas representações e como elas estão mediadas pelas heranças culturais marcadas no vivido.

É do pesquisador a responsabilidade ética na utilização dos relatos, no respeito à idoneidade e ao sigilo das fontes, no trato com a verdade e na postura crítica. De certo modo, também cabe uma postura ético-política na defesa das classes subalternas, dos excluídos, das minorias, das lutas sociais e por direitos, entre outros fatores. O indivíduo é o horizonte de muitos: situado social e culturalmente, suas escolhas não são arbitrárias, expressam determinações, por isso é preciso conhecê-las e historicizá-las. O propósito do intelectual, entretanto, é garantir uma espécie de "profilaxia", colocando esse processo em perspectiva histórica e providenciando a necessária "piedade histórica" para culturas "arcaicas" serem entendidas e protegidas da exploração pelas forças da reação (Veroneze, 2019).

Para Heller (2004, p. 3) "O tempo é a irreversibilidade dos acontecimentos.", sendo que o "ritmo é diferente nas esferas heterogêneas".

Fique atento!

O método de pesquisa é sempre uma opção política. A explicitação das intencionalidades, a construção ética da pesquisa, o respeito pelos participantes e sua livre expressão são fundamentais nessa metodologia que nos coloca em contato direto com os sujeitos sociais, permitindo conhecer sua vida cotidiana, seu modo de ser, de lutar, de resistir, de se expressar pela mediação da arte e da cultura e de reivindicar direitos (Martinelli, 2014).

A oralidade permite trabalhar com o horizonte de memórias possíveis, entendendo-as como expressão dos enredos históricos pessoais, dotados de dimensão política, como a história viva, lembrança de lutas, processo em andamento (Almeida; Koury, 2014). Portanto, a tradição da história oral pode ser uma alternativa crítica de expor as contradições da vida social e de denunciar a exploração, a miséria, a pobreza, a violência, a perseguição, as lutas, os combates, as derrotas, as dores, as angústias (Portelli, 2000).

4.4 Abordagens de pesquisa

Conforme já apontamos, a pesquisa é um processo formal e sistemático que busca responder aos problemas mediante o emprego de procedimentos e de técnicas científicas (Gil, 1999). Contudo, em uma pesquisa podemos ou não fazer usos de variáveis ou dados numéricos.

4.4.1 Quantitativa

A pesquisa quantitativa considera a análise de dados quantificáveis, representados por números, índices e indicadores, objetivando classificá-los e analisá-los; portanto, exige recursos **estatísticos**.

> Segundo Abbagnano (2007, p. 425-426), *estatística* é a ciência que faz a "coleta e interpretação de dados numéricos em determinado campo; ou então, em geral, ciência que tem por objeto os métodos para a coleta e a interpretação dos dados numéricos".

Marsiglia (1999) expõe algumas operações para a realização da pesquisa quantitativa: deve-se estabelecer as categorias de análise e agrupá-las segundo seus conceitos, como gênero, estado civil, religião, classe social, etnia, idade, escolaridade, ocupação, nível de renda, entre outras. Pode-se também estabelecer códigos que representam as respostas obtidas.

Nesse tipo de pesquisa, o que interessa apurar são os números, definindo quantos entrevistados são do sexo masculino e quantos do sexo feminino, por exemplo. Para isso, pode-se fazer uso de estimativas, como a quantificação do número de membros da família (1 a 2; 3 a 4, 5 a 6) ou uso de dados secundários, como as informações disponíveis na *web* ou de **geoprocessamento**, como o Instituto Brasileiro de Geografia e Estatística (IBGE), o Programa das Nações Unidas para o Desenvolvimento (Pnud), a Pesquisa Nacional por Amostra de Domicílios (Pnad), o Sistema de Gestão de Convênios (Siscon) e o Sistema de Cadastro do Suas (Sistema Único de Assistência Social).

Geoprocessamento: bancos de dados.

É importante destacarmos que as pesquisas do IBGE ou do Censo Suas, por exemplo, são quantitativas e requerem uma alimentação contínua de dados, na qual de tempos em tempos há a necessidade de refazer e avaliar as pesquisas, tendo em vista que a sociedade está sempre em movimento e em transformação.

Para saber mais

BRASIL. Ministério da Cidadania. SAGI – Secretaria de Avaliação e Gestão da Informação. Lista de sistemas e ferramentas removidas do ambiente SAGI. **Censo SUAS 2017.** Disponível em: <https://aplicacoes4.mds.gov.br/sagicenso/censosuas_2017/auth/index.php>. Acesso em: 13 maio 2019.

Sobre o Censo Suas, acesso o site do sistema para encontrar todas as informações sobre essa pesquisa.

INSTITUTO PHD. **Saiba como funciona o censo do IBGE.** 1º jun. 2011. Disponível em: <https://www.institutophd.com.br/saiba-como-funciona-o-censo-do-ibge/>. Acesso em: 13 maio 2019.

Para saber mais sobre o IBGE, acesse o site da instituição, no qual são encontrados todos os detalhes de como são realizadas as pesquisas que verificam a densidade populacional e o perfil da população brasileira.

Outra fase importante da pesquisa é a **tabulação**, procedimento que já faz parte das análises estatísticas e consiste em organizar e apurar os dados coletados. Na tabulação é feita a contagem dos dados de acordo com suas categorias, classificando-os; além disso, pode-se fazer o "cruzamento" das informações (gênero e idade, por exemplo). Hoje há muitas ferramentas tecnológicas que fazem esse tipo de trabalho com mais facilidade e rapidez, como o Microsoft Excel, até mesmo por meio de gráficos que permitem uma melhor visualização.

Marsiglia (1999) ainda sugere a utilização de **folha-sumária**, um modo de organização dos dados apurados:

a. 1 = 4; 2 = 7 (gênero: 1 é masculino; 2 é feminino).
b. 1 = 8; 2 = 2; 3 = 1 (religião: 1 é católico; 2 é protestante; 3 é espírita).
c. 1 = 3; 2 = 3; 3 = 5 (idade: 1 está entre 20 a 29 anos; 2, entre 30 e 39; e 3, entre 40 e 49).

Outra dica da autora é com relação à distribuição de frequências – apresentação da ocorrência de cada evento – em uma coluna, sob a forma de frequência absoluta (n.), frequência relativa (%) e frequência acumulada (cada uma se soma às anteriores para apontar quantos casos há até aquele valor, e não apenas os que apresentam aquele valor). Nesses casos, pode-se fazer uso de tabelas (Marsiglia, 1999).

Por fim, cabe ao pesquisador a interpretação dos resultados obtidos, o que consiste na confirmação ou na refutação das hipóteses definidas. Em alguns casos, o material empírico apresenta questões que não haviam sido previstas no início da pesquisa, o que implica recorrer a outros referenciais que possam explicá-los (Marsiglia, 1999). É importante destacarmos que "a aplicação de qualquer técnica de pesquisa não é apenas um ato mecânico, pois tudo o que acontece 'em seu entorno' poderá trazer importantes contribuições e enriquecer a fase posterior, que é a de análise do material obtido no trabalho de campo" (Marsiglia, 1999, p. 31).

De acordo com Baptista (citado por Martinelli, 1999, p. 31), "a abordagem quantitativa, quando não exclusiva, serve de fundamento ao conhecimento produzido pela pesquisa qualitativa" e não deve ser oposta à pesquisa qualitativa, pois elas se complementam.

4.4.2 Qualitativa

A abordagem de pesquisa qualitativa consiste na relação dinâmica entre o pesquisador, o sujeito e o objeto, em que se busca analisar os fatores objetivos e subjetivos da investigação. Seu propósito é evidenciar os participantes da pesquisa, de modo que a percepção do sujeito da investigação é indispensável. Assim, essa abordagem é centrada no contato direto com o sujeito da pesquisa, que, na maioria das vezes, dá-se por meio da oralidade.
Segundo Martinelli (1999, p. 22):

> Nessas pesquisas, ao invés de trabalharmos com grandes temas, com grandes cronologias, o fazemos de forma mais localizada. Trabalhamos com os fatos de forma a poder aprofundar tanto quanto possível a análise, e não para conhecê-los apenas de uma forma sumária, a partir de uma primeira apresentação.

O primeiro pressuposto está no reconhecimento da singularidade do sujeito: "Cada pesquisa é única, pois se o sujeito é singular, conhecê-lo significa ouvi-lo, escutá-lo, permitir-lhe que se revele" (Martinelli, 1999, p. 22). É no discurso e na ação que os indivíduos sociais se revelam. O segundo pressuposto, segundo Martinelli (1999), parte do reconhecimento da importância de se conhecer a experiência social do sujeito, e não apenas suas circunstâncias de vida. Busca-se privilegiar as condições materiais, de vida e a subjetividade, isto é, o vivido. Envolve, portanto, sentimentos, valores, crenças, costumes e práticas sociais cotidianas, o que direciona para o terceiro pressuposto, que é conhecer o modo de vida do sujeito e sua experiência social.
É na vida cotidiana que homens e mulheres "fazem sua própria história, mas em condições previamente dadas" (Heller, 2004, p. 1), que confrontam diretamente o legado construído e constituído antes mesmo de seu nascimento e que é transmitido involuntária e incondicionalmente (Veroneze, 2013). A existência humana implica, necessariamente, a existência da vida cotidiana, e não há como desassociar existência e cotidianidade, assim como não há como viver totalmente imerso na não cotidianidade (suspensão

da cotidianidade). O cotidiano, ou *mundo da vida*, é o conjunto de atividades que caracterizam a reprodução dos indivíduos sociais particulares, os quais criam possibilidade para a reprodução social (Heller, 1977; Veroneze, 2013). É na cotidianidade que homens e mulheres exteriorizam suas paixões, seus sentidos, suas capacidades intelectuais, suas habilidades manuais, suas habilidades manipulativas, seus sentimentos, suas ideias, suas ideologias, suas crenças, seus gostos e pendores, enfim, todas as suas potencialidades e capacidades (Veroneze, 2013).

> A vida cotidiana é a vida de **todo** homem. Todos a vivem, sem nenhuma exceção, qualquer que seja seu posto na divisão do trabalho intelectual e físico. Ninguém consegue identificar-se com sua atividade humano-genérica a ponto de poder desligar-se inteiramente da cotidianidade. E, ao contrário, não há nenhum homem, por mais "insubstancial" que seja, que viva tão somente na cotidianidade, embora essa o absorva preponderantemente. (Heller, 2004, p. 17, grifo do original)

A categoria *cotidiano* se refere àquilo que se produz e se reproduz dialeticamente, em um eterno movimento: "é o mundo das objetivações" (Heller, 1977, p. 7, tradução nossa); é aquilo que é vivido na vida social. O cotidiano é a vida em sua justaposição, uma "sucessão **aparentemente** caótica" dos fatos, dos acontecimentos, dos objetos, das substâncias, dos fenômenos, da rotina, dos implementos, das relações sociais, da história, entre outros fatores (Heller, 1977, p. 7, tradução nossa). O cotidiano se diferencia da rotina da vida (ou das repetições miméticas), mas também incorpora essas repetições (Veroneze, 2013).

A **vida cotidiana** aparece como a "base de todas as reações espontâneas dos homens ao seu ambiente social, na qual, frequentemente, parece atuar de forma caótica" (Lukács citado por Heller, 1977, p. 12, tradução nossa). É nesse contexto que os **sujeitos sociais** em suas intrincáveis e complexas relações sociais, dinâmica e dialética, carregam em si múltiplas determinações (historicidade, contradições, estratificação e estrutura social, ultragenralizações, imanências etc.). Desse modo, de acordo com Martinelli (1999, p. 23), "podemos afirmar que, nessa metodologia de pesquisa, a realidade do sujeito é conhecida a partir dos significados que por ele lhe são atribuídos".

É importante salientarmos que outro recurso metodológico extremamente valioso é trabalharmos com a concepção de sujeito coletivo, considerando que a pessoa que está sendo convidada para participar da pesquisa tem uma referência grupal que expressa de maneira típica o conjunto de vivência e experiências sociais e culturais de seu grupo.

Gonzaga (2006) se dedica a identificar as dificuldades da abordagem qualitativa, pois não existe um modelo pronto e acabado. A qualidade da pesquisa se constitui na ação, na formação do pesquisador e no diálogo com as fontes teóricas. A formação do pesquisador impulsiona uma trajetória que depende do tempo e da dedicação na busca de respostas para o objeto de pesquisa, e essa abordagem permite uma postura mais flexível na relação com os participantes, por enfatizar o diálogo.

Essa abordagem não implica pesquisas com grande número de sujeitos, pois deve partir de uma amostragem que seja representativa e que possa aprofundar o conhecimento em relação aos fatos e aos sujeitos da pesquisa: "Não é o número de pessoas que vai prestar a informação, mas o significado que esses sujeitos têm em função do que estamos buscando com a pesquisa" (Gonzaga, 2006, p. 24). Diferentemente da abordagem quantitativa, aqui se prioriza a qualidade das informações, e não a quantidade. Como pesquisa, busca atribuir significados às experiências sociais e tem uma dimensão ética e política, pois parte da realidade dos próprios envolvidos.

Além do uso de questionários e formulários, esse tipo de abordagem presa, na maioria das vezes, pela entrevista. Como já recomendamos, estas devem ser transcritas com a maior fidelidade possível ao depoimento obtido, pois, "é possível perceber que, muitas vezes, os entrevistados revelam concepções ou sentimentos ambivalentes em relação a certos fatos ou assuntos, e essa ambivalência deve ser registrada pelo pesquisador" (Marsiglia, 1999, p. 39). Minayo (2004, p. 21) apresenta algumas especificidades da pesquisa qualitativa:

a. Ela é histórica, ou seja, está localizada temporalmente, podendo ser transformada;
b. Possui consciência histórica, isto é, não é apenas o pesquisador que lhe atribui sentido, mas a totalidade dos sujeitos sociais, na medida em que se relaciona em sociedade, e confere significados e intencionalidades a suas ações e construções teóricas;
c. Apresenta uma identidade com o sujeito ao propor investigar as relações humanas, de maneira ou de outra, o pesquisador identifica-se com ele;
d. É intrínseca e extrinsecamente ideológica porque vincula interesses e visões de mundo historicamente construídas e se submete e resiste aos limites dados pelos esquemas de dominação vigente.

As pesquisas qualitativas, quantitativas ou qualiquantitativas são modalidades de abordagem dos dados coletados e fazem parte do conjunto metodológico da pesquisa, mas não constituem um método de pesquisa.

4.4.3 Mista

De acordo como o entendimento de Creswell (2007, p. 3), "um estudo pode ser mais qualitativo do que quantitativo ou vice-versa. A pesquisa de métodos (entende-se aqui modalidade) mistos se encontra no meio desse *continuum* porque incorpora elementos de ambas abordagens qualitativa e quantitativa". Essa abordagem é muito comum nas pesquisas em Ciências Humanas e Sociais, sobretudo no Serviço Social, principalmente quando há necessidade ou interesse em abordar questões e informações que incluem a utilização de variáveis (indicadores) e informações adicionais de modo qualitativo ou de maneira inversa. Uma complementa a outra. Além disso, a combinação das duas abordagens pode possibilitar olhares diferentes sobre determinado assunto, proporcionando uma visão ampla do problema investigado, de modo a evidenciar maior credibilidade, legitimidade e veracidade aos fatos ou aos resultados encontrados.

É importante destacarmos que, do ponto de vista metodológico, não há nenhuma contradição; do ponto de vista epistemológico, nenhuma das duas abordagens é mais científica ou melhor que a outra; muito pelo contrário, as duas se inter-relacionam, apenas são de naturezas diferentes; uma é mais objetiva, enquanto a outra é mais subjetiva. Tudo depende dos objetivos e dos resultados que o pesquisador deseja alcançar.

Síntese

Neste capítulo, vimos com mais detalhes a definição de *pesquisa* e o significado de *epistemologia*. Discutimos sobre a diferença entre *método* e *metodologia*, os processos metodológicos de se fazer pesquisa, os diferentes métodos de investigação científica que são mais utilizados nas Ciências Humanas e Sociais e os tipos de raciocínio lógico, expondo os principais fatores sobre o método fenomenológico e o método dialético. Refletimos também sobre as principais diferenças entre o pensamento idealista de Hegel e o materialismo histórico-dialético de Marx e Engels.

Exploramos os tipos de pesquisa quanto a seus objetivos, procedimentos metodológicos e tipos de abordagens, destacando as diferenças entre eles. Refletimos, ainda, sobre a distinção entre revisão bibliográfica e pesquisa bibliográfica e destacamos a pesquisa de campo, a metodologia da história oral e o estudo de caso como procedimentos empíricos – metodologias muito utilizadas nas pesquisas em Serviço Social. Trouxemos orientações práticas sobre a construção de uma narração e vimos as abordagens quantitativa, qualitativa e mista.

Ainda, discutimos as principais noções e os elementos constitutivos para uma boa exposição textual das pesquisas, sua natureza, seus objetivos e seus procedimentos e meios técnicos. Não obstante, deixamos claro que há outros métodos e abordagens de pesquisa de que não tratamos aqui e que podem ser objeto de aprofundamento de seus estudos. Por meio de exemplos práticos, pudemos verificar os diferentes tipos de pesquisa e de abordagem em Serviço Social.

Questões para revisão

1. Em relação à definição de pesquisa e aos elementos metodológicos, analise as assertivas a seguir.

    I) A epistemologia é a ciência que estuda os métodos que buscam validar o conhecimento já produzido pelas ciências.

    II) A metodologia inclui determinados aspectos e fundamentos de uma abordagem teórica (método), os instrumentos de operacionalização do conhecimento (técnicas) e a criatividade do pesquisador (experiências, sensibilidades e capacidades pessoais).

    III) De acordo com Demo (2006), a pesquisa é um ato isolado, intermitente, especial, diante dos limites que a natureza e a sociedade impõem.

    IV) A pesquisa busca apreender a realidade por meio de acertos e de erros que desfaçam a aparência visível, observável, de modo a surpreender o que se esconde por trás da aparência.

    V) O rigor científico nos impulsiona a ressaltar a preocupação com a veracidade dos fatos, com as análises teóricas e com a formulação dos quadros explicativos dos resultados

    Agora, assinale a alternativa que apresenta a resposta correta:
    a) As assertivas I e IV são verdadeiras.
    b) As assertivas II e V são verdadeiras.
    c) As assertivas I, II e IV são verdadeiras.
    d) As assertivas II, III e IV são verdadeiras.
    e) As assertivas I, II, III e V são verdadeiras.

2. Relacione os diferentes métodos de pesquisa aos seus respectivos enunciados:
    1) Método dedutivo
    2) Método indutivo
    3) Método hipotético-dedutivo
    4) Método fenomenológico
    5) Método dialético

( ) Parte do particular para chegar ao geral.
( ) O trabalho nega a natureza das coisas, mas não a destrói, e sim a recria.
( ) Trata-se daquele que parte do geral para o particular.
( ) Busca conhecer as coisas por meio de suas representações.
( ) Observa os fatos isolados de modo a atingir o infinito.

Agora, assinale a alternativa que apresenta a sequência correta:
a) 3, 4, 1, 5, 2.
b) 4, 1, 3, 5, 2.
c) 2, 5, 1, 4, 3.
d) 2, 5, 1, 3, 4.
e) 5, 2, 3, 1, 4.

3. Em conformidade com os tipos de pesquisa, analise as assertivas a seguir.

I) A pesquisa bibliográfica é aquela que se ocupa em fazer uma revisão conceitual ou um levantamento bibliográfico de algum tema específico.

II) A pesquisa documental é aquela que avalia os dados estatísticos sobre determinado problema.

III) A pesquisa teórica se baseia em conceitos, ideias, ideologias, polêmicas ou teorias que já foram pesquisados anteriormente por outros pesquisadores ou formulados por determinado pensador.

IV) A pesquisa empírica se caracteriza pelo trabalho de busca de informações em filmes, vídeos, *slides*, fotografias, gravações, documentos, cadernos de anotações, atas, planilhas, relatórios, declarações, memorandos, escrita oficial, entre outras fontes de informação.

V) O estudo de caso se caracteriza pelo estudo exaustivo de um ou mais casos específicos.

Agora, assinale a alternativa que apresenta a resposta correta:
a) Todas as assertivas são verdadeiras.
b) As assertivas I e III são verdadeiras.
c) Todas as assertivas são falsas.
d) As assertivas I, III e V são verdadeiras.
e) As assertivas II e IV são verdadeiras.

4. Com relação à metodologia da história oral, analise as assertivas a seguir.

I) A história oral é um modo de discurso no qual a história evoca uma narrativa do passado; e o oral indica um meio de expressão.
II) A metodologia da história oral contribui para analisar e preservar as memórias por intermédio de entrevistas realizadas com pessoas ou grupos envolvidos com temas históricos e sociais de interesse para pesquisas acadêmicas nas mais diversas áreas do saber.
III) Caracteriza-se pela coleta de depoimentos com pessoas que testemunharam acontecimentos significativos, fatos relevantes, processos históricos e sociais, lutas sociais, batalhas, modos de ser e de estar de pessoas, grupos, comunidades e sociedades.
IV) Sua importância está em registrar cada acontecimento individual em sua multiplicidade e fazer uma relação com os acontecimentos mais gerais e universais.
V) O testemunho oral, o ato de recordar e as novas tecnologias permitem, hoje, multiplicar os modos de registros e apresentar a história oral como metodologia de pesquisa.

Agora, assinale a alternativa que apresenta a resposta correta:
a) Todas as assertivas são falsas.
b) Somente a assertiva I é verdadeira.
c) Todas as assertivas são verdadeiras.
d) As assertivas II, III e IV são verdadeiras.
e) As assertivas I, II, III e IV são verdadeiras.

5. Assinale a alternativa correta:
a) A narração é a modalidade de redação na qual contamos um ou mais fatos que ocorreram em determinado tempo e lugar, envolvendo, de certa maneira, alguns personagens.
b) A pesquisa qualitativa é aquela que faz uso de variáveis.
c) As pesquisas que têm consciência histórica são as quantitativas.

d) A questão mais importante em uma narrativa é conhecer os sentimentos dos entrevistados, de modo a verificar o movimento no qual se constroem os significados.
e) As pesquisas do Instituto Brasileiro de Geografia e Estatística (IBGE) se caracterizam por serem qualitativas.

Questão para reflexão

1. Disserte sobre as diferentes metodologias utilizadas nas investigações das Ciências Humanas e Sociais.

Exercício resolvido

1. Assinale alternativa que apresenta uma abordagem metodológica formulada **incorretamente**:
   a) A abordagem qualitativa permite ao pesquisador uma postura mais flexível na relação com os participantes da pesquisa, por enfatizar o diálogo.
   b) As pesquisas que empregam a abordagem mista apenas compreendem aspectos diferenciados de abordar o mesmo assunto.
   c) A qualidade da pesquisa se constitui no número de variáveis empregadas para a coleta de dados.
   d) As pesquisas qualitativas partem do reconhecimento da importância de se compreender a experiência social do sujeito.
   e) Os recursos tecnológicos e de informática da atualidade permitem uma infinidade de opções de gráficos e tabelas para expor os dados coletados.

   Resposta: c

   Comentário: a qualidade da pesquisa está relacionada com a ação, a formação do pesquisador e o diálogo com as fontes teóricas. A formação do pesquisador impulsiona uma trajetória que depende do tempo e da dedicação na busca de respostas para o objeto de pesquisa. Essa abordagem permite uma postura mais flexível na relação com os participantes da pesquisa, por enfatizar o diálogo.

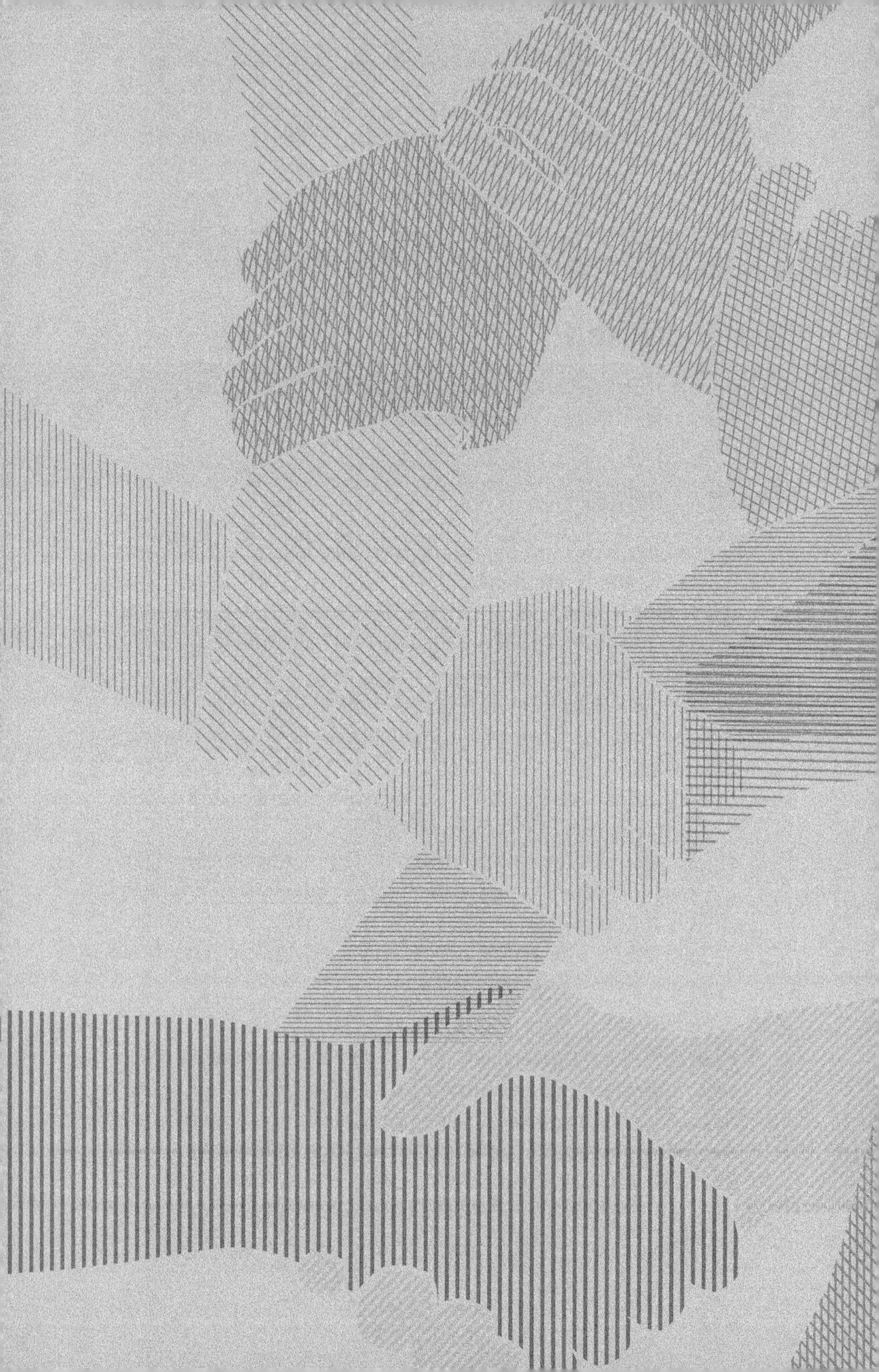

CAPÍTULO 5

Investigação como dimensão constitutiva do trabalho do assistente social e produção de conhecimento

Conteúdos do capítulo:

- Pesquisa e Serviço Social.
- Pesquisa como instrumento para o trabalho do assistente social.
- Produção do conhecimento em Serviço Social.
- Dimensão ético-política do trabalho profissional.
- Ética e pesquisa.
- Plágio e desonestidade acadêmica.

Após o estudo deste capítulo, você será capaz de:

1. compreender as particularidades da pesquisa em Serviço Social;
2. perceber a pesquisa como instrumento constitutivo do trabalho do assistente social;
3. identificar os princípios ético-políticos do trabalho profissional;
4. compreender a dimensão ética da pesquisa em Serviço Social;
5. identificar as principais contravenções e desonestidades acadêmicas em relação à pesquisa.

> *"O essencial é saber ver".*
> *(Fernando Pessoa)*

O Serviço Social é uma profissão que produz conhecimento e intelectuais e intervém na realidade, de modo que exerce, direta e indiretamente, impacto na sociedade, mas também recebe impacto desta. A profissão é fruto de uma construção histórica, no movimento dialético da sociedade, e é da materialidade desse processo que os pesquisadores do Serviço Social buscam extrair o objeto de suas pesquisas.

Pensar a profissão como área e universo de conhecimento é compreender sua capacidade de transformar ação em conhecimento e conhecimento em ação. Seu objeto de intervenção está centrado nas expressões multifacetadas da "questão social", que se formam na estrutura, na conjuntura e no cotidiano da vida social. Além disso, é uma profissão que atua no processo de produção e de reprodução da vida social na ordem capitalista e tem na produção de conhecimento e na intervenção os meios para transformar a realidade e as condições de vida dos sujeitos sociais, bem como de denunciar as injustiças e as desproteções sociais.

Pesquisar não é um ato mecânico, em que somente buscamos conhecer e descrever a realidade. O assistente social é um profissional da práxis, portanto, partimos do pressuposto de que toda pesquisa produzida no âmbito da profissão busca iluminar a prática interventiva e é, por si mesma, um ato e uma opção ético-política. Desse modo, os fundamentos teórico-metodológicos dos quais o pesquisador se serve são também uma opção ético-política. O método é portador da teoria que fundamenta os procedimentos da investigação e, de certo modo, da intervenção. Portanto, até o menor ato profissional do assistente social tem uma dimensão ético-política.

A particularidade da pesquisa em Serviço Social está na construção do objeto de estudo, que não se dá do nada, visto que parte da realidade social, da práxis interventiva de seus profissionais. Parte de um tipo de experiência ou da indagação empírica e de determinado contexto histórico-social em suas contradições. É, ao mesmo tempo, ontológico, porque busca decifrar a vida e os sujeitos sociais em sua justa posição.

Nesse sentido, buscaremos refletir neste capítulo sobre a produção do conhecimento e a prática interventiva do Serviço Social, para demonstrar a intencionalidade, os objetivos e a função da pesquisa em Serviço Social, de modo que seja possível ter clareza da importância de se fazer pesquisa nessa área.

5.1 Intencionalidade da pesquisa em Serviço Social

A pesquisa em Serviço Social busca demonstrar a intensidade, objetiva e subjetiva, da vida social por meio dos sujeitos sociais pesquisados – cidadãos de direito, que, na maioria das vezes, acessam os serviços sociais por meio das políticas públicas. Contudo, também é um meio de denúncia, de produção de conhecimento, de formulações teóricas, técnicas e metodológicas, e busca dar maior visibilidade à profissão.

Assim, a pesquisa precisa ir além do descritivo, buscando iluminar a prática profissional, assim como o que ilumina o objeto de pesquisa é o objetivo que o pesquisador pretende atingir.

De acordo com Bourguignon (2007, p. 49),

> a pesquisa surge [no Serviço Social] em função de um processo histórico de amadurecimento intelectual e de ampliação das demandas sociais, o qual vai revelando uma profissão capaz de gestar conhecimentos que lhe acrescentam subsídios teórico-metodológicos, coerentes com sua natureza e com as exigências societárias. Entretanto, é no contexto acadêmico que a pesquisa se revela como potencialidade para o Serviço Social.

Além do mais, de acordo com Bourguignon (2008a, p. 303), "a pesquisa em Serviço Social trabalha com objetos plenos de significados atribuídos pelos diversos sujeitos que se constituem participantes da prática profissional do Assistente Social".

De acordo com Bourguignon (2008b, p. 198, 209),

> a pesquisa em Serviço Social não é especulativa, pelo contrário, está vinculada à necessidade de gerar conhecimento que seja capaz de operar transformações nas ações cotidianas, no saber que sustenta tais ações, permitindo compreender a realidade e estabelecer estratégias de investigação no campo das políticas sociais. [...] O objetivo da pesquisa em Serviço Social é gerar conhecimento, reconstruir práticas profissionais, renovar referenciais teórico-metodológicos, centrada numa pauta ético-política.

É nesse sentido que o Serviço Social produz intelectuais, pois se preocupa com a formação do pesquisador desde a graduação, ao discutir a prática social que passa, fundamentalmente, pela questão da pesquisa. É por meio dela que se torna possível vislumbrar novos horizontes de conhecimento e de entendimento sobre a realidade social e desvendar o fluxo e o refluxo das forças políticas, pois permite a atualização do conhecimento e do fazer profissional continuamente, de maneira crítica e propositiva, assim como denunciar as mazelas, as injustiças e as desproteções sociais próprias do capitalismo.

O vínculo entre trabalho, pesquisa e ciência tem sido a tônica do discurso contemporâneo no Serviço Social, ressaltando que todos os profissionais que constroem suas atividades com base em determinada práxis social lidam diretamente com questões que envolvem a interpretação da realidade por seus interlocutores. Além disso, permite a interlocução entre os demais profissionais, intelectuais, grupos e sujeitos sociais.

A preocupação em abordar a pesquisa em Serviço Social pode ser constatada pela realização de vários eventos científicos na área de pesquisa, promovidos por entidades da categoria profissional – como o Encontro Nacional de Pesquisadores em Serviço Social (Enpess) –, principalmente no decorrer das últimas décadas, e pela importância da pesquisa na formação do assistente social, fundamentada pelas diretrizes curriculares e pela lei que regulamenta a profissão e estimula os estudantes e os profissionais a participarem de núcleos de estudos e de pesquisas espalhados nas diversas universidades e faculdades de Serviço Social, bem como de diversas publicações nas mais diversas áreas do conhecimento em Serviço Social, mas não somente nelas.

Além disso, constitui pré-requisito para formação do assistente social, principalmente na pós-graduação (mestrado e doutorado), mas não somente, a frequência nos diversos grupos de estudos e pesquisas coordenados por intelectuais do Serviço Social, em todo o território nacional, que oferecem vínculo acadêmico e propiciam o intercâmbio entre grupos e instituições nacionais e internacionais.

Ainda, buscando atender às recomendações da Associação Brasileira de Ensino e Pesquisa em Serviço Social (Abepss), de modo a dar encaminhamento aos questionamentos feitos ao atual currículo, de 1996, bem como contemplar as demandas da sociedade atual na formação em Serviço Social, estabeleceu-se a indissociabilidade nas dimensões de ensino, pesquisa e extensão, de modo que as pesquisas são desenvolvidas na área acadêmica, com ênfase no processo de ensino-aprendizagem, considerando as características relevantes das pessoas envolvidas, como corpo docente, corpo discente, coordenadores dos cursos de graduação e áreas administrativas, abrangendo desde a infraestrutura física (especialmente de ensino, pesquisa e biblioteca) e humana do corpo técnico-administrativo da gestão (aspectos relacionados às condições de funcionamento e de serviços) até os egressos.

Também são criados núcleos de estudos e de pesquisa que desenvolvem investigações articuladas por temáticas específicas, preferencialmente eleitas com base na experiência de estágio dos discentes, sob a orientação de um professor especialista e de um profissional quando o estagiário vai a campo, dando origem a atividades de extensão, trabalhos de iniciação científica ou de conclusão de curso, como o Núcleo de Estudo e Pesquisa sobre a Infância e a Adolescência, o Núcleo de Estudo e Pesquisa sobre Identidade (Nepi) e demais núcleos da Pontifícia Universidade Católica de São Paulo (PUC-SP); o Núcleo de Estudos e Pesquisa sobre Teoria Social, Trabalho e Serviço Social da Universidade Federal do Estado do Rio de Janeiro (Unirio); entre outros.

Na maioria das vezes, o perfil do profissional desejado está vinculado à política da prática acadêmica, englobando as diferentes dimensões da vida universitária: ensino teórico-prático, pesquisa e extensão. A extensão se configura como um processo educativo, cultural e científico que articula o ensino e a pesquisa de maneira indissociável e viabiliza a relação transformadora entre a universidade e a sociedade. Concretiza-se em um conjunto de atividades que constroem um vínculo orgânico entre a universidade e os interesses e as necessidades da sociedade organizada em seus diferentes níveis, contribuindo assim para a divulgação da qualidade das atividades acadêmicas realizadas e dos serviços prestados à comunidade, quando houver. Outro ponto a destacar é a inserção do discente no campo de ação e o contato direto com os usuários das políticas públicas e do Serviço Social.

A pesquisa (ou *prática investigativa*) ocupa um papel central no processo de formação profissional do assistente social. A dinamicidade dos processos históricos requer permanente investigação, tendo em vista as constantes mudanças da vida social; além do mais, o Serviço Social é uma profissão que a todo o momento se reinventa, pois novas demandas surgem a cada momento e desdobramentos do capitalismo constantemente geram novas carências e necessidades, exigindo novos modos de intervenção social.

Por sua vez, é fundamental que os ensinos teórico-prático e prático-teórico estejam embasados na efetivação do currículo mínimo proposto pela Abepss, que define a inter-relação e a articulação entre os pressupostos teórico-metodológicos que balizam o Serviço Social com a dimensão técnico-operativa, vinculado à inserção do discente na realidade social, na maioria das vezes por meio do estágio supervisionado, mas também por oficinas, seminários temáticos e atividades complementares. Além do mais, a frequência de discentes e profissionais em encontros, seminários, congressos, simpósios nacionais ou internacionais, cursos de capacitação, minicursos, entre outras atividades, promove o intercâmbio entre os participantes e aprimora o conhecimento.

Assim, de acordo com Baptista (2012, p. 19), "a investigação em Serviço Social, via de regra, se enquadra na característica de pesquisa aplicada, uma vez que responde a problemas práticos e se realiza com o fim de obter conhecimentos úteis a sua intervenção". Nesse sentido, na medida em que o "profissional assume como postulado para a sua intervenção a associação fundamental entre prática e teoria, vê-se desafiado a construir um caminho científico para a investigação da sua ação no processo mesmo da intervenção" (Baptista, 2012, p. 17), assim como em sua formação.

Sob essa perspectiva, a formação, a intervenção e a investigação adquirem um significado próprio e particular, pois buscam articular questões do cotidiano profissional e suas problemáticas aos conteúdos teórico-metodológicos, ético-políticos e técnico-operativos próprios da profissão, uma vez que o que particulariza a pesquisa no Serviço Social é seu caráter interventivo: "é no movimento da ação que vão sendo elaboradas as pesquisas que irão construir novos conhecimentos" (Baptista, 2012, p. 28). Contudo, conforme aponta Baptista (2012, p. 29), isso não quer dizer que a investigação seja necessariamente utilitarista ou imediatista, e sim que, "seja qual for seu objeto, direta ou indiretamente, o pesquisador deverá procurar encaminhar as reflexões e os resultados em um sentido histórico, social, político e técnico de produção de conhecimentos, tendo como foco uma prática mais consequente".

Ainda de acordo com Baptista (2012, p. 30), é

> no exercício de sua prática, que os profissionais podem ter diferentes motivos para investigar, os quais muitas vezes estão imbricados em uma mesma pesquisa. É o motivo 'dominante', o motivo 'central' que, de certa forma, vai definir a natureza da investigação encetada. Esse motivo pode estar voltado pra subsidiar e instrumentalizar a prática e/ou construir conhecimento científico.

No cotidiano profissional, os assistentes sociais têm de responder a questões concretas e, na maioria das vezes, imediatas, que envolvem fatores econômicos, sociais, políticos, culturais e éticos de uma sociedade extremamente diversificada, complexa e contraditória. Ao mesmo tempo, busca-se fazer uma crítica contundente a esse tipo de sociabilidade que cria cotidianamente contradições e desigualdades. Implica, assim, tomar posição, decidir por quais caminhos trilhar e que tipo de intervenção escolher.

O modo como os profissionais do Serviço Social fazem essas escolhas implica, necessariamente, opções teórico-metodológica e ético-política, referências que balizam a tomada de decisões. Busca-se, assim, extrair dos aportes teóricos as abstrações necessárias para sua intervenção. Parte de determinada teoria para analisar as questões que se colocam em seu cotidiano profissional, e é sobre essa luz que se justificam e determinam suas escolhas. Conforme Bourguignon (2007, p. 49), toda pesquisa é um "exercício sistemático de indagação da realidade observada". De modo geral, busca-se um conhecimento que supere a compreensão imediata dos fatos, fenômenos e circunstâncias observadas, com um propósito determinado e que fundamente os procedimentos e a instrumentalização profissional do assistente social, buscando desenvolver práticas comprometidas com as mudanças significativas no contexto em que se insere e em relação à qualidade de vida dos cidadãos de direito. Mas também produz conhecimento e registros históricos do fazer profissional e da própria história da profissão.

Ainda de acordo com Bourguignon (2007, p. 52),

> Orientado pelo compromisso ético-político profissional, o conhecimento construído pelos profissionais [do Serviço Social] precisa ganhar força social e romper com os muros da academia e do próprio Serviço Social, para ser capaz de, através de uma prática crítica e propositiva, interferir nas condições de vida do cidadão.

Esse é um desafio que se coloca aos pesquisadores em Serviço Social. Tendo como objetivo a transformação da realidade social, não devemos buscar somente um conhecimento endógeno à profissão ou à academia, mas que tenha como pressuposto transformar a realidade social. Para Bourguignon (2008a), compreender o significado da pesquisa para o Serviço Social e como ela se expressa exige também mergulhar no universo polifacetado da experiência e do conhecimento acumulado pelo conjunto dos profissionais da área.

É importante frisarmos que o processo de produção do conhecimento da profissão no Brasil está intrinsecamente vinculado à história do desenvolvimento do modo de produção capitalista no país e às particularidades da "questão social", que, nos dizeres de Iamamoto e Carvalho (2004, p. 125), está diretamente vinculada

"à generalização do trabalho livre numa sociedade em que a escravidão marca profundamente seu passado recente".
Tendo em vista o posicionamento ético-político vinculado ao pensamento hegemônico adotado pela profissão em seu cariz marxista, buscaremos discutir as particularidades da compreensão ética do Serviço Social brasileiro e a proposta ético-política vinculada aos vários projetos societários de uma sociedade emancipada, livre, democrática, igualitária e justa.

5.2 Proposta ético-político-profissional e ética na pesquisa

Foi por volta de 1980 e 1990 que as discussões e a produção de conhecimento no âmbito da profissão criaram força, apontando para a necessidade de se construir um projeto de formação e de atuação profissional que atendesse às transformações, às novas demandas e aos desafios contemporâneos (Veroneze, 2010, 2011). As tensões provocadas pelas contradições da lógica do capital e as mudanças sociopolíticas da sociedade brasileira fomentam constantemente a constituição de novas propostas profissionais, tendo em vista que desafios se colocam cotidianamente à atuação profissional, sobretudo aqueles que vislumbram alternativas éticas e políticas, tendo como referência o protagonismo dos sujeitos sociais (Iamamoto, 2005), de modo a decifrar a realidade social, buscando participar de sua recriação (Yazbek, 2009) ante a dinâmica de uma sociedade que está sob a égide do capital (Veroneze, 2015).
Além disso, foi necessário construir bases teóricas que pudessem situar o significado da profissão no processo de reprodução das relações sociais em seu movimento real, peculiar à formação social capitalista. Para tanto, somente uma leitura da realidade por meio de referenciais embasados pelos pressupostos marxianos e marxistas poderiam dar conta dessa dinâmica (Veroneze, 2010, 2011).

Yazbek (2009) aponta que a inserção e o processo de construção da hegemonia dos novos referenciais teórico-metodológicos e interventivos, a partir da tradição marxista e do legado marxiano, ocorreram mediante um amplo debate no interior da profissão, permeado pela produção intelectual que gerou uma bibliografia própria do Serviço Social brasileiro, principalmente com a criação e a expansão dos programas de pós-graduação – mestrado e doutorado – no fim da década de 1970, constituindo um elemento impulsionador para a **intenção de ruptura** ante o conservadorismo que assolava a profissão desde sua origem.

As condições sócio-históricas da sociedade brasileira no período contribuíram satisfatoriamente para a construção desses pilares, bem como para a formação de uma identidade profissional capaz de fazer uma leitura crítica da realidade social, do desvendamento crítico das forças sociais presentes, propondo ações efetivas que dessem concretude e materialidade às maneira de ser da profissão (Martinelli, 2013; Veroneze, 2013). Passou-se, então, a considerar o assistente social como um profissional inscrito na divisão sociotécnica do trabalho, que luta pelos interesses da classe proletária e em favor dos diversos projetos societários que visam à superação da sociedade capitalista e da lógica do capital rumo à emancipação humana e a uma nova sociabilidade (Veroneze, 2015).

Assim, os debates acerca do significado da ética no Serviço Social desencadearam esforços coletivos para um redimensionamento dos valores e dos compromissos ético-político-profissionais direcionados para uma proposta histórico-crítica, propositiva e revolucionária.

No VII Congresso Brasileiro de Assistentes Sociais, em 1990, discutiram-se algumas considerações a respeito da ética como valor central para o exercício profissional. Os debates entre 1991 a 1993 trataram a ética como fundamento filosófico central na configuração histórica do Serviço Social brasileiro, apontando para a necessidade de se rever o Código de Ética Profissional de 1986, de modo que os princípios sustentados pelos valores ético-políticos emancipatórios, fundamentados nos pressupostos da liberdade, na defesa dos direitos humanos, na consolidação da cidadania, da democracia e em favor da igualdade e da equidade social, fossem reafirmados diante do compromisso assumido pela profissão com a classe trabalhadora e vinculados à ontologia do ser social. Tais princípios foram materializados no Código de Ética Profissional de 1993.

Assim, em 15 de março de 1993, mostrando um compromisso com os usuários das políticas e dos programas sociais, de maneira ampla e se dispondo particularmente aos desafios do trabalho profissional, o Serviço Social reformulou o Código de Ética Profissional de 1986 com o intuito de promover estratégias técnico-políticas e técnico-operacionais nos diversos espaços socioassistenciais nos quais atuava. Nesse sentido, buscou-se romper com os valores tradicionais e concretizar os princípios de ampliação da liberdade, da autonomia, da emancipação e do pleno desenvolvimento dos indivíduos sociais, na defesa intransigente dos direitos humanos contra qualquer tipo de arbítrio e autoritarismo, na defesa e na consolidação da cidadania, da igualdade, da democracia, da equidade e da justiça social.

Buscou-se, ainda, a universalização dos direitos, a inserção da profissão na luta pela eliminação de qualquer forma de preconceito e de discriminação social, pelo respeito ao pluralismo, pelo engajamento profissional nos vários movimentos sociais, tendo compromisso com a qualidade dos serviços prestados. Esses ditames foram estabelecidos como prerrogativas ético-políticas do Serviço Social, base fundante do projeto ético-político da profissão, que busca legitimar socialmente a categoria.

Para operacionalizar uma mediação entre a dimensão do privado e do público, prevendo direitos e deveres que circunscrevessem o amplo leque de necessidades e de exigências individuais frente às demandas coletivas, foi aprovado, com alterações introduzidas pela Resolução do Conselho Federal de Serviço Social (CFESS), n. 273, de 13 de março de 1993 (CFESS, 1993), o novo Código de Ética Profissional de 1993 (Bonetti et al., 2006). Contudo, ainda havia a necessidade de se construir um projeto ético-político profissional que aliasse os objetivos da profissão a um projeto societário emancipatório, na direção de uma sociabilidade justa, igualitária e no qual os direitos humanos e sociais fossem realmente observados.

Assim, o coletivo profissional entendeu que os objetivos da profissão não eram somente propor, elaborar e executar políticas, programas e serviços sociais no campo governamental, empresarial e da sociedade civil, mas era necessária uma proposição na direção de uma sociedade justa e igualitária, por isso era preciso se vincular aos diversos movimentos sociais que tinham o mesmo projeto de uma nova sociabilidade.

Mas, antes disso, era necessário organizar as estruturas da profissão. Depois de intenso processo de discussões no bojo da categoria profissional, foi aprovada a Lei n. 8.662, de 7 de junho de 1993 (Brasil, 1993), que regulamentava a profissão; logo em seguida, em 1996, foram aprovadas, em Assembleia Extraordinária da Abepss, as novas Diretrizes Gerais para o Curso de Serviço Social, proposta básica para o novo projeto de formação profissional (CRESS-SP, 2008).

Para saber mais

ABESS – Associação Brasileira de Escolas de Serviço Social; CEDEPSS – Centro de Documentação e Pesquisa em Políticas Sociais e Serviço Social. Diretrizes gerais para o curso de Serviço Social. **Cadernos Abess**, São Paulo, n. 7, p. 58-76, 1997. Disponível em: <http://www.abepss.org.br/arquivos/anexos/04-a-caderno-abess-n7-diretrizes-gerais-para-o-curso-de-servico-social-(com-base-no-curriculo-minimo-aprovado-em-assembleia-geral-extraordinaria-de-8nov-201702011415372855610.pdf>. Acesso em: 13 maio 2019.

Para maiores detalhes sobre esse processo, sugerimos o texto "Diretrizes gerais para o Curso de Serviço Social", publicado no Caderno Abess.

As novas Diretrizes Gerais para o Curso de Serviço Social, de 1996, estabeleciam que

> A postura investigativa é um suposto para a sistematização teórica e prática do exercício profissional, assim como para a definição de estratégias e o instrumental técnico que potencializam as formas de enfrentamento da desigualdade social. Este conteúdo da formação profissional está vinculado à realidade social e às mediações que perpassam o exercício profissional. Tais mediações exigem não só a postura investigativa mas o estreito vínculo com os modos de pensar/agir dos profissionais. (Abess; Cedepss, 1997, p. 67)

As novas diretrizes preconizam como matéria básica a **Pesquisa em Serviço Social**, que se propõe a tratar da natureza, do método e do processo de construção do conhecimento, compreendendo o debate teórico-metodológico do Serviço Social, bem como a elaboração e a análise de indicadores socioeconômicos, a investigação como dimensão constitutiva do trabalho do assistente social e como subsídio para a produção do conhecimento sobre processos sociais para a reconstrução do objeto de ação profissional (Abess; Cedepss, 1997).

A aprovação desses documentos orientou o exercício, a militância e a formação profissional, resultado de um longo processo histórico e de construção coletiva, tendo como atores sociais de mudança as entidades representativas da profissão, bem como suas lideranças político-sindicais. Juntos, constituíram as bases para o projeto ético-político do Serviço Social brasileiro, norteando sua proposta emancipatória e revolucionária.

Essa reviravolta no modo de ser, pensar e fazer do Serviço Social propiciou um largo campo para estudos e investigações no âmbito da profissão, produzindo um conhecimento próprio, embasado por referenciais extraídos das Ciências Humanas e Sociais, sobretudo tendo como embasamento teórico-metodológico, ideopolítico e ético-político o legado marxiano e a tradição marxista.

Os debates sobre a ética e as políticas públicas foram decisivos para trazer novos estudos e desafios para a práxis profissional. A intervenção historicamente vinculada às sequelas da "questão social" adquiriu novo contorno, e o processo de "esgarçamento" dos vínculos sociais, do desrespeito aos direitos humanos e sociais, a violência e as desproteções sociais trouxeram para o interior da profissão o debate ético-político, que mostrava claramente a

opção do Serviço Social pelo pensamento marxista, no sentido de incorporar a ontologia do ser social e a teoria social de Marx como pensamento hegemônico do Serviço Social brasileiro. As premissas desse projeto societário, bem como os desafios éticos e políticos, alicerçados na luta pela liberdade e pelo valor ético central para a emancipação dos indivíduos sociais, foram incorporados ao novo Código de Ética Profissional de 1993 e forneceram as bases para a construção do projeto ético-político e de uma nova identidade do Serviço Social brasileiro.
Segundo Bonetti (2006, p. 179-180),

> cabe ao assistente social aliar sua vontade, iluminada pela ética profissional – como intencionalidade de associação, de coletividade, de compromisso –, com o seu saber teórico-prático crítico e, ainda, com as necessidades e possibilidades das circunstâncias, do que resultará o produto de sua ação.

O conteúdo de seus princípios indica um conjunto de valores fundamentais, os quais se caracterizam, por sua vez, pela motivação e pela exigência ético-política. Esse projeto apresenta a autoimagem da profissão e é o resultado das várias mudanças sociais, históricas, políticas, culturais e econômicas da sociedade brasileira e das mutações inerentes às expressões da "questão social" (Veroneze, 2010). Não é um projeto materializado em um documento formal, mas em valores que legitimam a autoimagem da profissão, prescrevendo as normas e os comportamentos, estabelecendo as balizas para a atuação profissional com os usuários dos serviços socioassistenciais, profissionais e institucionais, definindo os parâmetros das relações sociais de modo a demarcar as lutas pela hegemonia entre as categorias sociais e a própria categoria profissional e, enfim, apresenta-se como *ethos* profissional – assume o papel em que os atores sociais se posicionam contra as alternativas pré-postas, de modo a construir uma nova proposta para a vida em sociedade, sobretudo que possibilite a transformação das estruturas sociais (Veroneze, 2010; Bogo, 2008).
Em suma, o projeto articula em si mesmo os seguintes elementos constitutivos: "uma imagem ideal à profissão, os valores que a legitimam, sua função social e seus objetivos, conhecimentos teóricos,

saberes interventivos, normas práticas etc." (Netto, 2008, p. 144). Contudo, a operacionalidade prático-política e prático-normativa dessa dimensão implica a **produção do conhecimento no interior do Serviço Social**; de outro modo, é a capacidade que a profissão tem de analisar a sociedade e concretizar tais observações em produções dissertativas e analíticas (histórico-críticas) da sociedade e do fazer profissional, produzindo um saber próprio *da* e *sobre* a profissão, e não somente um saber técnico-instrumental. Essa produção de conhecimento reflete o acúmulo teórico do Serviço Social e proporciona a investigação da práxis profissional, bem como a construção das bases críticas da profissão (Netto, 2008).

Outro aspecto inclui a **dimensão político-organizativa da profissão**. O Serviço Social está organizado como categoria técnico-operativa e ideopolítica que tem em si o papel representativo e dinâmico de ações propositivas e de denúncia para a renovação da sociedade, em uma visão histórica, dialética e de totalidade, embasada pela teoria marxista e fundamentada nos princípios éticos preestabelecidos em seu Código de Ética Profissional, que fundamenta uma postura crítica diante das injustiças e desproteções sociais (Netto, 2008).

A profissão se assenta tanto nos fóruns de debates e de deliberação quanto em entidades representativas, e é no coletivo que as principais discussões, decisões, deliberações e lutas sociais se travam; é nos espaços coletivos que os traços gerais do projeto ético-político-profissional são reafirmados e determinados como compromissos e princípios profissionais. Assim, compreende-se o caráter democrático da profissão na arena de tensões, contradições e conflitos sociais (Netto, 2008).

Por último, a **dimensão jurídico-política da profissão** é legalmente constituída, tem suas leis próprias, de modo a propor instrumentos viabilizadores de direitos por meio das políticas sociais e que se afirmam no aparato jurídico-institucional que envolve o conjunto de leis e de resoluções, de documentos e de textos produzidos no interior da categoria profissional. Porém, esse aparato não só compreende aqueles produzidos no bojo da profissão, por meio de produções acadêmicas, como também se amplia àqueles de caráter protetivo, que atendem aos parâmetros e aos usuários dos serviços socioassistenciais e funcionam como instrumentos viabilizadores de direitos sociais, sendo também conquistas das lutas sociais dos assistentes sociais (Netto, 2008).

Vale ressaltarmos que os núcleos de estudos e pesquisas das universidades de Serviço Social têm sido protagonistas nas lutas pela efetivação dos direitos e na construção de instrumentos, cursos de capacitação, informativos, documentos, leis, políticas, cartilhas, entre outros materiais que têm consolidado a Assistência Social como política pública de direitos.

Para saber mais

SPOSATI, A. de O. et al. **Assistência na trajetória das políticas sociais brasileiras**: uma questão em análise. 8. ed. São Paulo: Cortez, 2003.

Como exemplo de publicações provenientes de pesquisas realizadas por núcleos de estudos e pesquisa, sugerimos a leitura do livro Assistência na trajetória das políticas sociais brasileiras: uma questão em análise, *fruto de um trabalho coletivo e de uma marcante pesquisa acerca do papel do "assistencial" na política social brasileira nos anos 1980, ampliando o debate e as discussões que elevaram a assistência social à área de pesquisa pelas agências de fomento e incentivo a pesquisa.*

RODRIGUES, M. L.; FARIAS, M. H. de L. (Org.). **O sistema prisional feminino e a questão dos direitos humanos**: um desafio às políticas sociais. São Paulo: PC Editorial, 2010. v. 1.
_____. _____. São Paulo: PC Editorial, 2012. v. 2.

Outro material interessante, resultado de ampla pesquisa, buscou analisar a condição da mulher no sistema prisional do Estado de São Paulo, objetivando conhecer e compreender seu contexto relacional, social e familiar e os motivos que as conduziram ao delito, buscando, ainda, analisar as política sociais para mulheres em cumprimento de pena, bem como as correspondentes responsabilidades do Poder Público presentes na legislação e na jurisprudência.

O Serviço Social é uma profissão que tem como prerrogativa a efetivação dos direitos e da cidadania. Vinculada aos diversos projetos societários, propõe "a construção de uma nova ordem social, sem exploração/dominação de classe, etnia e gênero" (Netto, 2008, p. 155), assumindo um posicionamento crítico ante as mudanças e as contradições da sociedade contemporânea. Essas premissas, em grande medida, estão expostas nos diversos materiais produzidos pelos pesquisadores do Serviço Social no Brasil e no exterior.

É nesse desafio, também, que se inscreve a proposta investigativa aqui desenvolvida. O Serviço Social, ao assumir esse posicionamento crítico perante a realidade social, busca se inserir não só no campo dos serviços socioassistenciais, mas também se coloca diante das contradições da vida cotidiana e da luta anticapitalista e anti-imperialista.

Incorporou-se ao debate contemporâneo da profissão uma nova proposta para a atuação do assistente social e para o desenvolvimento de pesquisas em Serviço Social. Além do mais, e com base no projeto ético-político-profissional, afirma-se a organização ideopolítica da categoria e seu acúmulo teórico, especialmente no campo da tradição marxista e do legado marxiano, mas não somente. Portanto, esse projeto coletivo envolve "sujeitos individuais e coletivos em torno de uma determinada valorização ética que está intimamente vinculada a determinados projetos societários presentes na sociedade de forma a se relacionar com os diversos projetos coletivos (profissionais ou não) em disputa na mesma sociedade" (Reis, 2005, p. 415).

Em suma: o projeto ético-político está comprometido com uma construção coletiva que, como tal, tem determinada direção social que envolve valores, compromissos sociais e princípios participantes resultantes do movimento vivo e contraditório das classes sociais (Reis, 2005).

> **Para saber mais**
>
> ALMEIDA, S. S. de et al. **Da avaliação de programas sociais à constituição de políticas públicas:** a área da criança e do adolescente. Rio de Janeiro: Ed. da UFRJ, 2008.
>
> *Para ter um exemplo da relação entre a proposta ético-político-profissional e as escolhas teórico-metodológicas em pesquisa de campo no Serviço Social, por exemplo, sugerimos a leitura da obra de Suely Souza de Almeida et. al. (2008),* Da avaliação de programas sociais à constituição de políticas públicas, *especificamente o Capítulo 5, no qual os autores tratam da metodologia da avaliação implementada: escolhas teórico-metodológicas e ético-políticas.*

Depois de rever um pouco da história do Serviço Social brasileiro, destacando os desafios da produção do conhecimento e dos pressupostos que embasaram a construção de um ideário ético-político para a profissão, está na hora de falarmos um pouco mais sobre a ética e a pesquisa em Serviço Social.

5.3 Ética e pesquisa em Serviço Social

As mudanças da sociedade capitalista, ocorridas brusca e desordenadamente, têm gerado a inversão de valores que envolvem o campo da ética, principalmente no que diz respeito às consequências do avanço da industrialização, da tecnologia, da ciência, da robótica e da globalização, contribuindo substancialmente para gerar o assolamento dos princípios morais e éticos na atualidade. Nessa lógica descomunal, homens e mulheres passam a utilizar o outro como mero meio, como instrumento para suas carências e necessidades (Veroneze, 2018).

É na vida cotidiana que os sujeitos sociais – particulares, singulares e genéricos – se colocam ou são colocados, portanto, o fundamento da ética e da política só pode se consumar na **essência ontológica do ser social**, em seu "eu", conforme os apontamentos da teoria social de Marx. Desse modo, a tomada da consciência ética (como modo de ser) e política (como modo de agir) *na* e *para* a vida cotidiana é uma postura consciente perante situações concretas *do* e *no* cotidiano social (Veroneze, 2013).

Essa **imanência** resulta na capacidade de formular possibilidades, finalidades, alternativas e escolhas entre as condições possíveis, construindo mediações para as objetivações da ação humana. Desse modo, e do ponto de vista da pesquisa, é entre as possibilidades dadas no cotidiano que se buscam os meios e as maneiras para a produção do conhecimento (Veroneze, 2013, 2018).

> **Imanência:** (próprio do "eu"), de acordo com Abbagnano (2007, p. 623), pode apresentar significados diferentes, como "1º) presença da finalidade da ação, na ação ou do resultado de uma operação qualquer na operação; 2º) limitação do uso de certos princípios à experiência possível e recusa em admitir conhecimentos autênticos que superem os limites de semelhante experiência; 3º) resolução da realidade na consciência".

A consciência ética na pesquisa científica se identifica com os princípios gerais da ética e está implicada em subordinações políticas, ideológicas, valorativas e culturais, principalmente e em consideração a seus efeitos no âmbito das escolhas e das responsabilidades do pesquisador ante os procedimentos metodológicos e as consequências sociais dos resultados apurados.

Para Sánchez Vázquez (2007, p. 19), "os problemas éticos caracterizam-se pela sua genericidade e isto os distingue dos problemas morais da vida cotidiana, que são os que se nos apresentam nas situações concretas". Portanto, a ética se revela entre o comportamento moral, as necessidades e os interesses sociais e tem como pretensão refletir e estabelecer princípios valorativos que

contribuam para as relações harmônicas entre os indivíduos na vida em sociedade. Porém, o valor da ética está naquilo que se explica, e não no fato de prescrever ou recomendar regras e normas que impliquem ações ou situações da vida prática dos sujeitos sociais (Sánchez Vázquez, 2007, p. 21).
De acordo com Barroco (2005, p. 3): "A reflexão ética nos convida a indagar sobre o que é bom, justo, legítimo em relação às ações humanas; no campo da pesquisa, essa pergunta afirma a necessidade de explicitação dos valores e princípios que orientam as normas e deliberações sobre a pesquisa nos diferentes campos da ciência". Toda pesquisa social carrega em si uma intencionalidade, uma finalidade objetiva. De outro modo, está direcionada aos problemas práticos da vida cotidiana:

> Refletir eticamente sobre a ética na pesquisa em Serviço Social supõe indagar se ela pode ser considerada uma ação capaz de estabelecer mediações práticas para a objetivação de escolhas e valores éticos, lembrando que as opções são relativas a condições históricas determinadas socialmente [...]. (Barroco, 2005, p. 4)

O ato de projetar finalidades (teleologia) a determinada ação implica na intenção do sujeito para alcançar determinado fim, o qual, carregado de intencionalidade, estará repleto de valores, conhecimentos e objetivos que remeterão o indivíduo a fazer determinadas escolhas que resultarão em determinada ação. Essas escolhas estarão vinculadas a sua consciência, seus posicionamentos ideopolíticos e sua liberdade, compreendendo uma práxis objetiva entre as possibilidades e as necessidades dadas.
As mediações estabelecidas entre a ética e a vida prática estão vinculadas aos valores morais preestabelecidos no indivíduo, já que estes são resultantes de relações históricas e sociais. Os indivíduos sociais nascem inseridos em determinado contexto, em determinado meio social, no qual costumes e valores são estabelecidos socialmente, de modo que a construção na condição de ser vivente se dará mediante as relações sociais estabelecidas na vida cotidiana. Segundo Sánchez Vázquez (2007, p. 31):

O sujeito do comportamento moral é o indivíduo concreto, mas, sendo um ser social e, independente do grau de consciência que tenha disto, parte de determinada estrutura social e é inserido numa rede de relações sociais, o seu modo de comportar-se moralmente não pode ter um caráter puramente individual, e sim social.

Por conseguinte, as escolhas éticas perpassam juízos de valor, condições e interesses de classes, ideologias, preferências políticas e valores culturais. A ética também apresenta uma estreita relação com o meio e as circunstâncias em que os sujeitos sociais vivem. As diversas instâncias heterogêneas da sociedade são permeadas por valores ético-morais que envolvem seres humanos, relações sociais e situações que afetam significativamente a formação sociocultural, ético-moral, suas crenças e seus valores, afetando, sobremaneira, as relações éticas e sociais dos indivíduos sociais.

Em suma, podemos afirmar que toda pesquisa social, mas não somente, acarreta responsabilidades, reconhece posições de classes, identifica situações concretas e busca desenvolver determinada consciência crítica. Tendo como particularidade no Serviço Social a intervenção ou as ações e os problemas *do* e *no* cotidiano, a pesquisa assume uma responsabilidade ainda maior, tendo em vista que os participantes das pesquisas são, em sua maioria, sujeitos sociais em situação de vulnerabilidade e risco social ou que têm seus direitos violados, o que implica denunciar injustiças, desumanidades e desproteções sociais.

Além desses fatores, de acordo com o objeto e a intencionalidade da pesquisa em Serviço Social, busca-se fazer uma crítica, muitas vezes às condições subumanas de sobrevivência, principalmente no âmbito das desproteções sociais pelo Estado e pelas políticas públicas, o que implica um compromisso ético e político com a classe operária e os grupos subalternizadoas e estigmatizados, com a proteção dos direitos humanos e sociais, tendo como compromisso ético-político a emancipação humana e a luta por uma nova sociabilidade justa, democrática, igualitária e libertária. Tais compromissos se revelam por meio dos princípios e dos valores expostos no Código de Ética Profissional de 1993.

Em sua grande maioria, os projetos de pesquisa de estudantes e profissionais do Serviço Social têm uma relação comum na seleção de seus objetos de estudo, vinculando-se a usuários e cidadãos de direito pertencentes a classes sociais fragilizadas ou a grupos estigmatizados, histórica e socialmente, e buscam evidenciar os fatores de renda, o nível de instrução, a profissão, as deficiências, a idade, a etnia, a orientação ou a expressão sexual, a crença, entre outras condições que envolvem problemas éticos e requerem cuidados que não podem ser negados ou negligenciados na elaboração e no desenvolvimento das pesquisas (Oliveira; Guedes, 2013).

Outra questão destacada por Oliveira e Guedes (2013) diz respeito à revisão ética de projetos de pesquisas, que considera uma das atribuições dos assistentes sociais coibir abusos e preservar direitos dos participantes nas pesquisas qualiquantitativas. A pesquisa social envolve condições sociais e seres humanos de maneira individual ou coletiva.

Desde outubro de 1996, no Brasil, a Resolução 196, de 10 de outubro de 1996 (Brasil, 1996), do Conselho Nacional de Saúde, estabeleceu diretrizes e normas para as pesquisas que envolvem seres humanos, com o objetivo principal de garantir o respeito à pessoa. Contudo, essas diretrizes e normas não amparam somente o sujeito da pesquisa mas também o pesquisador, a equipe de pesquisa e a sociedade como um todo, principalmente na utilização do conteúdo investigado e a quem ele será direcionado. Esse dispositivo legal é uma conquista das lutas pelos direitos humanos, sobretudo no campo da bioética, e responde a inúmeras indagações e situações de desrespeito e de violação aos direitos sociais e humanos dos sujeitos envolvidos nas pesquisas.

Inicialmente, a inciativa partiu do campo da saúde, em virtude do uso da ciência em experiências com seres humanos (Barroco, 2005). Além disso, os dispositivos legais e normativos do Serviço Social brasileiro e historicamente conquistados incorporam a pesquisa como parte constitutiva e constituinte das atribuições profissionais dos assistentes sociais, "concebidas como totalidade organicamente articulada as dimensões técnicas, práticas, éticas e políticas", conforme aponta Barroco (2005, p. 5).

Para saber mais

O JARDINEIRO fiel. Direção: Fernando Meirelles. Brasil: Universal Pictures do Brasil, 2005. 128 min.

Um exemplo de caso de abuso e desrespeito aos seres humanos e, consequentemente, aos direitos humanos, pode ser verificado no filme O jardineiro fiel *(2005). Esse trabalho do cineasta Fernando Meirelles foi baseado no romance homônimo do inglês John Le Carré e "retrata o cenário de horror mascarado de diplomacia inglesa, no qual pretensos 'deuses' brincam com vidas humanas no continente africano" (Santana, 2019). No enredo, "seres anônimos mergulhados na mais profunda miséria, no mais absoluto desamparo", são utilizados como cobaias pela indústria farmacêutica; é um drama social que expõe "delicadas relações de poder entre a indústria farmacêutica e os bastidores do governo inglês", além de revelar os meandros dessa relação perversa movida pela lógica do capital, que se "concretiza com o intuito de gerar lucros e fortunas incalculáveis" aos representantes do poder hegemônico da burguesia, "além do tão almejado poder socioeconômico, sem medo de tocar nas feridas, ainda abertas, da neocolonização britânica na África" (Santana, 2019).*

Contudo, a Resolução n. 196/1996 trouxe algumas limitações que implicaram análises críticas para um melhor direcionamento das diretrizes e das normas previstas. Assim, em 12 de dezembro de 2012, o Conselho Nacional de Saúde, considerando as revisões periódicas, e conforme as necessidades de atender aos dispositivos éticos de pesquisas envolvendo seres humanos, fez uma substituição, entrando em vigor a Resolução n. 466, de 12 de dezembro de 2012 (Brasil, 2013), que sofreu novas alterações em abril de 2016.

> **Fique atento!**
> Vale ressaltar que o Conselho Nacional de Saúde, por meio da Resolução n. 510, de 7 de abril de 2016, elencou uma série de normas aplicáveis às pesquisas no que se refere à apreciação ética em relação às pesquisas que envolvem seres humanos nas Ciências Humanas e Sociais.
> BRASIL. Ministério da Saúde. Conselho Nacional de Saúde. Resolução n. 510, de 7 de abril de 2016. **Diário Oficial União**, Brasília, DF, 24 maio 2016. Disponível em: <http://conselho.saude.gov.br/resolucoes/2016/reso510.pdf>. Acesso em: 13 maio 2019.

Não faremos aqui um estudo sobre o conteúdo desses dispositivos legais e dos demais dispositivos éticos próprios das agências de fomento a pesquisa, como o Código de Boas Práticas Científicas (Fapesp, 2014) ou o Relatório da Comissão de Integridade de Pesquisa do Conselho Nacional de Desenvolvimento Científico e Tecnológico (CNPq, 2011), por não ser o objetivo deste livro.

Para saber mais

SPINK, M. J. P. A ética na pesquisa social: da perspectiva prescritiva à interanimação dialógica. **Psico**, Porto Alegre, v. 31, n. 1, p. 7-22, jan./jul. 2000.

GUERRIERO, I. C. Z.; BOSI, M. L. M. Ética em pesquisa na dinâmica do campo científico: desafios na construção de diretrizes para ciências humanas e sociais. **Ciência e Saúde Coletiva**, Rio de Janeiro, v. 20, n. 9, p. 2615-2624, set. 2015. Disponível em: <http://www.scielo.br/pdf/csc/v20n9/1413-8123-csc-20-09-2615.pdf>. Acesso em: 13 maio 2019.

Para que possa aprofundar seus estudos nessa área, sugerimos algumas leituras complementares que poderão ajudar. Sobre as discussões em torno dos desafios propostos pelo modelo biomédico instituído desde a primeira resolução do Conselho Nacional de Saúde, vale a pena conferir os textos de Spink (2000) e de Guerriero e Bosi (2015).

A partir de então, os projetos de pesquisas que envolvem seres humanos passaram a atender aos dispositivos da nova Resolução.

Para saber mais

OLIVEIRA, A. C.; GUEDES, C. Serviço social e desafios da ética em pesquisa: um estudo bibliográfico. **Revista Katálysis**, Florianópolis, v. 16, p. 119-129, 2013. Disponível em: <http://www.scielo.br/scielo.php?script=sci_arttext&pid=S1414-49802013000300008>. Acesso em: 13 maio 2019.

Oliveira e Guedes (2013) realizaram uma pesquisa para verificar e conhecer os cuidados éticos adotados em investigações envolvendo seres humanos publicadas na Revista Katálysis, *no período de 1997 a 2011, revista editada pela Universidade Federal de Santa Catarina (UFSC). O resultado dessa pesquisa apontou que, dos 285 textos publicados na revista, 53 eram provenientes de pesquisas empíricas envolvendo seres humanos, portanto, 19% do universo pesquisado.*

Oliveira e Guedes (2013) destacaram pesquisas com crianças, adolescentes, adultos e idosos, considerando que, na maioria dos casos, esses sujeitos de pesquisa se encontravam em condições de vulnerabilidade ou risco social, como pessoas em situação de rua, indivíduos em privação de liberdade, mulheres indígenas migrantes, comunidade pantaneiras e ribeirinhas, deficientes, população LGBT, desempregados, em situação de violência, inscritos em programas sociais, além de gestores, conselheiros municipais, assistentes sociais, entre outras situações e condições que apontam o perfil dos sujeitos envolvidos nas pesquisas do Serviço

Social e que devem ter seus direitos resguardados e protegidos, principalmente em relação ao anonimato, à voluntariedade, ao respeito à dignidade e à divulgação dos resultados – cuidados éticos indispensáveis para o processo da coleta de dados (Oliveira; Guedes, 2013).

É importante destacarmos que, particularmente nas pesquisas qualitativas e na oralidade, as pessoas são sujeitos ativos e suas histórias de vida são fontes de conhecimento para a realização das investigações. Portanto, considerar a ética como elemento que possibilita estabelecer uma relação profissional adequada entre sujeitos e pesquisadores é condição imprescindível para o assistente social não só como pesquisador, mas também como profissional responsável na garantia e no respeito aos direitos humanos e sociais.

Antes mesmo das resoluções aqui destacadas, o Código de Ética Profissional do assistente social já garantia a liberdade como valor ético fundamental, bem como a democracia, a cidadania, a equidade e a justiça social, o respeito aos direitos humanos contra qualquer forma de arbítrio, violência, preconceito ou discriminação, seja por condição econômica, seja social, seja política ou cultural, além do lugar ocupado na estratificação social, integridade física ou mental, crença, identidade de gênero, orientação sexual, raça e etnia.

A perspectiva ética da profissão também contempla a investigação no que diz respeito aos valores e aos princípios universalmente válidos para todos, além de garantir a autonomia das pessoas, no sentido de reconhecer o direito de viver de acordo com seus próprios projetos, objetivos e valores. Além desses fatores, é importante destacarmos, ainda, certos pressupostos que devem ser levados em conta por qualquer pesquisador e que estão intrinsecamente vinculados à lógica capitalista e dizem respeito aos meios e ao direcionamento das pesquisas e de seus resultados, principalmente levando em conta o financiamento das investigações, que pode interferir na aplicabilidade ou na direção dos resultados das pesquisas.

Isso também está relacionado à biopirataria, ao uso de populações vulneráveis, principalmente para ensaios clínicos, abusos ideológicos, políticos e de poder (propostas intencionais), e à produtividade acadêmica, no que se refere ao aumento de publicações compartilhadas entre pares, plágio e autoplágio, publicações reiterativas e de baixa qualidade e pouco rigor científico, entre outros fatores.

Para saber mais

GATTACA. Direção: Andrew Niccol. EUA, 1997. 108 min.

Sugerimos o filme Gattaca: experiência genética, *lançado em 1997 sob a direção de Andrew Niccol. É uma ótima oportunidade para refletir e discutir sobre o direcionamento de pesquisas que envolvem seres humanos, as questões éticas e os interesses particulares envolvidos.*

Não podemos esquecer que "o fetichismo do conhecimento científico submete o produto da pesquisa às mesmas injunções que a economia política submete a mercadoria" (Setubal, 2013, p. 111). Tais apelos do capital pressionam a uma "produção em série" e "publicações em massa", nas quais nem sempre as questões éticas são observadas e que recaem sobre a "responsabilidade que as comunidades científicas têm para com a sociedade da qual fazem parte, em termos dos limites das suas certezas" (Spink, 2012, p. 41).

Fique atento!

É importante destacarmos que "a ética na pesquisa científica não se reduz ao como fazer, como comunicar e aos limites do que dizer. Antes de mais nada, refere-se ao que foi investigado e para quem — eis a 'questão' que precisamos aprender a desembrulhar" (Spink, 2012, p. 41).

Outro quesito importante e que não podemos desconsiderar é em relação ao plágio e à desonestidade acadêmica, assunto do qual nos ocuparemos no próximo item.

5.4 Plágio e desonestidade acadêmica

Ainda nos resta traçar algumas considerações sobre o plágio, bem como sobre a Lei n. 9.610, de 19 de fevereiro de 1998 (Brasil, 1998), que trata dos direitos autorais e dos crimes provenientes de sua violação, assuntos que não poderiam ficar de fora das orientações éticas para a pesquisa científica.

Entende-se como *plágio* a cópia literal, parcial ou intencional de referências ou de ideias de outros autores sem dar-lhes os devidos créditos. Tal comportamento tem se tornado recorrente no meio acadêmico, tendo em vista o fato da fragilidade do ensino-aprendizagem sobre pesquisa, em que o discente age de maneira passiva, como mero copiador dos referenciais teórico-metodológicos já utilizados, não atuando como sujeito pró-criativo ou, nos dizeres de Kosik (2010), "onto-criativo", produtor de conhecimento no processo de ensino-aprendizagem.

Sanchez e Innarelli (2012, p. 47) definem plágio como "a apropriação inadequada de ideias, palavras e frases de autoria de outro indivíduo sem que haja a devida referência da obra ou do autor". Essa prática, na maioria das vezes, está relacionada à falta de orientação por parte dos responsáveis ou por desinteresse dos próprios alunos em virtude de suas deficiências em interpretar, redigir ou analisar textos de maneira coerente e correta, ou, ainda, por falta de tempo, dificuldades com o idioma e a gramática portuguesa, pela falta de estímulos e pela comodidade oferecida, sobretudo, pela facilidade em encontrar textos na internet; soma-se, ainda, a dificuldade de acesso a obras originais e ao grande número de publicações.

É fato que, no contexto atual e tendo em vista a grande produção e o acúmulo de conhecimento produzido e de fácil acesso na internet, trazer algo original e inédito em sua totalidade é quase uma tarefa impossível. Contudo, os comportamentos inadequados praticados por indivíduos desonestos não se resumem somente ao plágio. O assunto é, por natureza, muito espinhoso e requer cuidados que esse espaço não nos permite desdobrar. Portanto, cabe-nos apenas tecer algumas considerações preliminares.

De acordo com Sanchez e Innarelli (2012), as desonestidades acadêmicas podem desdobrar comportamentos antiéticos no decorrer da vida social e profissional, incluindo várias modalidades, desde fraudes em exames escolares, cópia de ideias alheias sem a devida permissão ou atribuição de créditos, fabricação ou falsificação de bibliografias, benefícios com trabalhos realizados por outros, até apropriação de ideias e cópia de textos sem dar os créditos a seus autores, atitude que se configura como plágio e que está diretamente vinculada aos crimes advindos da violação dos direitos autorais.

No Brasil, a Lei n. 9.610/1998, sancionada por Fernando Henrique Cardoso, regula os diretos autorais referentes às publicações em obras literárias, artísticas ou científicas, assim como em transmissão, emissão ou radiodifusão de sons e imagens, retransmissão, distribuição, comunicação, reprodução, contrafação (reprodução não autorizada) de qualquer produção sem autorização do autor, coautoria, anonimato, pseudomia, ineditismo, publicações póstumas, originalidade e transformação de obras originais, invenções, publicações coletivas, editora, produção, artistas, intérpretes e titulares de qualquer tipo de produção (Brasil, 1998).

Ainda, a lei protege a autoria, o registro, o autor, o patrimônio, a utilização, a transferência, a edição, a comunicação, os bancos de dados, os artistas, os intérpretes e as empresas e estabelece as sanções às violações desses direitos, bem como as prescrições finais e transitórias de domínio público (Brasil, 1998). Portanto, é importante destacarmos que qualquer comportamento previsto em lei em relação às desonestidades acadêmicas e ao plágio é passível de penalizações.

De acordo com Sanchez e Innarelli (2012, p. 47), há alguns tipos de plágios, destacando-se:

> (1) o autoplágio, em que um indivíduo utiliza um trabalho próprio já publicado anteriormente, mas apresentado de maneira diversa; (2) a autoria fantasma, onde há a inserção de supostos autores que efetivamente não participaram de modo significativo, levando indivíduos à apropriação dos benefícios de conteúdos que os recompensam indevidamente; combinações, em variados graus, de (3) plágios

literários (cópias de textos, integrais ou em partes, substituindo-lhes algumas palavras) e (4) plágios de conteúdo (em que as ideias de autores originais são reapresentadas sem que lhes seja reconhecida a origem).

Assim, em conformidade com os autores citados, "o plágio é caracterizado como resultado de uma decisão deliberada, não acidental" (Sanchez; Innarelli, 2012, p. 47), de modo que o que o diferencia de uma situação acidental é a intenção do indivíduo de falsificar ou de se apropriar de algo que não foi produzido por ele, o que implica um comportamento trapaceiro.

Resumindo: **plagiar é crime passível de punição**. Com o avanço dos instrumentos tecnológicos e de comunicação, hoje é simples verificar se as pessoas estão utilizando cópias ou plagiando produções alheias.

Do ponto de vista ético, o plágio se caracteriza como roubo ou apropriação indébita de algo que não lhe pertence. Portanto, deve-se refutar qualquer atitude que implique em práticas acadêmicas desonestas, pois esse tipo de comportamento, na maioria das vezes, repercute ao longo da vida.

Além disso, a apropriação indébita representa um atestado de incompetência e fracasso e pode trazer prejuízos pessoais e financeiros. De acordo com o Código de Direito Penal – Decreto Lei n. 2.848, de 7 de dezembro de 1940 –, em seu art. 184, "a violação dos direitos de autoria, passível de pena de reclusão, de 2 (dois) a 4 (quatro) anos, e multa" (Brasil, 1940); conforme a Redação dada pela Lei n. 10.695, de 1º de julho de 2003, além de outras punições, inscreve-se no crime de usurpação de nome ou pseudônimo alheio (Brasil, 1940).

Para saber mais

KIRKPATRICK, K. **Evitando plágio**. 2001. Disponível em: <https://edisciplinas.usp.br/pluginfile.php/352423/mod_resource/content/1/O%20que%20%C3%A9%20pl%C3%A1gio.pdf>. Acesso em: 13 maio 2019.

Para um aprofundamento sobre esse assunto, recorra à leitura do texto Evitando plágio, *de autoria de Ken Kirkpatrick (2001).*

Parafraseando Sanchez e Innarelli (2012), tomemos cuidado com essas práticas desonestas e de má-fé, para que não possam ser associadas aos comportamentos antiéticos de profissionais na vida social e profissional.

Síntese

Neste capítulo, discutimos sobre a particularidade da pesquisa em Serviço Social e sua importância na formação e na intervenção profissional. É importante destacarmos que o Serviço Social não só produz pesquisas e conhecimento próprio, mas também produz intelectuais. Verificamos que a prática interventiva do assistente social é indissociável da prática investigativa.

Abordamos também o comportamento ético do assistente social, a ética na pesquisa em Serviço Social, os cuidados éticos no trato das pesquisas, dos sujeitos participantes, do pesquisador e de sua equipe, bem como no direcionamento dos resultados. Enfatizamos a importância dos fundamentos éticos com relação ao financiamento das pesquisas no âmbito do capitalismo e os interesses, muitas vezes escusos, no direcionamento dos resultados.

Por último, discutimos sobre o plágio e a desonestidade acadêmica, práticas corriqueiras que podem refletir no fazer profissional. Também vimos as particularidades das leis de proteção aos direitos humanos e sociais, no que se refere a pesquisas com seres humanos e a leis que garantem os direitos autorais.

Questões para revisão

1. Em relação à pesquisa em Serviço Social, analise as afirmativas a seguir.
    I) O Serviço Social é uma profissão que produz conhecimento e intelectuais e intervém na realidade.
    II) O Serviço Social atua no processo de produção e de reprodução da vida social na ordem capitalista e tem na produção de conhecimento e na intervenção os meios para transformar a realidade e as condições sociais dos sujeitos sociais.

III) A particularidade da pesquisa em Serviço Social está na construção do objeto de estudo, o que não se dá a partir da realidade social, da práxis interventiva de seus profissionais.

IV) A pesquisa em Serviço Social trabalha somente com as diversas situações políticas da prática profissional do assistente social.

V) O objetivo da pesquisa em Serviço Social é gerar conhecimento, reconstruir práticas profissionais, renovar referenciais teórico-metodológicos, centrada em uma direção ético-política.

Agora, assinale a alternativa que apresenta a resposta correta:
a) Somente a afirmativa IV é verdadeira.
b) Somente a afirmativa II é verdadeira.
c) Todas as afirmativas são verdadeiras.
d) Todas as afirmativas são falsas.
e) As afirmativas I, II, III e V são verdadeiras.

2. Com relação à produção do conhecimento em Serviço Social, assinale a alternativa correta:
a) O Serviço Social não produz intelectuais.
b) O vínculo entre trabalho, pesquisa e ciência tem sido a tônica do discurso contemporâneo no Serviço Social.
c) A preocupação em abordar a pesquisa em Serviço Social pode ser constatada por meio de diversas políticas públicas.
d) A pesquisa não ocupa um papel fundamental no processo de formação profissional do assistente social.
e) O domínio teórico-metodológico só se atualiza e adquire eficácia quando aliado ao estudo de caso.

3. Em relação à particularidade da pesquisa em Serviço Social, analise as assertivas a seguir.
I) O ensino teórico-prático e prático-teórico deve estar embasado na efetivação do currículo mínimo proposto pela Abepss.
II) O que particulariza a pesquisa no Serviço Social é seu caráter interventivo.

III) É no cotidiano profissional que os assistentes sociais têm de responder a questões subjetivas e, na maioria das vezes, de acordo com suas próprias convicções morais.

IV) O modo como os profissionais do Serviço Social fazem suas escolhas implica, necessariamente, as opções teórico-metodológica e ético-política que balizam a tomada de decisões.

V) Compreender o significado da pesquisa para o Serviço Social e como ela se expressa exige também mergulhar no universo polifacetado da experiência e do conhecimento acumulado pelo conjunto dos profissionais de Serviço Social.

Agora, assinale a alternativa que apresenta a resposta correta:
a) Todas as assertivas são falsas.
b) Todas as assertivas são verdadeiras.
c) Somente a assertiva III é verdadeira.
d) As assertivas I, II, IV e V são verdadeiras.
e) As assertivas IV e V são verdadeiras.

4. De acordo com o trecho a seguir, assinale a alternativa correta:

O coletivo profissional entendeu que os objetivos da profissão não eram somente propor, elaborar e executar políticas, programas e serviços sociais no campo governamental, empresarial e da sociedade civil, mas seria necessária uma proposta na direção de uma sociedade justa e igualitária.

a) Diz respeito à dimensão histórica da profissão.
b) Diz respeito à dimensão investigativa da profissão.
c) Diz respeito à dimensão interventiva da profissão.
d) Diz respeito à dimensão da consolidação de um projeto ético-político-profissional.
e) Diz respeito ao trabalho do assistente social.

5. Com relação às questões éticas, analise as afirmativas a seguir.

I) A consciência ética na pesquisa científica se identifica com os princípios gerais da ética geral e está implicada em subordinações políticas, ideológicas, valorativas e culturais.

II) Os problemas éticos se caracterizam por sua singularidade, e isso os distingue dos problemas morais da vida cotidiana.

III) Toda pesquisa social carrega em si uma intencionalidade, uma finalidade objetiva.

IV) Toda pesquisa social, mas não somente, acarreta responsabilidades, reconhece posições de classes, identifica situações concretas e busca desenvolver determinada consciência crítica.

V) A ética na pesquisa científica se reduz a como fazer e como comunicar e aos limites do que dizer.

Agora, assinale a alternativa que apresenta a resposta correta:
a) Somente a afirmativa I é verdadeira.
b) As afirmativas III e IV são verdadeiras.
c) As afirmativas I, III e IV são verdadeiras.
d) As afirmativas III e IV são verdadeiras.
e) Somente a afirmativa V é verdadeira.

Questão para reflexão

1. Explique o papel da ética nas pesquisas em Serviço Social.

Exercício resolvido

1. Com relação ao plágio e às desonestidades acadêmicas, assinale a alternativa **incorreta**:
   a) O plágio é caracterizado como resultado de uma decisão deliberada e não acidental.
   b) Plagiar é crime passível de punição.
   c) Do ponto de vista ético, o plágio se caracteriza como uma predisposição do estudante ou pesquisador ou mesmo como falta de caráter.
   d) Os plágios literários se caracterizam por cópias de textos, integrais ou parciais, sem referenciar o autor e a obra.
   e) Beneficiar-se de trabalhos realizados por outros é considerado uma desonestidade acadêmica.

Resposta: c

Comentário: o plágio é caracterizado como resultado de uma decisão deliberada, não acidental, de modo que o que o diferencia de uma situação acidental é a intenção do indivíduo de falsificar ou se apropriar de algo que não foi produzido por ele, o que implica um comportamento trapaceiro.

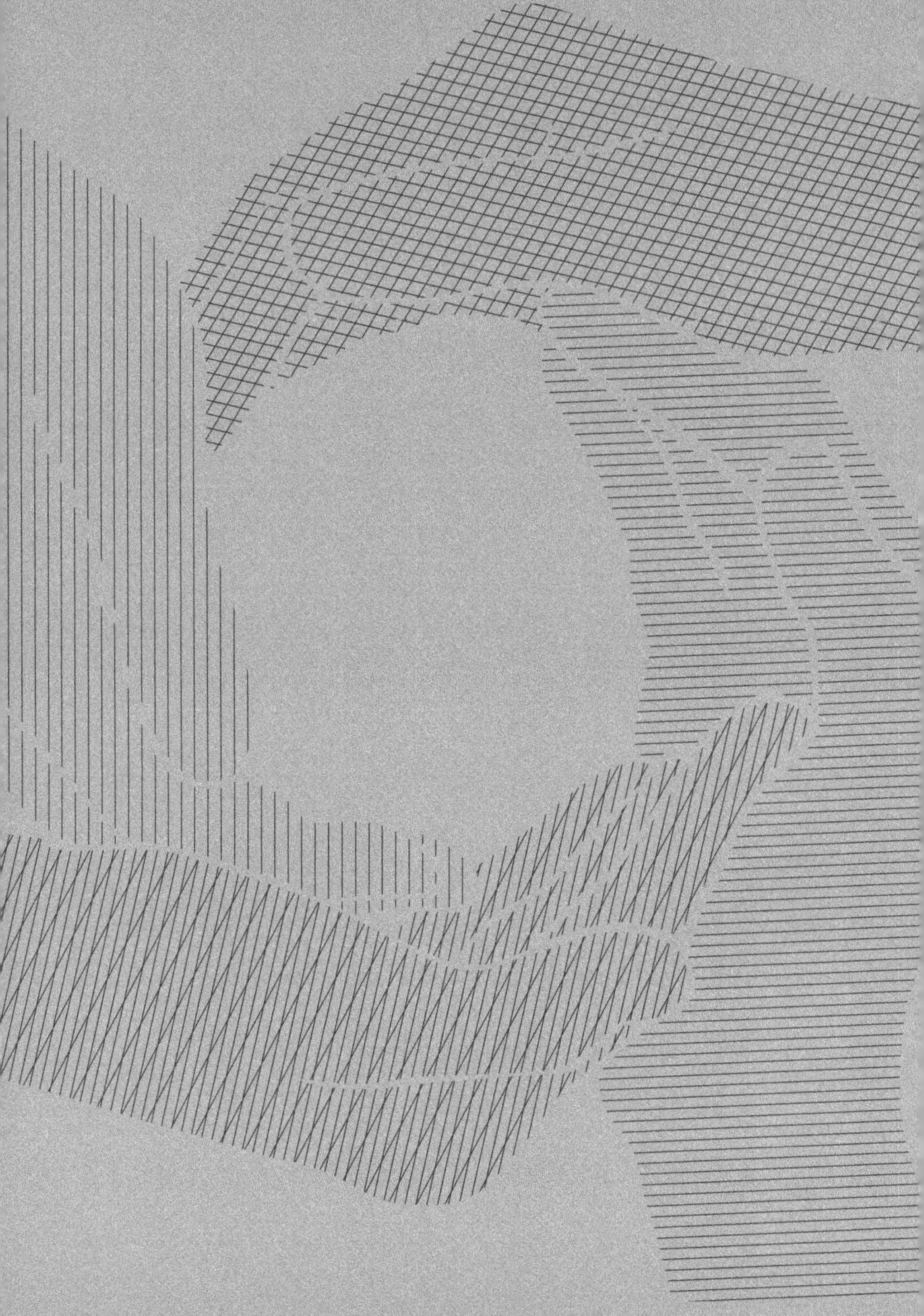

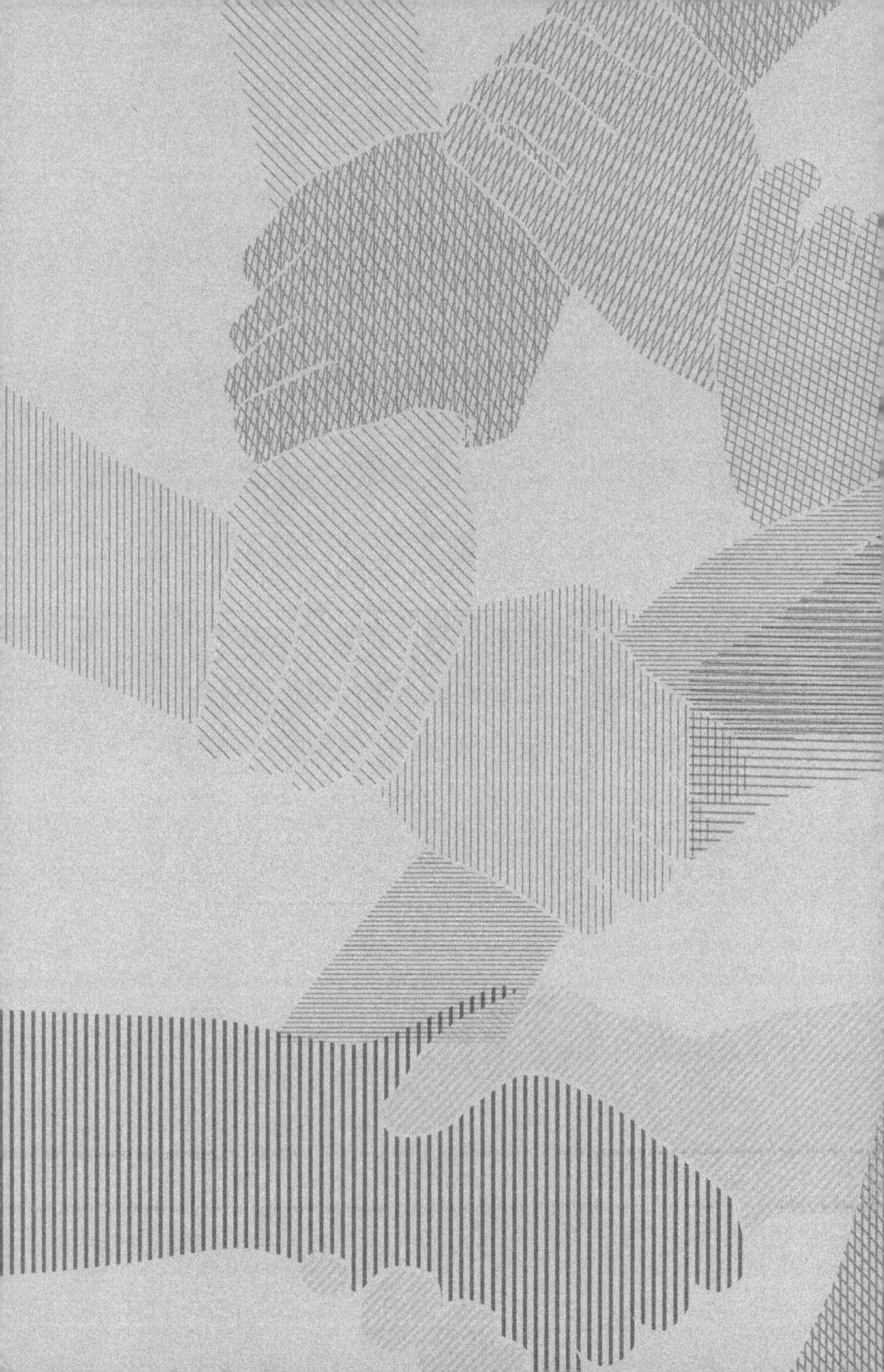

CAPÍTULO 6

Investigação e intervenção em Serviço Social

Conteúdos do capítulo:

- Investigação e intervenção no Serviço Social.
- Planejamento de pesquisa.
- Projeto de intervenção em Serviço Social.
- Indicadores e resultados.

Após o estudo deste capítulo, você será capaz de:

1. compreender a investigação e a intervenção no Serviço Social;
2. compreender o planejamento da pesquisa em Serviço Social;
3. identificar os tipos de indicadores e os possíveis resultados.

> *"Os filósofos só interpretaram o mundo de diferentes maneiras; do que se trata é de transformá-lo".*
> (Karl Marx)

Em conformidade com a Lei que Regulamenta a Profissão – Lei n. 8.662, de 7 de junho de 1993 (Brasil, 1993) –, exige-se do assistente social que a pesquisa se torne parte constituinte e constitutiva de seu trabalho como pré-condição do exercício profissional competente e qualificado (Guerra, 2009). Entre suas competências e atribuições, a pesquisa é um instrumento que permite extrair da realidade social condições para o exercício profissional. É por meio do conhecimento fornecido por ela que estabelecemos um diálogo entre a teoria e a prática ou entre a prática e a teoria como chave explicativa que permite formular indagações, reflexões e intervenções sobre as problemáticas da vida social, assim como da formação e do fazer profissional.

É o caráter interventivo próprio da profissão que conduz ao conhecimento, de modo que, para intervir, é necessário conhecer. Contudo, esse conhecimento é sempre provisório, parcial, histórico, e por meio dele são formuladas perguntas e respostas (Guerra, 2009). Segundo Guerra (2009, p. 707), a pesquisa é "um processo sistemático de ações, visando investigar/interpretar, desvelar um objeto que pode ser um processo social, histórico, um acervo teórico ou documental", e, sobretudo, "exige rigor, métodos e técnicas apropriadas e não pode ser identificada como mera sistematização de dados, de modo que há que se desenvolver determinados conhecimentos que são procedimentais", conforme vimos no decurso deste livro.

Portanto, munidos dessas pré-noções, temos a necessidade de planejar nossas ações, tanto as de caráter investigativo como as de intervenção. O primeiro passo é, sem sombra de dúvidas, colocar no papel aquilo que pretendemos realizar, criando um projeto de pesquisa ou de intervenção. O planejamento consiste em um processo racional e que visa tomar decisões a serem desenvolvidas no futuro. Faz parte da natureza humana planejar ações, tecer objetivos, metas, custos, tempo, levantar todas as possibilidades, as causalidades e os impedimentos para a realização de qualquer tarefa.

Será nessa direção que trabalharemos neste capítulo, de modo que possamos ter subsídios para o planejamento e a construção de um projeto de pesquisa ou de intervenção.

6.1 Planejar é preciso

De acordo com Baptista (2000), o planejamento é o processo que leva a definir objetivos, atividades, tempo e recursos. Como seres humanos, temos a capacidade teleológica de projetar finalidades a nossas ações, antecipar em nossa mente o que faremos, como faremos e quais recursos utilizaremos. O planejamento é primordial para o cotidiano de todas as pessoas, em qualquer espaço social ou profissional.

Planejar indica a racionalização das atividades humanas a serem desenvolvidas, de modo a atender a uma proposição e a objetivos, definir os meios e os modos disponíveis para a realização de qualquer atividade, assim como os prazos, o tempo, as condições e os custos para a realização do que nos propomos fazer, de modo a buscar definir os modos de monitoramento e a avaliação das ações. Do ponto de vista profissional, o planejamento é um instrumento processual para o exercício profissional. Planejar ações ou atividades não requer somente escrever um documento mas também definir técnicas, teorias, políticas e estratégias de maneira coerente com as conquistas e as dificuldades do processo de construção de ações cotidianas em curto, médio e longo prazos (Baptista, 2000). Ainda, é de fundamental importância definir custos, pois sem recursos humanos e financeiros qualquer projeto se torna inviável.

De acordo com Gans (1968, citado por Outhwaite; Bottomore, 1996, p. 571), em sentido genérico, planejamento é um método de tomada de decisões que propõe ou identifica metas ou fins e determina os meios ou programas que realizam ou se pensa que realizam esses fins, o que ocorre mediante a aplicação de técnicas analíticas para descobrir a adequação entre os fins e os meios e as consequências da implementação de fins e meios alternativos.

Para Baptista (2000, p. 13), *planejamento* é o "processo permanente e metodológico de abordagem racional e científica de questões que se colocam no mundo social" e que pressupõem uma "ação contínua sobre um conjunto dinâmico de situações em um determinado momento histórico". Busca ser uma "abordagem racional e científica, [que] supõe uma sequência de atos decisórios, ordenados em momentos definidos e baseados em conhecimentos teóricos, científicos e técnicos" (Baptista, 2000, p. 13).

Para saber mais

BERTOLLO, K. Planejamento em Serviço Social: tensões e desafios no exercício profissional. **Revista Temporalis**, Brasília, ano 16, n. 31, p. 333-356, jan./jun. 2016. Disponível em: <http://www.periodicos.ufes.br/?journal=temporalis&page=article&op=view&path[]=11943>. Acesso em: 11 nov. 2019

Sugerimos o texto de Kathiuça Bertollo, "Planejamento em Serviço Social: tensões e desafios no exercício profissional", que apresenta um estudo interessante sobre esse tema.

Na investigação científica, *planejar* significa definir caminhos, teorias, métodos, procedimentos, metodologias, recursos, tempo e organizar de maneira sistemática e metódica as etapas da pesquisa. Contudo, é importante não esquecermos os limites e as possibilidades para a realização dessa ação. Há muitos materiais que auxiliam a realizar essas tarefas, contudo temos observado uma dificuldade entre alunos e profissionais na realização de planejamentos ou projetos, seja de investigação, seja de intervenção. A busca por cursos que visem ensinar os procedimentos metodológicos para esse fim é grande, razão por que dedicamos este capítulo a sanar algumas lacunas que surgem nesse processo, partindo de nossas experiências particulares.

O primeiro passo para pesquisar ou intervir na realidade é, sem sombra de dúvidas, identificar o que se quer, o que se necessita ou o que se gostaria de pesquisar ou intervir. Para tanto, é necessário se munir de conhecimentos prévios, teorias e metodologias que sejam apropriadas para essa ação. Nessa fase exploratória da pesquisa ou da intervenção, necessitamos buscar conhecer, por meio de leituras e de racionalização, a problemática em que trabalharemos.

> **Fique atento!**
>
> Conforme já apontamos, sem leituras e pesquisas prévias o processo de planejamento ou da construção de qualquer projeto de pesquisa ou de intervenção é praticamente impossível. É necessário, antes de qualquer ação, saber o que se deseja realizar, e isso implica, no mínimo, conhecer o objeto a ser trabalhado ou planejado.

Como já expusemos, produzimos conhecimento diante de uma problemática, um fato, um acontecimento, uma situação, algo que nos chame atenção. Pode ser um problema econômico, político, social, cultural ou mesmo espiritual, uma avaliação de determinada política ou programa social, uma análise de território, um caso específico, uma história de vida, uma comunidade, um fato histórico, um problema do cotidiano profissional, um movimento social, uma teoria, um procedimento, um instrumento; há múltiplas questões que estão a nossa frente, as quais podemos conhecer ou nas quais podemos intervir.

Como há muito material – apostilas, textos, cartilhas, livros e artigos – que explora esses assuntos, optamos por seguir as indicações e as orientações produzidas pelos dois cursos de capacitação profissional coordenados pelo Conselho Federal de Serviço Social (CFESS) em parceria com a Associação Brasileira de Pesquisa em Serviço Social (Abepss), em uma proposta integrada de capacitação continuada para assistentes sociais. Quando necessário, faremos intervenções de outras fontes. Desse modo, dividiremos este capítulo em três partes: na primeira, trabalharemos os procedimentos para o planejamento e a preparação de um projeto de pesquisa; na segunda, exploraremos o projeto de intervenção; e, por último, trataremos da construção de indicadores.

6.2 Planejamento e preparação do projeto de pesquisa

Segundo Luna (2011, p. 19), "toda pesquisa tem um problema, embora a sua formulação possa variar quanto à natureza ou molaridade". Ter clareza do que pesquisar é fundamental dentro do processo de investigação, pois é a partir do problema definido que as decisões necessárias são tomadas. De certo modo, toda e qualquer pesquisa só existe em função de um problema, uma contradição, pois sua principal função é dar respostas ou identificar uma problemática. Se há uma contradição é porque alguma coisa está causando uma tensão, uma desarmonia, um erro; logo, esse problema precisa ser descoberto e superado.

Podemos realizar pesquisas para descobrir a cura de uma doença, a incidência ou a prevalência de determinado fenômeno social; o controle da poluição; a incidência de condições de miséria; meios para a erradicação da fome; o controle de frequência escolar; a necessidade de implantação de políticas de proteção social; o mapeamento de famílias que recebem Bolsa Família, enfim, indagações que apontam para as contradições da vida social. Contudo, a escolha de um problema pode se tornar outro problema, já que vivemos em uma sociedade contraditória; por isso é importante que o pesquisador busque elencar o problema a ser pesquisado com aqueles que o vivenciam cotidianamente.

O problema de pesquisa surge de uma indagação, de uma contradição, de uma pergunta, de uma dúvida ou mesmo de uma situação que queremos compreender, analisar e responder. Por isso, esse é o primeiro passo para qualquer pesquisa (ou intervenção). Contudo, não se pode nem há condições de conhecer o todo de uma só vez, aliás, isso seria uma tarefa praticamente impossível; é preciso fazer um "recorte" da realidade, definir e situar o problema, delimitar o tema ou o assunto.

Pode surgir na sala de aula, na vida pessoal, de uma observação, de determinada vivência ou mesmo no campo de estágio ou no cotidiano de trabalho, podendo ser um problema teórico ou prático, conforme já apontamos. Por exemplo, podemos querer saber sobre determinado comportamento (homossexualidade), ou sobre determinada política pública (política de assistência social), ou sobre um instrumento (visita domiciliar), ou ainda podemos querer conhecer determinado grupo de trabalhadores (trabalhadores rurais) ou um movimento social (movimento feminista) – há infinitas possibilidades e questões a serem investigadas. Basta que se identifique com o assunto.

Certa vez, assistimos a um documentário no qual a entrevistada, que lidava com as questões indígenas, expôs que, quando as pessoas diziam que ela mexia com índios, ela sempre respondia que não era ela quem mexia com os índios, mas eles é que mexiam com ela. Nesse caso, as questões indígenas, as injustiças, a cultura, enfim, os problemas relacionados a essa questão a incomodavam, por isso ela se tornou uma pesquisadora do assunto. Há temas que nos escolhem.

O próximo passo é definir a necessidade, a natureza e o tipo de pesquisa, conforme já apontamos. Podemos realizar uma pesquisa exploratória, dedutiva, descritiva, exploratório-descritiva, uma pesquisa qualitativa, quantitativa ou qualiquantitativa, e definir se será uma pesquisa bibliográfica, teórica, empírica etc. As escolhas devem estar em conformidade e atender as nossas necessidades ou o problema em questão. Em seguida, é necessário definir as estratégias e os instrumentos para ir a campo e realizar a coleta de dados, caso existam, ou definir a linha teórica e os procedimentos de análise.

Outra questão importante é a definição do tema da pesquisa. Temos observado, principalmente nos Trabalhos de Conclusão de Curso (TCC), muitos temas amplos, como Serviço Social e saúde, Estado e sociedade civil, Serviço Social sociojurídico – temas que são interessantes e oportunos, mas que não definem o problema a ser investigado.

> **Fique atento!**
>
> Quanto mais bem formulado for um problema, mais fácil e adequado será o processo de tomada de decisões e melhor será a construção do projeto de pesquisa e seus resultados.

É importante destacar que há, ainda, algumas indagações fundamentais que precisam ser realizadas em qualquer pesquisa: Terei condições para pesquisar esse tema? Terei material teórico suficiente e disponível? Terei possibilidade para a realização de uma pesquisa de campo? Terei acesso aos sujeitos de pesquisas e as informações de que necessito? Terei tempo hábil para a realização dessa investigação? É viável? É importante e necessário? O orçamento será suficiente? Essas são questões relevantes para realizarmos uma pesquisa com eficácia e eficiência.

Definidos esses passos, é hora de verificarmos o que já foi produzido sobre o tema escolhido e que será a base para a sustentação teórica da pesquisa. É o momento de fazermos uma boa revisão bibliográfica ou mesmo iniciá-la, conforme já esclarecemos. Não é necessário aprofundamento nesse momento, mas verificar tudo que foi produzido sobre o assunto em questão. Faremos algumas leituras preliminares para definirmos a linha teórico-conceitual, as hipóteses ou os pressupostos de explicação do assunto escolhido, enfim, buscaremos algumas informações fundamentais, até mesmo para termos subsídios para construir um bom projeto de pesquisa.

Marsiglia (1999) indica que se deve ter cuidado em buscar autores com abordagens diferentes sobre o assunto escolhido. Além disso, realizar leituras sem fazer fichamento ou resumo é quase sempre um trabalho perdido; para tanto, é importante selecionar as ideias principais de cada autor, os pontos de convergência e as divergência sobre o problema investigado. Tais apontamentos devem ser anotados e referenciados para não perder a fonte utilizada. Desse modo, é possível ter uma visão mais ampla para a realização da pesquisa. Podem até surgir novos problemas de pesquisas, novas metodologias, novas hipóteses e definições processuais, por isso é importante delimitar o tema, definir o objeto, traçar os objetivos, definir a necessidade, os interesses, o tempo e as etapas da pesquisa (o cronograma), as condições, os instrumentos de pesquisa, o orçamento (se necessário), a equipe (se for o caso) e a bibliografia essencial para a investigação.

Depois desse processo, munidos dessas informações, pode-se partir para a definição do **objeto** da pesquisa, o coração da pesquisa. É nesse momento que muitos têm a maior dificuldade, principalmente em delimitá-lo. Toda pesquisa tem começo, meio e fim, por isso é muito importante definir o objeto a ser pesquisado para que a pesquisa não se torne interminável ou resulte em uma "colcha de retalhos" de vários assuntos, o que também pode resultar em perda de tempo e dinheiro.

O objeto pode ser definido como o fim que se almeja ou o que se deseja investigar. Em outras palavras, é o eixo central da investigação. Contudo, o objeto não é o tema ou o assunto da pesquisa. Na maioria das vezes, o assunto e o objeto de pesquisa "perseguem" o pesquisador, estão próximos da realidade deste. Muitas vezes, é aquilo que incomoda, que faz refletir, que desperta curiosidade. O importante é se identificar com o assunto, conforme já apontamos. Nada causa mais aborrecimentos do que pesquisar algo que não promova satisfação, de que não gostamos ou com o que temos dificuldades em lidar.

Em um exemplo prático, a primeira pergunta que devemos fazer é: "O que queremos pesquisar?", ou seja, qual é o assunto que chama atenção ou que necessitamos quantificar ou qualificar. Sendo o Serviço Social uma profissão que lida com as questões do cotidiano e intervém na realidade social, na maioria das vezes, é desse lugar que "capturamos" o assunto.

Suponhamos que a resposta obtida seja *a violência contra as mulheres*. Tem-se, assim, um tema, um assunto, um fato real, uma problemática cotidiana que necessitamos conhecer. Mas aí vem à segunda pergunta: "O que queremos saber sobre esse assunto?". Você pode querer saber sobre a violência doméstica no local de trabalho, na vida cotidiana, ou mesmo sobre os tipos de violência, os casos, o fenômeno em si – é preciso escolher uma entre as várias problemáticas. Se você escolheu ou necessita saber sobre a **violência doméstica**, está definida sua preocupação, a dúvida e o problema de pesquisa. Mas ainda é muito amplo, pois a violência doméstica pode acontecer em qualquer cidade, Estado ou país.

Continuando com o exemplo, você pode querer ou necessitar saber sobre **a violência doméstica em determinada cidade**. Assim, já temos o problema (**a violência doméstica**), o sujeito de pesquisa (**as mulheres**) e o local (**o município X**). Falta delimitar um período. Suponhamos que o período escolhido foi **entre os anos 2010 e 2015**. Pronto! Está definido o seu tema e o seu objeto. Seu tema será: *Serviço Social e a violência domiciliar: a incidência da violência doméstica às mulheres do município X entre os anos de 2010 e 2015*, logo, seu objeto é a **incidência da violências doméstica às mulheres do município X entre 2010 e 2015**.

Essa pesquisa é de natureza aplicada e exploratória; pode ter uma abordagem qualiquantitativa e pode-se fazer uso de questionários e entrevistas para realizar um levantamento de dados sobre o assunto. Como é uma investigação na área do Serviço Social, pode-se focar na atuação do assistente social ou apenas em fazer um levantamento sobre os tipos de violência ou um mapeamento do município para saber quais regiões têm mais incidência dessa problemática. Se o objeto e o tema de pesquisa estão bem delimitados, já é possível começar a trabalhar.

O segundo passo é definir os objetivos da pesquisa. Para tanto, é possível elaborar algumas perguntas norteadoras para o trabalho:

a. Quais são os motivos que levam à violência doméstica contra as mulheres no município X?
b. Quais são suas particularidades?
c. Quais são as estratégias para seus enfrentamentos?
d. Quais são os dados estatísticos que podem ser obtidos?

Essas questões podem auxiliar a definição dos objetivos, que podem ser separados em *geral* e *específicos*, e das finalidades que se pretende atingir com essa pesquisa.

> **Fique atento!**
>
> Lembramos que os objetivos (geral e específicos) devem ser redigidos com verbos no infinitivo, por exemplo: *identificar, quantificar, analisar, compreender, comparar*. Verbos que exprimem ideias ou ideais a serem alcançados são próprios para definir os objetivos de um projeto de intervenção, e não de investigação, como: *promover, contribuir, melhorar*.

Com o objeto de estudo e os objetivos bem definidos e delimitados, o próximo passo é justificar a importância da pesquisa, qual relevância e contribuição terá para a compreensão da realidade e quais seriam os grupos sociais beneficiados com os resultados da investigação (Marsiglia, 1999); por fim, qual é a contribuição para a produção de conhecimento em Serviço Social.

A justificativa busca exaltar a importância do assunto estudado e explicar a necessidade de sua realização. É o momento de demonstrar e convencer sobre a importância da pesquisa, portanto, a forma e a argumentação são fundamentais. Seguindo nosso exemplo, poderíamos definir a justificativa como **dar maior visibilidade às expressões de violência contra as mulheres**. Cabe, então, construir um texto esclarecendo e convencendo sobre os motivos que justificam essa pesquisa.

Em seguida, parte-se para a definição da metodologia, definindo os caminhos, o local, o público-alvo, se haverá pesquisa de campo e como será realizada, como será feita a coleta de dados ou de informações, quais serão as técnicas e os instrumentos necessários para a realização do estudo. É importante lembrar que a metodologia é a explicação minuciosa, detalhada, rigorosa e exata de todas as ações e os procedimentos necessários para a realização da investigação.

> **Fique atento!**
>
> Não confunda *metodologia* (como vou caminhar?) com *método* (qual caminho vou percorrer). Técnicas e instrumentos se referem ao *modo* (que ferramentas utilizar para percorrer esse caminho).

O próximo passo é definir a hipótese (a problematização do tema), o referencial teórico e os resultados esperados. Também é preciso definir o prazo, a equipe (se necessário), os custos (caso haja) e as referências (bibliografias, endereços eletrônicos, entre outras fontes que forem necessárias para a construção do projeto de pesquisa).

A hipótese ou os pressupostos para a pesquisa indicam os resultados a que se almeja chegar; é uma pressuposição provisória sobre o problema e tem por base uma sustentação teórica e que possa ser verificada empiricamente (Triviños, 2010). Para Luna (2011), a *hipótese* significa uma "suposição", uma conjectura, os possíveis resultados a serem obtidos e visa preestabelecer uma solução ou várias soluções para o problema colocado.

Suponhamos que sua hipótese seja que **a violência doméstica contra mulheres no município X, no período entre 2010 e 2015, está aumentando por falta de informação**. A pesquisa comprovará ou refutará essa hipótese. Com relação ao objetivo de seu estudo, podemos dizer que seja: **identificar os motivos pelos quais o número de incidência de violência doméstica contra a mulher aumentaram no município X, no período de 2010 a 2015**. Nesse caso, podemos encontrar hipoteticamente vários motivos, mas o importante é definir os mais prováveis.

Seria possível verificar outras problematizações: 1º) a violência doméstica está relacionada à cultura machista da cidade X; 2º) a violência doméstica tem uma relação significativa com as condições econômico-sociais de determinadas camadas da população do município X; 3º) a violência domiciliar está relacionada à condição de subalternidade da mulher; 4º) a violência domiciliar está relacionada à falta de equipamentos de proteção às mulheres.

É importante notarmos que essas hipóteses são questões objetivas (*está, é, tem, ocorre em relação*), que serão confirmadas ou não, pois supõem uma ou mais causas. Dependendo do alcance da pesquisa, podemos encontrar mais de uma hipótese; nesse caso, é importante deixá-las evidentes, mas esse número não deve ser excessivo, pois podem gerar problemas nos resultados ou nas ações a serem tomadas depois da análise desses resultados.

A etapa final é a construção das tabelas que designarão o tempo (cronograma), os custos (recursos) e os materiais para a realização da pesquisa – os dois últimos apenas quando necessário. O cronograma normalmente é representado por uma tabela que prevê o tempo a ser gasto para a realização de todas as atividades programadas, assim como os custos e os materiais. Definidos todos esses fatores, é hora de colocar tudo no papel e escrever o projeto de pesquisa.

No caso de estudantes, é importante destacarmos a necessidade de definir um orientador, considerando a importância do espaço de orientação, momento em que se estabelece uma inter-relação entre aluno e orientador, o que faz parte do processo de ensino e aprendizagem para a construção do projeto e da pesquisa propriamente dita. Assim, essa dinâmica é primordial para o cumprimento das ações propostas no projeto e para o desenvolvimento e a construção da investigação. Sugerimos que essa escolha seja realizada com bom senso entre orientando e orientador, de modo a proporcionar um clima de tranquilidade, acolhimento e, muitas vezes, de cumplicidade, para que os estudos e as reflexões fluam da melhor maneira possível. Além disso, é o orientador que proporciona todo o suporte para o desenvolvimento do processo de pesquisa, podendo este ser presencial ou *on-line*.

Em síntese, o projeto de pesquisa deve conter:

- Introdução – breve exposição do tema;
- Objetivos – geral e específicos;
- Justificativa;
- Metodologia;
- Referencial teórico;
- Resultados esperados – hipóteses;

- Cronograma;
- Recursos e equipe – quando necessário;
- Referências.

Entendido esse processo, passaremos para a formulação do projeto de intervenção, que, na forma estrutural, não difere muito do projeto de pesquisa, mas tem suas especificidades.

Para saber mais

ALCOFORADO, M. G. Elaboração de projetos de pesquisa. In: CFESS – Conselho Federal de Serviço Social; ABEPSS – Associação Brasileira de Ensino e Pesquisa em Serviço Social. **Serviço Social**: direitos sociais e competências profissionais. Brasília, 2009. p. 719-738.

Sugerimos a leitura do texto de Mirtes Guedes Alcoforado: Elaboração de projetos de pesquisa.

6.3 Projeto de intervenção[1]

Um dos desafios colocados para o exercício profissional do assistente social é, sem sombra de dúvidas, a articulação entre a pesquisa e a intervenção. De modo geral, a intervenção profissional é, em si, uma atitude investigativa, pois, de certa maneira, aguça o espírito da descoberta, extraindo da imediaticidade da vida real, buscando entender os fatos ou os fenômenos da aparência para a essência, de modo a compreender os nexos e as conexões da complexidade da vida social (Baptista; Battini, 2014).

---

1 Tomamos por base para a construção deste item o material produzido pela coordenação do curso de Capacitação em Serviço Social e Política Social do Programa de Capacitação Continuada para Assistentes Sociais.

Assim como o projeto de investigação, o projeto de intervenção constitui uma organização sistemática das ações técnico-operativa e ético-política do exercício profissional do assistente social. Busca responder às expressões multifacetadas da "questão social", nutridas pelos pressupostos teórico-metodológicos obtidos pela investigação e pela produção do conhecimento, de modo a articular e construir mediações inscritas no campo das políticas sociais e nas lutas cotidianas, no sentido de tomar decisões socialmente conflituosas para a gestão, a implementação de programas e de projetos sociais, a efetivação de serviços socioassistenciais, as lutas diárias para a efetivação dos direitos humanos e sociais, a ampliação da democracia, da cidadania, da igualdade, da equidade e da justiça social, entre outras ações (CFESS; ABEPSS; CEAD-UNB, 1999).

De acordo com Bourguignon (2008b) e em conformidade com os pressupostos teórico-metodológicos firmados pelo legado marxiano e pela tradição marxista – pensamento hegemônico do Serviço Social na contemporaneidade –, a intervenção profissional do assistente social extrai da realidade concreta o objeto determinado para sua intervenção. É por meio dos processos de abstração e de processualidade histórica que buscamos entender os problemas sociais postos para serem desvendados pelos profissionais do Serviço Social. Por meio de aproximações sucessivas, buscam-se respostas para a complexidade e a dinâmica da vida social.

Partimos das demandas cotidianas dos usuários das políticas públicas, cidadãos de direito, buscando entender sua dinâmica dentro de sua processualidade histórico-social, em conformidade com seus valores, suas crenças, suas determinações, suas circunstâncias, suas vontades, seus desejos, seu modo de ser e de estar *na* e *para* a vida social. É nesse contexto que buscamos compreender a natureza do trabalho profissional, os procedimentos, as técnicas e os instrumentos de intervenção, articulando seu saber com o conhecimento de outras áreas do conhecimento e da intervenção.

Assim, a formulação de um projeto de intervenção pode ser considerada um trabalho de síntese entre conhecimento e ação, voltado para o enfrentamento das questões que requerem respostas técnicas e políticas, guiadas por uma ética emancipatória. Envolve, por conseguinte, um conjunto articulado de saberes, de técnicas e de instrumentos que respondam às carências e às necessidades dos segmentos populacionais mais fragilizados (CFESS; ABEPSS; CEAD-UNB, 1999), podendo, ainda, ser formulado e construído em equipe, o que se considera um trabalho multi ou interdisciplinar.

Trabalhando em instituições públicas e privadas, o assistente social é chamado a responder demandas voltadas para a implementação programas, projetos, metas e de programação de atividades que requerem recursos materiais, humanos e financeiros. Contudo, não podemos esquecer que, como força de trabalho especializado, na condição de trabalhador assalariado inscrito na divisão sociotécnica do trabalho, o assistente social exerce suas funções e atividades quando se associa aos meios e às condições de trabalho no marco da relação de poder das organizações e das entidades demandatárias do trabalho profissional. Portanto, há limites e obstáculos econômicos, políticos, sociais e culturais a serem superados cotidianamente (CFESS; ABEPSS; CEAD-UNB, 1999).

Para tanto, é oportuno lembrar que as exigências contemporâneas requerem dos profissionais do Serviço Social consistente conhecimento teórico-metodológico, compromisso ético-político com os valores e os princípios estabelecidos no Código de Ética Profissional e capacitação técnico-operacional que possibilite definir estratégias e táticas na perspectiva do fazer profissional, da consolidação teórico-prática e da proposta ético-político-profissional que visa aos interesses, às carências e às necessidades dos sujeitos sociais, na efetivação dos direitos humanos e sociais, na ampliação da esfera pública e na construção de uma sociedade justa e libertária, que preze pela cidadania, pela democracia, pela igualdade, pela equidade e pela justiça social (CFESS; ABEPSS; CEAD-UNB, 1999).

6.3.1 Informações preliminares para construção de projeto de intervenção

Do ponto de vista formal, o projeto de intervenção não diverge do projeto de pesquisa, contudo há algumas especificidades que os diferenciam. A primeira recomendação é que, sendo esse um **instrumento de negociação**, deve atender a alguns requisitos básicos, seja em termos financeiros ou técnicos, seja de justificativa e de convencimento. Normalmente, é utilizado para propor alguma coisa a outrem, como empresa, instituição pública ou privada, grupos, equipes ou órgãos de fomento. Portanto, sugerimos que o seu conteúdo seja claro, preciso, objetivo e que possa transmitir aos interessados as propostas almejadas, permitindo o estabelecimento dos objetivos e das metas a serem realizados pelos profissionais envolvidos.

Definida a demanda – que pode ser a efetivação de um direito ainda não contemplado, a oferta de uma oficina ou de algum serviço específico, a implementação de um programa ou projeto, alguma ação ou problema prático a ser resolvido –, o projeto tem a finalidade de ser um roteiro que ilumina as ações propostas. Nesse caso, o planejamento das ações a serem desenvolvidas assume uma dimensão mais específica.

Segundo Baptista (2000), o planejamento tem uma dimensão política porque visa a um processo contínuo de tomada de decisões, como também uma dimensão valorativa, porque implica ideias e sistema de valores subjacentes às decisões norteadoras, além de expressar uma dimensão técnico-administrativa, porque pressupõe um esquema que pode abranger diferentes níveis e setores.

Todo planejamento, nos termos de Baptista (2000), pressupõe quatro etapas:

1. **Reflexão**: Trata-se do conhecimento da realidade por meio de dados, de análise e de estudos de alternativas, de adaptação e de combinação de conceitos e de técnicas de diversas disciplinas relacionadas com a explicação e a quantificação dos fatos sociais e outros.

2. **Decisão**: Trata-se das escolhas de alternativas, da determinação de meios, da definição de prazos, recursos, equipe técnica, entre outras necessidades.
3. **Ação**: Trata-se do momento da execução propriamente dita das decisões tomadas; é o foco central do planejamento e se realiza por meio de etapas preestabelecidas, a partir de instituições e de pessoal especializado.
4. **Revisão**: Trata-se das operações críticas dos efeitos e dos resultados da ação planejada, com vistas ao embasamento de ações posteriores.

Tomar decisões implica atender à estrutura organizacional vinculada, com delegação de funções, autoridade e responsabilidades definidas e claramente expostas, de modo a seguir normas adequadas de conduta que possam ser postas em prática sem dificuldades, estabelecer um sistema de informação rápido e eficiente, que favoreça a circulação das informações necessárias para a tomada de decisões, e buscar efetivar um sistema de avaliação e de controle que permita a adequação de medidas de ação de acordo com os desvios importantes na ação e nos resultados planejados.

No processo de planejamento que busca a intervenção, é fundamental escolher e delimitar o objeto da ação. Para tanto, um estudo ou diagnóstico (que pode ser feito como pesquisa preliminar quantitativa) auxilia a definição de objetivos da ação e estabelece metas, formulações e escolha de alternativas. É essencial que haja a elaboração de planos, programas ou projetos que busquem implementar e executar serviços necessários. Além disso, é fundamental estabelecer diretrizes para o controle, a avaliação e a revisão das ações realizadas.

Assim, o projeto de intervenção é um documento que sistematiza e estabelece o traçado prévio da operação de uma unidade de ação. É, portanto, a unidade elementar do processo sistemático e racional das decisões a serem tomadas. Constitui-se da proposição de produção de algum bem ou serviço, com emprego de técnicas determinadas e com o objetivo de obter resultados definidos. Além disso, é o instrumento mais próximo da execução, necessitando detalhar atividades a serem desenvolvidas, estabelecendo prazos, recursos humanos e materiais, além de receitas e de custos. Pode ser definido em diferentes modalidades e em conformidade com o aspecto da ação sobre o qual incide a planificação, seja no campo de atividade (social, educacional, econômico), seja na especificidade do processo utilizado (administrativo, de capacitação, de pesquisa, de intervenção social), seja pelo tipo de produto esperado (creche, curso, oficina, artesanato).

A elaboração de projetos sociais, em geral, acompanha um roteiro predeterminado, o qual, na maioria das vezes, é definido de acordo com as necessidades e as exigências próprias do órgão de execução ou de financiamento. Em geral, são importantes ferramentas de ação amplamente utilizadas pelo Estado, pelo terceiro setor e pela sociedade civil, principalmente na implementação de serviço e de políticas sociais.

O projeto social é uma ferramenta adequada para dar conta da complexidade da vida social contemporânea, porque uma de suas características principais é delimitar a ação social, permitindo a avaliação e o monitoramento contínuo do que está sendo feito e o redimensionamento da atuação, quando necessário. Além disso, facilita a articulação entre vários agentes e mecanismos de ação social por meio da explicitação de parcerias entre atores sociais que, embora não compartilhem a mesma visão em termos de política global, estão dispostos a agir conjuntamente em intervenções delimitadas. Também permite a transparência na tomada de decisões e nas definições de ações a serem realizadas, na indicação de competências e de responsabilidades, buscando democratizar as informações e o controle público sobre as ações e os resultados sociais.

No âmbito do Estado, pode ser interpretado como uma etapa ou uma modalidade de trabalho que se reporta necessariamente a objetivos globais de uma política pública governamental. Na esfera da sociedade civil e do terceiro setor, os projetos sociais são capazes de produzir experiências inovadoras, contribuindo para o enraizamento ou para a implantação ou a renovação de políticas sociais. Com isso, podem promover o fortalecimento dos grupos sociais envolvidos e a democratização da sociedade.

Porém, alguns riscos podem surgir sob a forma de projetos, como a fragmentação das ações, excessiva dependência, falta de legitimidade ou representatividade, indefinição de responsabilidades e méritos, descontinuidade, baixo controle da efetividade das ações e dificuldade na interpretação de desdobramentos do projeto, entre outros fatores. Contudo, os projetos sociais permitem a articulação de atores sociais por meio de redes de relações, além de favorecer o desenvolvimento do diálogo entre várias instituições e com outros agentes.

O projeto social viabiliza parcerias ou outras modalidades de apoio que podem estar associadas a três níveis de articulação: 1) apoio e fomento de doadores, financiadores, agências de cooperação, bancos, fundos governamentais, igrejas; 2) mediação e articulação entre organizações não governamentais (ONGs), organizações sociais ou comunitárias, organismos públicos e redes solidárias; e 3) gestão local, articulação com público-alvo, beneficiários e grupos de base.

É importante destacarmos que nenhum projeto segue adiante sem apoio local, financeiro ou de recursos humanos.

Fique atento!

Para a elaboração de um projeto de intervenção é importante fazermos algumas indagações: Quais são as necessidades da população? Que necessidades se traduzem em demandas? Quais são as prioridades? Quais são as potencialidades das organizações? Como podem ser organizadas as reivindicações? Que outros atores podem apoiar as ações? Quais atores se opõem ao projeto? Que atores podem ser conquistados para o projeto?

Essas são perguntas-chave que definem as ações e as estratégias para a viabilidade do projeto. Estabelecem um consenso mínimo em torno do plano de ação, pois nem todos os atores precisam estar de acordo com todos os pontos, já que esperar que todos concordem é paralisar a execução de um projeto.

Na elaboração de uma proposta, o pensamento está sempre direcionado para o futuro; são ações a serem implantadas, objetivos a serem atingidos, recursos a serem captados e resultados a serem alcançados. Por isso, alguns pontos devem ser relativamente consensuais:

a. **Diagnóstico**: Todos devem concordar que a questão é um problema social.
b. **Formas de intervenção na realidade**: Buscar estratégias básicas que devem estar claras e assumidas por todos.
c. **Objetivos**: Devem estar alinhados, principalmente entre as organizações que estão à frente do projeto.
d. **Resultados**: Há a necessidade de uma visão semelhante entre as organizações e os beneficiários quanto aos resultados desejáveis.

Esclarecidos esses pontos importantes sobre o projeto de intervenção, agora saberemos como elaborar um bom projeto.

6.3.2 Construção do projeto de intervenção

Para a elaboração de um projeto de intervenção é aconselhável seguir algumas fases preliminares. Assim como no projeto de investigação, é necessário haver uma ou mais propostas de ação, que podem surgir de um estudo, de uma demanda ou de uma necessidade. Em seguida, é importante realizar um pré-planejamento das ações e a formulação das propostas, assim como buscar articular o projeto com as ações implementadas (avaliação contínua, avaliação formal, revisão do plano de trabalho). Por último, torna-se necessário realizar avaliações e monitoramentos periódicos, emitindo relatórios para dar visibilidade e transparência às ações desenvolvidas. Um bom projeto se retroalimenta.

Alguns itens são estritamente necessários para compor o projeto: capa, apresentação da organização ou da instituição, contexto do projeto, justificativa, objetivos (geral e específico), público-alvo, metas (de curto, médio e longo prazos), metodologia, equipe e parcerias, cronograma, orçamento, avaliação, referências, anexos (se necessário) e um resumo (claro e objetivo, mas opcional).

> **Fique atento!**
> Todo projeto de intervenção implica em **convencimento**, então, devemos ter cuidado com a sua estética (aparência), pois ele é a imagem de nosso trabalho. Para isso, deve-se evitar exageros e ser objetivo. Em alguns casos, fotos ou imagens anexadas podem ser estratégias de convencimento. Lembrando, ainda, que as palavras exprimem ideias; portanto, todo cuidado é pouco com relação aos aspectos ortográficos e gramaticais.

Algumas sugestões são importantes: a capa deve identificar o projeto: nome do proponente, título do projeto (sugestivo e que dê visibilidade ao projeto) e data. Ser simples, com poucas informações, mas apresentável, de modo a valorizar o conteúdo e causar uma boa impressão. A apresentação da organização ou da instituição deve ser clara, objetiva e direta.

Dados de identificação
- Nome
- Endereço completo
- Registro jurídico (CNPJ)

Dados de qualificação
- Breve histórico
- Projeto que já realizou ou realiza
- Prêmios recebidos (quando houver)
- Entidades com as quais mantém parceria ou das quais recebem apoio (quando houver)

Organização proponente: quem propõe, o responsável pelo projeto.
Organização executora: responsável por desenvolver as ações.
Em seguida, é preciso situar o projeto, expor o contexto em que se insere. Pode-se partir de uma pequena análise de realidade, extraída de artigos (jornais, revistas), livros, estatísticas, mapas, ilustrações gráficas, relatório, atas, diário de campo, internet, entre outras fontes. Um bom projeto é aquele que não é muito detalhado nem tão econômico e não se baseia em suposições,

mas em fundamentações seguras e precisas, cujo contexto está diretamente relacionado com a justificativa.

A justificativa deve ser pautada nas seguintes questões: Por que o projeto deve ser implantado? Por que esse projeto deve ser realizado? Por que esse projeto necessita de apoio? Por que esse projeto é importante? É importante demonstrar que o projeto está relacionado com algum problema social relevante, destacando os benefícios que trará à população, à comunidade, à instituição ou à empresa, ressaltando as qualidades da organização e o papel estratégico das ações a serem desenvolvidos.

É necessário ressaltarmos que a justificativa está relacionada ao contexto do projeto em condições apropriadas, importantes e fundamentais. **O importante é convencer o executor do projeto.** Os objetivos expressam o que a equipe quer transformar. O **objetivo geral** se relaciona com a justificativa e os **objetivos específicos** se relacionam com o quadro de metas (e com a metodologia).

O objetivo geral aponta para uma transformação mais ampla, podendo ser relacionada com a missão da organização proponente. Essa mudança é denominada pela literatura especializada de *impacto do projeto*. Em geral, tem redação abstrata, pouco vinculada a ações ou resultados efetivos a que se quer chegar pelo próprio projeto. É interessante salientarmos que cada projeto tem **um** objetivo geral – se houver mais de um, há mais de um projeto.

Os objetivos específicos estão mais relacionados ao caráter operacional do projeto, apontando para resultados concretos, e são questões que podem ser alcançadas por meio do próprio projeto. Em muitos casos, os resultados podem – e devem – ser qualificados. São vários (em geral, não mais que cinco), podendo ser amplamente debatidos entre os pares, porque têm um importante papel político. Nesse item devem ser materializados os acordos, os pactos dentro do grupo e os parceiros envolvidos. Um projeto é efetivo na medida em que consegue atingir as metas propostas por seus objetivos específicos, bem como pelas parcerias estabelecidas.

O público-alvo (ou universo do projeto), na maioria das vezes, envolve a população direta ou indiretamente. A população diretamente envolvida é aquela que se relaciona de maneira concreta e imediata com o trabalho; já a população indiretamente envolvida é aquela que se relaciona de modo mais distante ou mesmo ausente, podendo ser uma parcela significativa que usufruirá indiretamente dos benefícios do projeto, caso este seja bem-sucedido, mas não participará ativamente de sua implantação. Na medida do possível, o público direto deve ser quantificado e o público indireto, estimado.

O quadro de metas é parte essencial da proposta, no qual os objetivos específicos se traduzem em ações e resultados. Existem, assim, várias maneiras de formatá-lo. Os **indicadores** de resultados e meios de verificação podem causar uma boa impressão, dar maior credibilidade e veracidade às informações contidas no projeto. As ações podem ser de curto, médio ou longo prazos.

> **Indicadores**: "parâmetros qualificados e/ou quantificados que servem para detalhar em que medida os objetivos de um projeto foram alcançados, dentro de um prazo delimitado de tempo e numa localidade específica. Como o próprio nome sugere, são uma espécie de 'marca' ou sinalizador, que busca expressar algum aspecto da realidade sob uma forma que possamos observá-lo ou mensurá-lo" (Valarelli, 2019, p. 2).

As metas implicam resultados e impactos. Os **resultados** são aqueles que se preveem como consequência direta das ações desenvolvidas no projeto. Já os **impactos** são os possíveis resultados indiretos do projeto, que dependem de outros fatores e ocorrem em um período posterior, em geral mais longo. Os impactos transcendem a projeto.

A metodologia (ou procedimentos metodológicos) é o modo de executar as ações para se atingir determinados resultados, na qual são definidas questões como forma de pesquisa (quando necessária), participação de atores no projeto, parcerias, instrumentos de ação (palestras, oficinas, vivências), materiais a serem utilizados e processo de avaliação (que também pode ser descrito separadamente).

A equipe pode ser **direta** (entidades, grupos ou indivíduos que executarão as ações) ou **indireta** (setores, grupos ou indivíduos que, embora ligados à equipe que executa o projeto, não participam necessariamente de maneira direta das ações). São aqueles que darão apoio, mantendo a infraestrutura necessária, acompanhando ou monitorando o desenvolvimento do projeto.

Os parceiros em um projeto podem ser instituições ou indivíduos que, embora participando diretamente da ação, não são os responsáveis pelos objetivos ou pelos resultados globais. Podem, ainda, atuar diretamente com a população envolvida, responsabilizando-se pela execução de algum aspecto de sua implementação ou por ações que se dão em períodos temporariamente delimitados (consultorias, auxílios, avaliações), sem que sejam confundidas com a equipe que está implementando diretamente o projeto. Um bom projeto agrega, necessariamente, mais pessoas, grupos ou indivíduos.

O cronograma, assim como no projeto de investigação, estipula o tempo de execução do projeto e é organizado como tabela. É preciso organizar o tempo de desenvolvimento das ações, permitindo que o grupo tenha noção e disposição espacial do tempo em que cada ação será desenvolvida, de modo a decidir quais ações precisam ser executadas antes de outras, a fim de permitir o correto andamento do projeto.

O orçamento é um item decisivo para a aprovação ou não de um projeto. Deve ser claro, objetivo e suficientemente detalhado, indicando os itens e os subitens de despesas dentro da duração da proposta. É importante deixar claro, por exemplo, quando e quantos serviços e pessoas serão contratados, quais equipamentos serão adquiridos, se haverá viagens, seminários, cursos, entre outras necessidades. Deve-se indicar quais despesas compõem o montante solicitado e quais podem ser assumidas pelos proponentes como contrapartida (trabalho voluntário, doações, estrutura física e de recursos humanos).

O resumo é uma breve exposição, clara, objetiva e interessante, não devendo ultrapassar uma página. É a última parte a ser escrita, **embora venha no começo da proposta** (normalmente depois da capa); de certo modo, é a apresentação (imagem) do projeto. Sugerimos que seja composto de maneira tranquila, em separado e em linguagem direta, É necessário conter a problemática social, a relevância da ação, a credibilidade da organização, os objetivos do projeto, os recursos e a contrapartida.

Os anexos, quando necessários, apresentam informações complementares e podem ser fôlderes da instituição, cartas de apoio, mapas, fotos, dados estatísticos, tabelas, recortes de jornal, breve currículo dos responsáveis ou da equipe do projeto, documentação legal (ata da fundação, CNPJ), entre outras informações relevantes.

A **avaliação** e o **monitoramento** também são trabalhos e têm a mesma importância ao implementar ações. Utilizam-se métodos e técnicas que buscam caracterizar validade, utilidade, eficácia, eficiência e efetividade das ações, podendo ser analisados os resultados posteriormente sistematizados por meio de relatórios (Cunha, 2006).

- **Avaliação**: "processo de análise que permite emitir juízo de valor sobre os resultados e o mérito de uma determinada ação, verificar se os objetivos propostos foram alcançados e se foram importantes para alterarem as condições iniciais de uma determinada situação" (Cunha, 2006, p. 153).
- **Monitoramento**: processo contínuo ou periódico de acompanhamento, análise e comparação quanto à execução das ações, ao cumprimento das metas e ao alcance dos resultados previstos, possibilitando o "fornecimento de informações e sugestões para a tomada de decisões gerenciais e ajustar o que foi programado ao que está sendo executado", de modo a corrigir possíveis erros e distorções (Cunha, 2006, p. 159).

De acordo com Cunha (2006), a avaliação de eficiência é aquela que mede a relação entre os insumos (tempo, recursos financeiros e técnicos); a avaliação de eficácia avalia, sobremaneira, a relação entre os objetivos e os resultados efetivos (se os objetivos, as metas e as propostas previstos estão sendo alcançados); e a avaliação de efetividade verifica se os resultados e os impactos das ações causaram mudanças significativas em relação às condições anteriores à implementação da proposta.

Sugerimos que essas etapas sejam pensadas não como um momento do projeto, mas continuadamente, e que sejam realizadas ao longo do desenvolvimento do trabalho. É interessante inserir no cronograma três ou mais momentos de avaliação e monitoramento. Além disso, é necessário buscar ao longo do projeto afirmar claramente que haverá um acompanhamento constante no desenvolvimento das ações e dos resultados descritos no quadro de metas.

> Há vários tipos e avaliação: **diagnóstica**, que possibilita a definição de critérios para a tomada de decisões; **processual**, que é realizada durante o período de implementação das ações com o objetivo de acompanhar os trabalhos desenvolvidos; **global**, que possibilita gerenciar a eficácia, a eficiência, a efetividade; **interna** e **externa**, **mista** e **participativa**, entre outras.

A avaliação e o monitoramento podem serem construídos por meio de acordos entre os gerenciadores, grupos e parceiros envolvidos no projeto. Essas ações operam, sobretudo, em alguns momentos do projeto, tratando de se deter mais no objetivo geral e nos impactos concretos e praticamente imediatos para prever, verificar e resolver impactos inesperados, possibilitando, ainda, compartilhamento de informações, transparência e qualidade nas ações desenvolvidas.

O monitoramento identifica e registra as atividades desenvolvidas, verificando e analisando a execução das ações e o cumprimento dos prazos, das metas, dos recursos, dos custos e dos efeitos. Assim, o monitoramento está relacionado ao aspecto operacional, no sentido de promover adequações caso sejam necessárias (Cunha, 2006). Nesse sentido, o uso de indicadores possibilita observar e mensurar o sucesso ou o fracasso das ações desenvolvidas e a viabilidade do projeto, auxiliando ou sinalizando mudanças, aperfeiçoamento ou modificações no rumo das ações (Cunha, 2006).

Para saber mais

STEPHANOU, L.; MÜLLER, L. H.; CARVALHO, I. C. de M. **Guia para elaboração de projetos sociais**. 2. ed. São Leopoldo: Sinodal; Porto Alegre: Fundação Luterana de Diaconia, 2003. Disponível em: <https://aplicacoes.mds.gov.br/sagirmps/ferramentas/docs/guia-para-elaboracao-de-projetos-sociais.pdf>. Acesso em: 13 maio 2019.
No link *indicado é possível encontrar um ótimo material sobre a elaboração de projetos sociais.*

6.4 Indicadores de resultados e de impactos

Com as mudanças institucionais e o aprimoramento do sistema de gestão da Administração Pública, do terceiro setor e da sociedade civil, tem ganhado força a utilização de indicadores sociais para a formulação de projetos sociais e políticas públicas. Os indicadores permitem a avaliação do desempenho, dos impactos e dos resultados em instituições, órgãos públicos, parlamentares, empresas e agências de fomento e financiadoras. Podemos defini-los como ferramentas que transformam fenômenos e conceitos abstratos em medidas, em números que permitem analisar situações, conceitos e fenômenos de maneira quantificável ou expressos em forma de variáveis (números). Um projeto visa a determinada intervenção na complexidade da vida social, tendo como objetivo atender a certa demanda ou necessidade social.

Visa atingir, assim, determinados resultado. Contudo, o projeto de intervenção é uma projeção, e não uma certeza; é uma aposta de financiamento ou de serviços com a possibilidade de serem alcançados alguns resultados. Desse modo, os indicadores são uma ferramenta de gestão que auxilia na quantificação, no monitoramento e na avaliação, assegurando três aspectos relevantes: controle, comunicação e melhoria.

Fique atento!

Os indicadores também podem ser utilizados em pesquisas. Pode-se partir de alguns indicadores já definidos ou construir indicadores específicos para uma determinada pesquisa.

Como o próprio nome indica, os *indicadores* apontam parâmetros quantificados ou qualificados que auxiliam a aferir situações ou problemas, resultados e impactos ou mesmo medir determinados índices (indicadores compostos) que permitem avaliar determinada situação ou área, como o Índice de Desenvolvimento Humano (IDH), que é uma "medida" para avaliar e quantificar a qualidade de vida de uma população, muito utilizado para operacionalizar ações protetivas à população.

Na maioria dos casos, os indicadores sociais permitem subsidiar atividades de planejamento, monitorar condições de vida e de bem-estar da população e quantificar dados mensuráveis para investigações ou mudanças sociais. A utilização dos indicadores no planejamento estratégico é primordial para a tomada de decisões seguras e bem fundamentadas, baseadas em fatos, e não em suposições, de modo a comunicar e mensurar o alcance das estratégias por meio da comparação do desempenho com a meta definida pelo indicador.

O **Coeficiente de Gini** é um indicador utilizado para mostrar a redução na densidade de renda de um país, comumente utilizado para "medir" a desigualdade de renda por meio de uma escala que vai de 0 a 1, com 0 representando a variável que indica um nível totalmente igual e 1 a variável totalmente desigual.

Os indicadores apontam, indicam, aproximam e traduzem, em termos operacionais e numéricos, as dimensões sociais a serem definidas por meio da escolha de determinada ação. Eles indicam variáveis sobre evasão escolar, número de homicídios, número de suicídios, estimativas comparáveis, média aritmética, taxas de analfabetismo, mortalidade infantil, longevidade, rendimento médio de trabalho e escolaridade, taxas de desemprego, índices populacionais, concentração de renda, desigualdade de renda (**Coeficiente de Gini**), proporção de matrículas escolares, entre outras medidas que se traduzem em cifras tangíveis e operacionais variáveis, específicas e dinâmicas da realidade social. Na prática, por exemplo, podemos quantificar a taxa de mortalidade infantil de determinado município e comparar as variáveis de um ano para outro ou de um período para outro, verificando se houve aumento ou não naquele período.

Para construir os indicadores, é preciso ter acesso a um conjunto de informações para subsidiar os dados coletados. Por exemplo, pensando na área da saúde, é possível levantar indicadores como esperança de vida, taxa de mortalidade, número de leitos hospitalares por faixa de mil habitantes e número de estabelecimentos de saúde no município. Para construir esses indicadores, é necessário ter acesso à idade da população atendida, ao percentual de estimativa de vida, ao número de nascituros vivos, ao número de nascituros mortos, ao número de médicos por estabelecimento de saúde, à estimativa de mulheres grávidas, entre outras informações necessárias.

Por meio de cálculos estatísticos, combinam-se taxas proporcionais, índices ou mesmo valores absolutos e, assim, esses dados são transformados em indicadores sociais. Para um melhor entendimento, podemos comparar os indicadores com a aferição de temperatura de uma pessoa. A temperatura do corpo humano é uma **variável** utilizada para avaliar se há algum problema, mas não indica necessariamente o problema. A partir de uma escala que mede a variação da temperatura no corpo humano, definiu-se que 36,5 graus Celsius é a condição normal; porém, se essa medida se elevar, define *febre* (alteração da temperatura acima do normal), o que provavelmente indica alguma infecção no organismo. Desse modo, a infecção se caracteriza como um **estado** ou **situação**. Pela avaliação desse estado, busca-se uma **ação** para retomar a temperatura normal do corpo, como o uso de algum medicamento antipirético ou antibióticos.

A temperatura, nesse caso, é a **variável**; a escala em graus Celsius, que define a temperatura ideal para o corpo humano, é o **indicador**; e o termômetro é o **instrumento** ou **meio de verificação**. Do mesmo modo podemos verificar o IDH de uma população. Na escala de classificação, a variável de 0 a 0,499 indica que o IDH é baixo; de 0,500 a 0,799 indica que é mediano; e de 0,800 a 1 mostra um índice considerável alto. Para a definição do IDH de uma população, são considerados como critérios alguns **indicadores**: educação (alfabetização e taxa de matrícula), longevidade (esperança de vida ao nascer) e renda (PIB *per capita*).

A utilização e a escolha de indicadores ocorrem em função dos fatores a serem avaliados, buscando a eficiência, a eficácia, a efetividade ou o impacto de uma ação.

> **Eficiência**: utilização de recursos financeiros, materiais e humanos em relação às atividades e aos resultados a serem atingidos.
> **Eficácia**: ações que visam alcançar resultados previstos.
> **Efetividade**: resultados da ação, em termos de benefícios e mudanças geradas por esta.
> **Impacto**: mudanças em virtude dos resultados da ação, aspectos que demonstram a influência e a irradiação da ação desempenhada.

Os indicadores buscam traduzir concretamente os objetivos e os resultados de um projeto social. Além disso, visam negociar prioridades e auxiliam na tomada de decisões entre os envolvidos, estabelecendo parâmetros a serem utilizados para avaliação, monitoramento e adequações, caso necessárias. A construção dos indicadores se inicia a partir de determinada demanda, interesse ou necessidade, como o aprimoramento de determinada política, a correção de algum *deficit*, a ampliação de atendimento, a execução de serviços sociais, a proposição de programa ou projeto social, a melhoria das condições de vida e o bem-estar de uma comunidade ou grupo social, a elaboração de um sistema de monitoramento e de avaliação, entre outras. Eles podem ser *simples* ou *compostos*.

- **Simples**: Quando considera apenas uma informação numérica, uma unidade de medida ou uma variável (número de assédios sexuais na empresa X; número de leitos hospitalares no município Y; número de funcionários do Centros de Referência da Assistência Social do bairro Z).
- **Compostos**: Trata-se daquele que representa a relação entre duas ou mais variáveis, dos quais podem ser extraídos a média aritmética simples, a razão, a proporção, a taxa, a incidência e a prevalência.

Daremos alguns exemplos na sequência:

- **Média aritmética simples**: *Soma* de todos os valores ou eventos *divididos* pelo número dos elementos que foram somados.
Ex.: Média aritmética simples da renda declarada pelas famílias que receberam Bolsa Família no município X no ano de 2017.

Número total da renda declarada pelas famílias que receberam Bolsa Família no município X em 2017

Número total de famílias cadastradas no Programa Bolsa Família no município X em 2017

- **Razão**: Número obtido pela *divisão* de uma quantidade por outra *multiplicada* por 100.
Ex.: Razão entre mulheres solteiras e casadas vítimas de violência domiciliar no município X em 2015.

$$\frac{\text{Número total de mulheres solteiras vítimas de violência domiciliar no município X em 2015}}{\text{Número total de mulheres casadas vítimas de violência domiciliar no município X em 2015}} \times 100$$

- **Proporção:** Número obtido pela *divisão* entre duas medidas, em que o numerador é o número de casos específicos e o denominador corresponde ao número de casos possíveis *multiplicados* por 100.

  Ex.: Proporção entre o número de mortalidade infantil em relação ao número de nascimento de crianças, vítimas de violência domiciliar, no município X, em 2016.

$$\frac{\text{Número total de natimortos no município X em 2016}}{\text{Número total de crianças nascidas no município X em 2016}} \times 100$$

- **Taxa:** Número obtido pela relação entre o número de eventos, proporcional ao tamanho de determinada população *dividido* pelo número total de eventos e *multiplicado* por qualquer potência de 10 (100, 1.000, 10.000).

  Ex.: Taxa do número de assistentes sociais do município X com registro no Conselho Regional de Serviço Social (CRESS) de Minas Gerais em 2018.

$$\frac{\text{Número total de assistentes sociais do município X com registro no CRESS-MG em 2018}}{\text{Número total de assistentes graduados e registrados no CRESS-MG em 2018}} \times 100$$

- **Incidência:** Número de ocorrências de algo em determinada população em certo período. *Divide-se* um número de situação pelo total de ocorrências, *multiplicando* o resultado por qualquer potência de 10 (100, 1000, 10.000).

  Ex.: Incidência do número de mulheres em situação de rua atendidas pelo Centro de Referência da Assistência Social (Cras/Creas) e encaminhadas para o Centro de Convivência W do município X em 2016.

$$\frac{\text{Número total de mulheres em situação de rua atendidas pelo Cras/Creas e encaminhadas para o Centro de Convivência W do município X em 2016}}{\text{Número total de mulheres atendidas pelo Cras/Creas e encaminhadas para o Centro de Convivência W do município X em 2016}} \times 100$$

‰ **Prevalência**: Número de casos existentes de determinado evento em relação à população em certo período. O resultado pode ser multiplicado por qualquer potência de 10 (100, 1.000, 10.000). Ex.: Prevalência do número de casos atendidos por assistente social do Núcleo de Apoio à Saúde da Família (Nasf) em 2015 no município X, em relação ao número de famílias atendidas por assistente social do Nasf em 2015 no município X.

$$\frac{\text{Número total de casos atendidos por assistente social do Nasf em 2015 no município X}}{\text{Número total de famílias atendidas por assistente social do Nasf em 2015 no município X}} \times 100$$

É importante ressaltarmos que todos os números, as estatísticas e os indicadores produzidos para expor determinado diagnóstico social, apesar de terem significados substantivos, não têm a capacidade de aferir todos os fenômenos ou eventos em sua complexidade e totalidade; em virtude desses dois fatores, nem sempre podem ser reduzidos a variáveis numéricas. Há determinados tipos de problemas sociais que a estatística não pode alcançar, exigindo, assim, outros instrumentos.

Para saber mais

JANNUZZI, P. M. **Indicadores sociais no Brasil**: conceitos, fontes de dados e aplicações. São Paulo: Alínea, 2015.

Sugerimos a leitura do livro de Paulo Martino Jannuzzi, Indicadores sociais no Brasil: conceitos, fontes de dados e aplicações, *para maiores detalhes sobre o assunto.*

Síntese

Neste capítulo, discutimos sobre o planejamento da pesquisa, do projeto de pesquisa e do projeto de intervenção. Vimos suas principais características e seus elementos, além de suas diferenças. Destacamos que a pesquisa e a intervenção são ações que estão relacionadas constitutivamente ao trabalho profissional do assistente social. Enumeramos e conceituamos os itens de ambos os projetos e as maneira de se chegar aos resultados esperados.

No último item, apresentamos os indicadores sociais, suas categorias, sua função e suas diferenças como ferramenta importante para a construção de projetos de pesquisa e de intervenção. Por meio de cálculos estatísticos, vimos que combinam-se taxas proporcionais, índices ou mesmo valores absolutos, de modo a transformá-los em variáveis numéricas que indicam uma unidade de medida ou uma variável simples, podendo ser compostos, que buscam extrair a média aritmética simples, a razão, a proporção, a taxa, a incidência ou a prevalência de determinado evento ou situação em relação à totalidade de sua incidência ou prevalência.

Questões para revisão

1. Em relação ao planejamento da pesquisa, assinale a alternativa correta:
    a) O planejamento é o processo que leva somente a definir tempo e recursos.
    b) Planejar indica a racionalização das atividades humanas a serem desenvolvidas, de modo a atender a uma proposição e a objetivos, definir os meios disponíveis para a realização de qualquer atividade, os prazos, o tempo, as condições e os custos para a realização do que nos propomos fazer, além das formas de monitoramento e de avaliação das ações.
    c) De acordo com Baptista (2000), o planejamento não é um processo permanente para o exercício profissional do assistente social.

d) Planejamento é um processo teórico que permite a tomada de decisões que propõem ou identificam as metas ou os fins de determinado programa ou política.
e) Planejamento é um processo provisório e teórico de abordagem racional e científica que envolve questões da vida social.

2. Com relação ao projeto de pesquisa, analise as assertivas a seguir.
   I) Toda pesquisa tem um problema, embora sua formulação possa variar quanto à natureza ou à molaridade.
   II) O problema de pesquisa não surge de uma indagação qualquer, de uma dúvida ou de algo que queremos compreender e analisar.
   III) Quanto mais bem formulado for um problema, mais fácil e adequado será o processo de tomada de decisões e melhor será a construção do projeto de pesquisa.
   IV) Delimitar o tema, definir o objeto, traçar os objetivos, definir a necessidade, os interesses, o tempo e as etapas da pesquisa, as condições, os instrumentos de pesquisa, o orçamento, a equipe e a bibliografia essencial para a investigação são partes constitutivas para a elaboração do projeto de pesquisa.
   V) O objeto de pesquisa deve ser amplo e atender à totalidade da questão a ser pesquisada.
   Agora, assinale a alternativa que apresenta a resposta correta:
   a) Todas as assertivas são verdadeiras.
   b) Somente a assertiva I é verdadeira.
   c) As assertivas I e III são verdadeiras.
   d) Todas as assertivas são falsas.
   e) As assertivas I, III e IV são verdadeiras.

3. Com relação ao projeto de intervenção, assinale a alternativa correta:
   a) O projeto de intervenção se constitui de apenas um planejamento organizacional e sistemático das ações técnico-operativa e ético-política do exercício profissional do assistente social.

b) A formulação de um projeto de intervenção pode ser considerada um trabalho de síntese entre conhecimento e ação, voltada para o enfrentamento das questões que requerem respostas técnicas e políticas, guiadas por uma ética emancipatória.
c) O projeto de intervenção é um documento que sistematiza e estabelece o traçado prévio da operação de uma unidade de ação.
d) A elaboração de projetos sociais não acompanha um roteiro predeterminado.
e) Os projetos sociais somente permitem favorecer o desenvolvimento do diálogo entre várias instituições e com outros agentes.

4. Em relação aos indicadores sociais, analise as afirmativas a seguir.
I) Na elaboração de uma proposta, o pensamento está sempre direcionado para o futuro.
II) Os indicadores sociais são ferramentas que transformam fenômenos e conceitos abstratos em medidas.
III) Os indicadores apontam parâmetros quantificados ou qualificados que auxiliam na aferição de situações ou problemas, resultados e impactos, ou mesmo de determinados índices sociais.
IV) Os indicadores sociais permitem subsidiar atividades de planejamento, monitorar condições de vida e bem-estar da população e quantificar dados mensuráveis para investigações ou mudanças sociais.
V) Para construir os indicadores, não é preciso ter acesso a nenhum conjunto de informações para subsidiar as informações coletadas.
Agora, assinale a alternativa que apresenta a resposta correta:
a) Todas as afirmativas são verdadeiras.
b) Somente a afirmativa V é verdadeira.
c) As afirmativas I e II são verdadeiras.
d) As afirmativas I, II, III e IV são verdadeiras.
e) As afirmativas I, II e III são verdadeiras.

5. De acordo com os indicadores de resultados e de impactos, assinale a alternativa correta:
   a) Com as mudanças institucionais e o aprimoramento do sistema de gestão da Administração Pública e da sociedade civil, a utilização de indicadores sociais tem ganhado força na formulação de projetos sociais e políticas públicas.
   b) O Coeficiente Gini é um indicador para utilização de recursos financeiros, materiais e humanos em relação às atividades e aos resultados a serem atingidos.
   c) O IDH é um indicador de resultados que aponta os critérios de renda, de longevidade e de idade de uma população.
   d) Os dados estatísticos são utilizados para expor as estratégias a serem utilizadas na implantação de políticas públicas.
   e) O planejamento estratégico indica as taxas de mortalidade infantil, de longevidade e de rendimento, a escolaridade e as desigualdades de uma população.

Questão para reflexão

1. Explique a importância do projeto de pesquisa, do projeto de intervenção e da função dos indicadores.

Exercício resolvido

1. Assinale a alternativa **incorreta**:
   a) O projeto de intervenção tem dimensão ética e política.
   b) O projeto de intervenção é uma ferramenta utilizada apenas para implementar programas e aplicar recursos financeiros das instâncias governamentais e da sociedade civil.
   c) No processo de planejamento do projeto de intervenção, é fundamental escolher e delimitar o objeto da ação.
   d) O projeto de intervenção é um documento que sintetiza e estabelece o traçado prévio da operação.
   e) O projeto de intervenção pode ser elaborado em diversas modalidades e em conformidade com o aspecto da ação.

Resposta: b

Comentário: o projeto social é uma ferramenta adequada para dar conta da complexidade da vida social contemporânea, porque uma de suas características principais é delimitar a ação social, permitindo a avaliação contínua do que está sendo feito e o redimensionamento da atuação, quando necessário. Além disso, facilita a articulação entre vários agentes e mecanismos de ação social por meio da explicitação de parcerias entre atores sociais que, embora não compartilhem a mesma visão em termos de política global, estão dispostos a agir conjuntamente em intervenções delimitadas (Maciel, 2015).

Para concluir...

A leitura crítica da realidade, associada ou não a certas práticas claramente políticas, pode constituir um instrumento para o que Gramsci chamou de *ação contra-hegemônica*. Finalizando esta obra, queremos chamar atenção para a importância do ato de ler, que implica sempre uma percepção crítica, interpretativa e criativa de enxergar a realidade.

Ler não quer dizer debruçar os olhos sobre algum livro, artigo, jornal ou revista. Ler é muito mais que isso. É um movimento dinâmico, complexo, dialético e de tal importância que não se esgota na palavra escrita ou na linguagem escrita e falada, mas se antecipa e se alonga diante do fato de lermos o mundo.

O movimento do mundo é a palavra dita; o fluir do mundo é a leitura que fazemos dele; e é por meio da leitura do mundo que transcrevemos a realidade, as histórias, os fatos, os fenômenos, a vida das pessoas, o significado do mundo, sua existência e, por conseguinte, o mundo passa a ter significado. Ler, escrever e reescrever, essa é a prática consciente do pesquisador.

No decurso deste livro, vimos, conforme os dizeres de Gatti (2012a, p. 68), que "a pesquisa é um cerco em torno de um problema". Percebemos que é por meio da escolha de instrumentos, de técnicas, de referenciais teóricos, de método, de metodologias, de tema e de objeto, de elementos constitutivos e constituintes da pesquisa ou da prática investigativa que conseguimos ler o mundo.

Vislumbrar e escolher caminhos a seguir é criar alternativas de ação e de descoberta da realidade que se desvela a nossa frente. Por isso, temos de ter certo domínio das técnicas, dos referenciais teórico e metodológicos que nos balizam para a realização dessa tarefa. Afinal, é por meio da cognição, da imaginação, da intuição e da criatividade que podemos descobrir coisas, analisar fragmentos, desvendar o novo, abrir caminhos, registrar histórias e, por fim, compor um mundo novo.

Contudo, é importante ter certos cuidados e seguir certos critérios e pressupostos, planejamentos e orientações para não cairmos em achismos, fazendo uso de fontes não confiáveis, concepções equivocadas e pré-concebidas, formulando juízos provisórios de valores ou mesmo seguindo caminhos equivocados.

O pescador deve conhecer as características e os instrumentos para a pescaria. É preciso definir como, onde, por que, de que maneira, a que custo e com quem – interrogações primazes e necessárias para a realização de qualquer ação ou processo investigativo. O desenvolvimento das habilidades da pesquisa só é aprendido na prática, conforme aponta Gatti (2012a). E fazer pesquisa deve se algo maravilhoso e prazeroso.

Será mediante leituras, confrontos de ideias, dúvidas, escolhas, posições, afirmações, vivências, experiências, conhecimentos e condições, por uma série de fatores e de circunstâncias, que abriremos as portas do conhecimento, navegaremos por esse mundo mágico e produziremos conhecimento.

Apreendemos ao longo desta obra as particularidades da pesquisa em Serviço Social. Vimos que a realidade cotidiana do trabalho profissional do assistente social é um campo fecundo de questões e de indagações sobre a vida e o mundo. Uma realidade dura, nem sempre prazerosa de ser lida, carregada de contradições e de complexidades que levam as pessoas a viverem em condições muitas vezes subumanas, de miserabilidade, de pobreza e de desproteção social, por isso é importante definir sua concepção ético-política.

Como assistentes sociais, buscamos intervir nessa realidade contraditória. É por meio da investigação crítica, racional e criteriosa que buscamos pensar, refletir, investigar, avaliar, criticar e criar maneiras de intervenção social. Por meio de um arcabouço teórico-metodológico, técnico-operativo e ético-político, os profissionais do Serviço Social desvendam os contrassensos próprios do capitalismo na defesa intransigente dos direitos humanos e sociais, da democracia, da cidadania, da equidade, da justiça social e da liberdade – valor ético central –, objetivando uma sociedade justa, emancipada e igualitária.

Além do mais, buscamos, com análises e discussões, vinculadas direta e indiretamente à pesquisa em Serviço Social, auxiliar estudantes, profissionais e pesquisadores do Serviço Social, bem como de outras áreas do saber, principalmente para a elaboração de projetos de pesquisa e de intervenção, de maneira clara, objetiva e criteriosa, contribuindo para a formação e a realização do trabalho profissional.

Finalizando, sob a égide da pesquisa em Serviço Social, consideramos que a investigação e a intervenção são práticas que se unem e se coadunam, traduzindo com suficiente clareza as condições e as contradições da vida cotidiana, da realidade social, das histórias e das vivências de sujeitos sociais que, como pesquisadores, têm a capacidade de teorização, de leitura crítica e de compromisso ético-político em ler o mundo e produzir conhecimento.

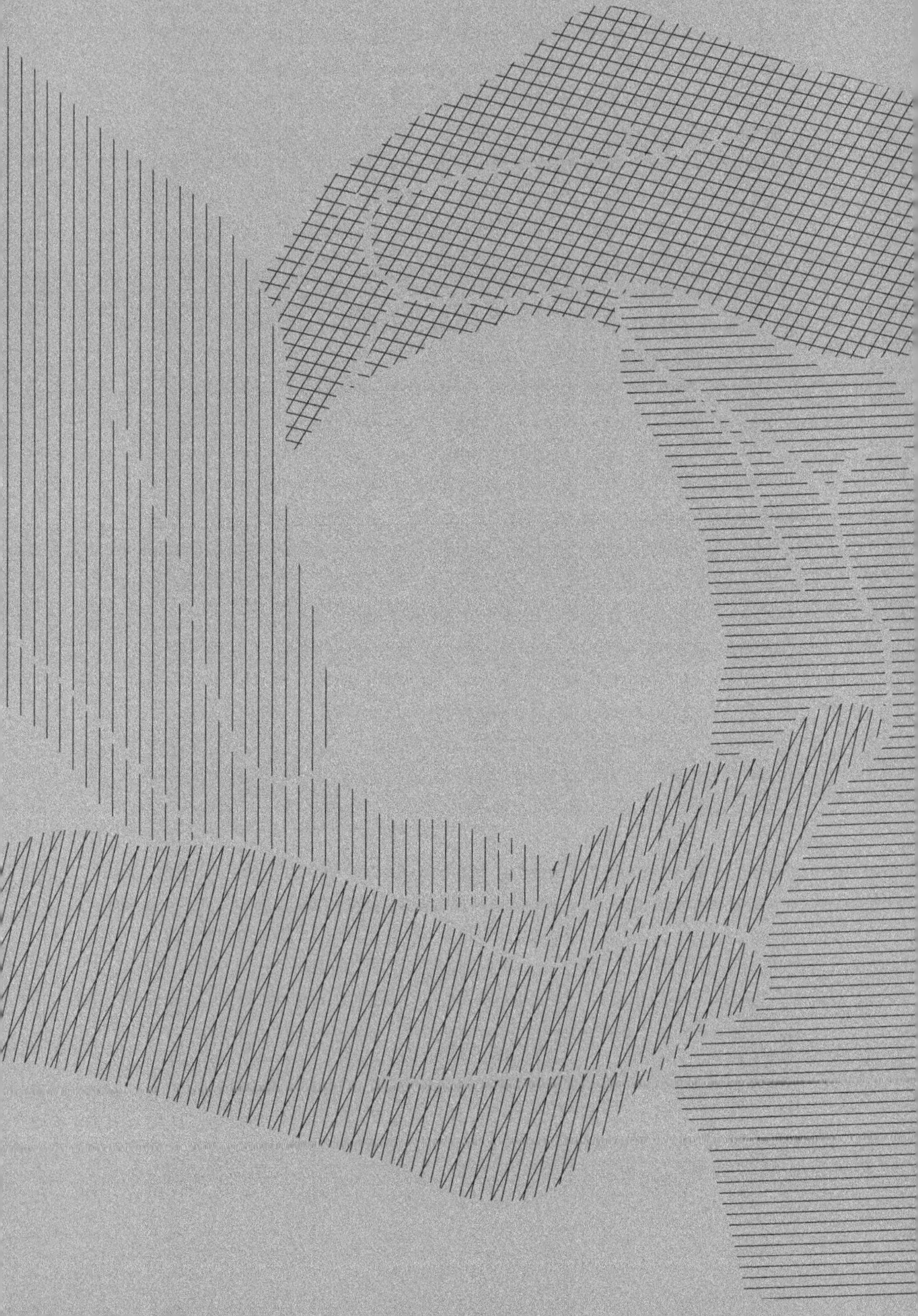

Referências

ABBAGNANO, N. **Dicionário de filosofia**. Tradução de Alfredo Bosi e Ivone Castilho Benedetti. 5. ed. São Paulo: M. Fontes, 2007.

ABEPSS – Associação Brasileira de Ensino e Pesquisa em Serviço Social. **História**. Disponível em: <http://www.abepss.org.br/historia-7>. Acesso em: 13 maio 2019.

ABESS – Associação Brasileira de Escolas de Serviço Social; CEDEPSS – Centro de Documentação e Pesquisa em Políticas Sociais e Serviço Social. Diretrizes gerais para o curso de Serviço Social. **Cadernos Abess**, São Paulo, n. 7, p. 58-76, 1997. Disponível em: <http://www.abepss.org.br/arquivos/anexos/04-a-caderno-abess-n7-diretrizes-gerais-para-o-curso-de-servico-social-(com-base-no-curriculo-minimo-aprovado-em-assembleia-geral-extraordinaria-de-8nov-201702011415372855610.pdf>. Acesso em: 13 maio 2019.

ABRÃO, B. S. **História da filosofia**. São Paulo: Nova Cultural, 2004. (Coleção Os Pensadores).

ALCOFORADO, M. G. Elaboração de projetos de pesquisa. In: CFESS – Conselho Federal de Serviço Social; ABEPSS – Associação Brasileira de Ensino e Pesquisa em Serviço Social. **Serviço Social**: direitos e competências profissionais. Brasília, 2009. p. 719-738.

ALMEIDA, A. A. de. **Possibilidades e limites da teoria do Serviço Social**. 2. ed. Rio de Janeiro: F. Alves, 1980.

ALMEIDA, P. R. de; KOURY, Y. A. **História oral e memórias**: entrevista com Alessandro Portelli. **História e Perspectivas**, Uberlândia, n. 50, p. 197-226, jan./jul. 2014. Disponível em: <http://www.seer.ufu.br/index.php/historiaperspectivas/article/view/27504/15080>. Acesso em: 12 nov. 2019.

ALMEIDA, S. S. de et al. **Da avaliação de programas sociais à constituição de políticas públicas**: a área da criança e do adolescente. Rio de Janeiro: Ed. da UFRJ, 2008.

AMMANN, S. B. A produção científica do Serviço Social no Brasil. **Serviço Social & Sociedade**, São Paulo, ano 5, n. 14, p. 145-154 1984.

ARANHA, M. L. de A.; MARTINS, M. H. P. **Filosofando**: introdução à filosofia. São Paulo: Moderna, 1986.

ARON, R. **As etapas do pensamento sociológico**. Tradução de Sérgio Bath. São Paulo: M. Fontes, 2002.

BACON, F. **Novum Organum**. Tradução de José Aluysio Reis de Andrade. São Paulo: Nova Cultural, 2005. (Coleção Os Pensadores).

BAPTISTA, D. M. T. O debate sobre o uso de técnicas qualitativas e quantitativas de pesquisa. In: MARTINELLI, M. L. (Org.). **Pesquisa qualitativa**: um instigante desafio. São Paulo: Veras, 1999. p. 31-40.

BAPTISTA, M. V. **A investigação em serviço social**. São Paulo: Veras; Lisboa: CPIHTS, 2012.

_____. **Planejamento social**: intencionalidade e instrumentação. 2. ed. São Paulo: Veras, 2000.

BAPTISTA, M. V.; BATTINI, O. **A prática profissional do assistente social**: teoria, ação, construção do conhecimento. São Paulo: Veras, 2014.

BAPTISTA, M. V.; RODRIGUES, M. L. A formação pós-graduada – stricto senso – em Serviço Social: papel da pós-graduação na formação profissional e desenvolvimento do Serviço Social. **Cadernos Abess**, São Paulo, n. 5, p. 108-136, 1992. Disponível em: <http://www.abepss.org.br/arquivos/anexos/08-cadernos-abepss-n5-a-formacao-pos-graduada-201702011252356129250.pdf>. Acesso em: 13 maio 2019.

BARROCO, M. L. S. A inscrição da ética e dos direitos humanos no projeto ético-político do Serviço Social. **Revista Serviço Social & Sociedade**, São Paulo, v. 24, n. 79, p. 27-42, set. 2004.

_____. **Considerações sobre a ética na pesquisa a partir do Código de Ética Profissional do assistente social**. Lisboa: Centro Português de Investigação em História e Trabalho Social, 2005. Disponível em: <http://cpihts.com/PDF02/Lucia%20Barroco.pdf>. Acesso em: 13 maio 2019.

_____. Os fundamentos sócio-históricos da ética. In: CFESS – Conselho Federal de Serviço Social; ABEPSS – Associação Brasileira de Ensino e Pesquisa em Serviço Social; CEAD-UNB – Centro de Educação a Distância da Universidade de Brasília. **Programa de Capacitação Continuada para Assistentes Sociais**. Capacitação em Serviço Social e Política Social: Módulo 2 – Reprodução social, trabalho e Serviço Social. Brasília, 1999. p. 111-128.

BELLO, A. A. **A fenomenologia do ser humano**: traços de uma filosofia no feminino. Bauru: Edusc, 2000.

_____. **Fenomenologia e ciências humanas**. Tradução de Ir. Jacinta Turolo Garcia e Miguel Mahfoud. Bauru: Edusc, 2004.

_____. **Introdução à fenomenologia**. Tradução de Jacina Turolo Garcia e Miguel Mahfoud. Bauru: Edusc, 2006. (Coleção Filosofia e Política).

BENJAMIN, W. **Magia e técnica, arte e política**: ensaios sobre literatura e história da cultura. 8. ed. São Paulo: Brasiliense, 2012. (Obras Escolhidas, v. 1).

BERTOLLO, K. Planejamento em Serviço Social: tensões e desafios no exercício profissional. **Revista Temporalis**, Brasília, ano 16, n. 31, p. 333-356, jan./jun. 2016. Disponível em: <http://www.periodicos.ufes.br/?journal=temporalis&page=article&op=view&path[]=11943>. Acesso em: 11 nov. 2019.

BOGO, A. **Identidade e luta de classes**. São Paulo: Expressão Popular, 2008.

BONETTI, D. A. et al. (Org.). **Serviço social e ética**: convite a uma nova práxis. São Paulo: Cortez, 2006.

BORNHEIM, G. A. **Dialética**: teoria e práxis. Porto Alegre: Globo; São Paulo: USP, 1977.

BOTTOMORE, T. (Ed.). **Dicionário do pensamento marxista**. 2. ed. Rio de Janeiro: Zahar, 2012.

BOURGUIGNON, J. A. A centralidade ocupada pelos sujeitos que participam das pesquisas do Serviço Social. **Revista Textos & Contextos**, Porto Alegre, v. 7, n. 2, p. 302-312. jul./dez. 2008a. Disponível em: <http://revistaseletronicas.pucrs.br/ojs/index.php/fass/article/viewFile/4830/3635>. Acesso em: 11 nov. 2019.

_____. A particularidade histórica da pesquisa no Serviço Social. **Revista Katálysis**, Florianópolis, v. 10, número especial, p. 46-54, 2007. Disponível em: <http://www.scielo.br/pdf/rk/v10nspe/a0510spe.pdf>. Acesso em: 11 nov. 2019.

_____. **A particularidade histórica da pesquisa no Serviço Social**. São Paulo: Veras; Ponta Grossa: UEPG, 2008b.

BRASIL. Decreto-Lei n. 2.848, de 7 de dezembro de 1940. **Diário Oficial da União**, Poder Executivo, Brasília, DF, 31 dez. 1940. Disponível em: <https://www.planalto.gov.br/ccivil_03/decreto-lei/del2848.htm>. Acesso em: 12 maio 2019.

BRASIL. Lei n. 1.889, de 13 de junho de 1953. **Diário Oficial da União**, Poder Legislativo, Brasília, DF, 20 jun. 1953. Disponível em: <https://www2.camara.leg.br/legin/fed/lei/1950-1959/lei-1889-13-junho-1953-366870-publicacaooriginal-1-pl.html>. Acesso em: 13 maio 2019.

BRASIL. Lei n. 8.662, de 7 de junho de 1993. **Diário Oficial da União**, Poder Legislativo, Brasília, DF, 8 jul. 1993. Disponível em: <http://www.planalto.gov.br/ccivil_03/LEIS/L8662.htm>. Acesso em: 13 nov. 2019.

BRASIL. Lei n. 9.610, de 19 de fevereiro de 1998. **Diário Oficial da União**, Poder Legislativo, Brasília, DF, 20 fev. 1998. Disponível em: <http://www.planalto.gov.br/ccivil_03/leis/L9610.htm>. Acesso em: 12 maio 2019.

BRASIL. Ministério da Ciência, Tecnologia, Inovação e Comunicações. CNPq – Conselho Nacional de Desenvolvimento Científico e Tecnológico. COCHS | PS – Psicologia e Serviço Social. Disponível em: <http://cnpq.br/web/guest/view/-/journal_content/56_INSTANCE_0oED/10157/48881>. Acesso em: 13 maio 2019.

BRASIL. Ministério da Saúde. Conselho Nacional de Saúde. Resolução n. 466, de 12 de dezembro de 2012. **Diário Oficial da União**, Brasília, DF, 13 jun. 2013. Disponível em: <http://conselho.saude.gov.br/resolucoes/2012/Reso466.pdf>. Acesso em: 12 maio 2019.

BRASIL. Ministério da Saúde. Conselho Nacional de Saúde. Resolução n. 196, de 10 de outubro de 1996. **Diário Oficial da União**, Brasília, DF, 16 out. 1996. Disponível em: <http://bvsms.saude.gov.br/bvs/saudelegis/cns/1996/res0196_10_10_1996.html>. Acesso em: 12 maio 2019.

CAPALBO, C. **Fenomenologia e ciências humanas**. Rio de Janeiro/São Paulo: Lozon, 1996.

CARDOSO, H. H. P. Narradores de Javé: histórias, imagens, percepções. **Revista de História e Estudos Culturais**, Uberlândia, ano 5, v. 5, n. 2, p. 1-11, abr./jun. 2008. Disponível em: <http://www.revistafenix.pro.br/PDF15/Artigo_04_ABRIL-MAIO-JUNHO_2008_Heloisa_Helena_Pacheco_Cardoso.pdf>. Acesso em: 12 maio 2019.

CARNEIRO, M. E. F. **A revolta camponesa de Formoso e Trombas**. 2. ed. São Paulo: Anita Garibaldi; Fundação Maurício Grabois, 2014.

CATONNÉ, J.-P. **A sexualidade, ontem e hoje**. 2. ed. São Paulo: Cortez, 2001. (Coleção Questões de Nossa Época, v. 40).

CAVALIERI, E. Transcendência e imanência na fenomenologia de Husserl. **Revista Estudos de Religião**, São Paulo, v. 27, n. 1, p. 35-58, jan./jun. 2013. Disponível em: <https://www.metodista.br/revistas/revistas-ims/index.php/ER/article/view/4105/3615>. Acesso em: 12 nov. 2019.

CBCISS – Centro Brasileiro de Cooperação e Intercâmbio de Serviço Social. **Teorização do Serviço Social**. Rio de Janeiro: Agir, 1984.

CERVO, A. L.; BERVIAN, P. A. **Metodologia científica**: para uso dos estudantes universitários. 3. ed. São Paulo: McGraw-Hill, 1983.

CFESS – Conselho Federal de Serviço Social. **Código de Ética do/a Assistente Social e Lei n. 8.662/1993 de regulamentação da profissão**. 10. ed. rev. e atual. Brasília, 2012. Disponível em: <http://www.cfess.org.br/arquivos/CEP_CFESS-SITE.pdf>. Acesso em: 13 nov. 2019.

_____. Resolução n. 273, de 13 de março de 1993. **Diário Oficial da União**, Brasília, DF, 30 mar. 1993. Disponível em: <http://www.cfess.org.br/arquivos/resolucao_273-93.pdf>. Acesso em: 13 nov. 2019.

CFESS – Conselho Federal de Serviço Social; ABEPSS – Associação Brasileira de Ensino e Pesquisa em Serviço Social; CEAD-UNB – Centro de Educação a Distância da Universidade de Brasília. **Programa de Capacitação Continuada para Assistentes Sociais**. Capacitação em Serviço Social e Política Social: Módulo 5 – Intervenção e pesquisa em Serviço Social. Brasília, 1999. p. 46-54.

CHAUI, M. **Convite à filosofia**. 12. ed. São Paulo: Ática, 1999.

CHIZZOTTI, A. **Pesquisa qualitativa em ciências humanas e sociais**. 4. ed. Petrópolis: Vozes, 2011.

CNPQ – Conselho Nacional de Desenvolvimento Científico e Tecnológico. **Relatório da Comissão de Integridade de Pesquisa do CNPq**. Brasília, 2011. Disponível em: <http://www.cnpq.br/documents/10157/a8927840-2b8f-43b9-8962-5a2ccfa74dda>. Acesso em: 13 maio 2019.

COMTE, A. **Comte**. Tradução de Miguel Lemos e José Arthur Giannotti. São Paulo: Nova Cultural, 2005. (Coleção Os Pensadores).

_____. **Curso de filosofia positiva**. Tradução de Miguel Lemos e José Arthur Giannotti. São Paulo: Nova Cultural, 1973. (Coleção Os Pensadores).

CRESS-SP – Conselho Regional de Serviço Social de São Paulo. **Legislação brasileira para o serviço social**: coletânea de leis, decretos e regulamentos para instrumentação do/a assistente social. 3. ed. São Paulo, 2008.

CRESWELL, J. W. **Projeto de pesquisa**: métodos qualitativo, quantitativo e misto. Tradução de Magda Lopes. 2. ed. Porto Alegre: Artmed, 2007.

CRITELLI, D. M. **Analítica do sentido**: uma aproximação e interpretação do real de orientação fenomenológica. São Paulo: Brasiliense, 2006.

CUNHA, E. da P. **Avaliação e monitoramento da Política de Assistência Social**. Caderno de Assistência Social, Núcleo de Apoio à Assistência Social. Belo Horizonte: Nupass, 2006. p. 151-162.

DAMATTA, R. **Relativizando**: uma introdução à antropologia social. Rio de Janeiro: Rocco, 1987.

DARTIGUES, A. **O que é a fenomenologia**. Tradução de Maria José J. G. de Almeida. São Paulo: Centauro, 2008.

DEMO, P. **Metodologia do conhecimento científico**. São Paulo: Atlas, 2000.

_____. **Pesquisa**: princípio científico e educativo. 12. ed. São Paulo: Cortez, 2006.

DESCARTES, R. **Discurso do método**. Tradução de Enrico Corvisieri. São Paulo: Nova Cultural, 2004. (Coleção Os Pensadores).

DINIZ, D.; GUERRIERO, I. C. Z. Ética na pesquisa social: desafios ao modelo biomédico. **RECIIS – Revista Eletrônica de Comunicação, Informação e Inovação em Saúde**, Rio de Janeiro, v. 2, dez. 2008. Disponível em: <https://www.reciis.icict.fiocruz.br/index.php/reciis/article/view/869>. Acesso em: 13 nov. 2019.

DINIZ, T. M. R. G. O estudo de caso: suas implicações metodológicas na pesquisa em Serviço Social. In: MARTINELLI, M. L. (Org.). **Pesquisa qualitativa**: um instigante desafio. São Paulo: Veras, 1999. p. 41-58.

DURKHEIM, E. **As regras do método sociológico**. Tradução de Margarida Garrido Esteves. São Paulo: Nova Cultural, 1973. (Coleção Os Pensadores).

ECO, H. **Como se faz uma tese**. 24. ed. São Paulo: Perspectiva, 2012. (Estudos, 85).

ESCORSIM NETTO, L. **O conservadorismo clássico**: elementos de caracterização e crítica. São Paulo: Cortez, 2011.

ESTÊVÃO, J. C. **Abelardo e Heloísa**. São Paulo: Discurso; Paulus, 2015. (Coleção Filosofia Medieval).

FAPESP – Fundação de Amparo à Pesquisa do Estado de São Paulo. **Código de boas práticas científicas**. São Paulo, 2014. Disponível em: <http://www.fapesp.br/boaspraticas/FAPESP-Codigo_de_Boas_Praticas_Cientificas_2014.pdf>. Acesso em: 13 maio 2019.

GAGNEBIN, J. M. **História e narração em Walter Benjamin**. São Paulo: Perspectiva, 2013.

GARCIA, E. Pesquisa bibliográfica versus revisão bibliográfica: uma discussão necessária. **Revista Línguas & Letras**, Cascavel, v. 17, n. 35, p. 291-294, 2016. Disponível em: <http://e-revista.unioeste.br/index.php/linguaseletras/article/view/13193/10642>. Acesso em: 12 nov. 2019.

GATTI, B. A. **A construção da pesquisa em educação no Brasil**. Brasília: Liber, 2012a. (Série Pesquisa, v. 1).

_____. A construção metodológica da pesquisa em educação: desafios. **RBPAE –Revista Brasileira de Política e Administração da Educação**, Brasília, v. 28, n. 1, p. 13-34, jan./abr. 2012b. Disponível em: <https://seer.ufrgs.br/rbpae/article/view/36066/23315>. Acesso em: 15 nov. 2019.

GIL, A. C. **Métodos e técnicas de pesquisa social**. 5. ed. São Paulo: Atlas, 1999.

GONZAGA, A. M. A pesquisa em educação: um desenho metodológico centrado na abordagem qualitativa. In: PIMENTA, S. G.; GHEDIN, E.; FRANCO, M. A. S. (Org.). **Pesquisa em educação**: alternativas investigativas com objetos complexos. São Paulo: Loyola, 2006. p. 65-92.

GONZAGA FILHO, B. M. Cinema e fenomenologia: sentidos e sentimentos. In: CONGRESSO INTERNACIONAL DA ASSOCIAÇÃO BRASILEIRA DE LITERATURA COMPARADA – ABRALIC, 13., 2013, Campina Grande. **Anais Abralic Internacional**, 2013. v. 1. Disponível em: <http://www.abralic.org.br/anais/arquivos/2013_1434328968.pdf>. Acesso em: 13 maio 2019.

GRANATIC, B. **Técnicas básicas de redação**. 2. ed. São Paulo: Scipione, 1995.

GUERRA, Y. A dimensão investigativa no exercício profissional. In: CFESS – Conselho Federal de Serviço Social; ABEPSS – Associação Brasileira de Ensino e Pesquisa em Serviço Social. **Serviço Social**: direitos e competências profissionais. Brasília, 2009. p. 701-717.

GUERRIERO, I. C. Z.; BOSI, M. L. M. Ética em pesquisa na dinâmica do campo científico: desafios na construção de diretrizes para ciências humanas e sociais. **Ciência e Saúde Coletiva**, Rio de Janeiro, v. 20, n. 9, p. 2615-2624, set. 2015. Disponível em: <http://www.scielo.br/pdf/csc/v20n9/1413-8123-csc-20-09-2615.pdf>. Acesso em: 13 maio 2019.

HEGEL, G. W. F. **Fenomenologia do espírito**. Tradução de Paulo Meneses. 8. ed. Petrópolis: Vozes, 2013.

_____. **Princípios da filosofia do direito**. Tradução de Orlando Vitorino. São Paulo: M. Fontes, 1997.

HEIDEGGER, M. **O meu caminho na fenomenologia**. Tradução de Ana Falcato. Covilhã: LusoSofia:Press, 2009. Disponível em: <http://www.lusosofia.net/textos/heidegger_martin_o_meu_caminho_na_fenomenologia_.pdf>. Acesso em: 13 maio 2019.

HELLER, A. **O cotidiano e a história**. Tradução de Carlos Nelson Coutinho e Leandro Konder. 7. ed. São Paulo: Paz e Terra, 2004.

_____. **Sociología de la vida cotidiana**. Barcelona: Península, 1977.

HUSSERL, E. **A crise da humanidade europeia e a filosofia**. Tradução de Urbano Zilles. 2. ed. Porto Alegre: EdiPUCRS, 2002.

_____. **A filosofia como ciência de rigor**. Tradução de Albin Beau. Coimbra: Atlântida, 1965.

HUSSERL, E. **A ideia da fenomenologia**. Tradução de Artur Morão. Lisboa: Edições 70, 2000.

_____. **Investigações lógicas**: sexta investigação (elementos de uma elucidação fenomenológica do conhecimento). Tradução de Zeljko Loparic e Andrea Maria Altino de Campos Loparic. São Paulo: Nova Cultural, 2005.

IAMAMOTO, M. V. **O Serviço Social na contemporaneidade**: trabalho e formação profissional. 8. ed. Cortez: São Paulo, 2005.

_____. O trabalho do assistente social frente às mudanças do padrão de acumulação e de regulação social. In: CFESS – Conselho Federal de Serviço Social; ABEPSS – Associação Brasileira de Ensino e Pesquisa em Serviço Social; CEAD-UNB – Centro de Educação a Distância da Universidade de Brasília. **Programa de Capacitação Continuada para Assistentes Sociais**. Capacitação em Serviço Social e Política Social, Módulo 1 – Crise contemporânea, questão social e Serviço Social. Brasília: 1999. p. 111-128.

IAMAMOTO, M. V.; CARVALHO, R. de. **Relações sociais e Serviço Social no Brasil**: esboço de uma interpretação histórico-metodológica. 16. ed. Cortez: São Paulo, 2004.

IANNI, O. A construção da categoria. **Revista HISTEDBR**, Campinas, v. 11, n. 41, p. 397-416, abr. 2011. Disponível em: <https://periodicos.sbu.unicamp.br/ojs/index.php/histedbr/article/view/8639917>. Acesso em: 13 maio 2019.

JANNUZZI, P. de M. **Indicadores sociais no Brasil**: conceitos, fontes de dados e aplicações. São Paulo: Alínea, 2015.

JOSÉ FILHO, M. A produção do conhecimento em Serviço Social. **Revista Serviço Social e Saúde**, Campinas, n. 7-8, p. 1-18, dez. 2009. Disponível em: <https://periodicos.sbu.unicamp.br/ojs/index.php/sss/article/view/8634930/2818>. Acesso em: 15 nov. 2019.

JOUTARD, P. Desafios à história oral do século XXI. In: FERREIRA, M. de M.; FERNANDES, T. M.; ALBERTI, V. (Org.). **História oral**: desafios para o século XXI. Rio de Janeiro: Fiocruz, 2000. p. 31-45. Disponível em: <http://static.scielo.org/scielobooks/2k2mb/pdf/ferreira-9788575412879.pdf>. Acesso em: 12 nov. 2019.

KARSCH, Ú. M. S. A produção acadêmica do assistente social: alguns pontos de vista sobre pesquisa. **Revista Serviço Social & Sociedade**, São Paulo, ano 9, n. 28, p. 121-126, dez. 1988.

KIRKPATRICK, K. **Evitando plágio**. 2001. Disponível em: <https://edisciplinas.usp.br/pluginfile.php/352423/mod_resource/content/1/O%20que%20%C3%A9%20pl%C3%A1gio.pdf>. Acesso em: 13 maio 2019.

KÖCHE, J. C. **Fundamentos de metodologia científica**: teoria da ciência e iniciação à pesquisa. 34. ed. Petrópolis: Vozes, 2015.

KONDER, L. **Marx**: vida e obra. 7. ed. São Paulo: Paz e Terra, 2011. (Coleção Vida e Obra).

_____. **O que é dialética**. 28. ed. São Paulo: Brasiliense, 2007. (Coleção Primeiros Passos, n. 23).

KOSIK, K. **Dialética do concreto**. Tradução de Célia Neves e Alderico Toríbio. 8. ed. São Paulo: Paz e Terra, 2010.

LAKATOS, E. M.; MARCONI, M. de A. **Fundamentos de metodologia**. 6. ed. São Paulo: Atlas, 2009.

LARA, R. Pesquisa e Serviço Social: da concepção burguesa de Ciências Sociais à perspectiva ontológica. **Revista Katálysis**, Florianópolis, n. 10, p. 73-82, 2007. Disponível em: <https://periodicos.ufsc.br/index.php/katalysis/article/view/S1414-49802007000300008/3915>. Acesso em: 11 nov. 2019.

LESSA, S.; TONET, I. **Introdução à filosofia de Marx**. São Paulo: Expressão Popular, 2008.

LIMA, T. C. S. de; MIOTO, R. C. T. Procedimentos metodológicos na construção do conhecimento científico: a pesquisa bibliográfica. **Revista Katálysis**, Florianópolis, v. 10, número especial, p. 37-45, 2007. Disponível em: <http://www.scielo.br/pdf/rk/v10nspe/a0410spe.pdf>. Acesso em: 13 maio 2019.

LÖWY, M. **As aventuras de Karl Marx contra o Barão de Münchhausen**: marxismo e positivismo na sociologia do conhecimento. Tradução de Juarez Guimarães e Suzanne Felicie Léwy. 9. ed. São Paulo: Cortez, 2009.

_____. **Ideologias e ciência social**: elementos para uma análise marxista. 16. ed. São Paulo: Cortez, 2003.

LUKÁCS, G. **Marxismo e teoria da literatura**. Tradução de Carlos Nelson Coutinho. 2. ed. São Paulo: Expressão Popular, 2010.

LUKÁCS, G. Prefácio (junho de 1971). In: HELLER, A. **Sociología de la vida cotidiana**. Barcelona: Península, 1977, p. 9-14.
LUNA, S. V. de. **Planejamento de pesquisa**: uma introdução. 2. ed. São Paulo: Educ, 2011.
MACIEL, W. L. da S. **Projetos sociais**. Palhoça: UnisulVirtual, 2015. Disponível em: <https://www.uaberta.unisul.br/repositorio/recurso/14690/pdf/projetos_sociais.pdf>. Acesso em: 13 maio 2019.
MANNHEIM, K. **Ideologia e utopia**. Tradução de Sérgio Magalhães Santeiro. Rio de Janeiro: Zahar, 1968. (Biblioteca das Ciências Sociais).
MARSIGLIA, R. M. G. O projeto de pesquisa em Serviço Social. In: CFESS – Conselho Federal de Serviço Social; CEAD-UnB – Centro de Educação a Distância da Universidade de Brasília. **Curso de Capacitação de Assistentes Sociais**: Módulo 5. Brasília, 1999. p. 18-41.
MARTINELLI, M. L. A pergunta pela identidade profissional do Serviço Social: uma matriz de análise. **Serviço Social & Saúde**, Campinas, v. 12, n. 2, p. 145-156, jul./dez. 2013. Disponível em: <https://periodicos.sbu.unicamp.br/ojs/index.php/sss/article/view/8639491/7064>. Acesso em: 13 nov. 2019.
_____. **História oral**: exercício democrático da palavra. São Paulo, 2014. Mimeografado.
_____. **Serviço Social**: identidade e alienação. 8. ed. São Paulo: Cortez, 2003.
MARTINELLI, M. L. (Org.). **Pesquisa qualitativa**: um instigante desafio. São Paulo: Veras, 1999.
MARX, K. **Miséria da filosofia**: resposta à Filosofia da Miséria de Proudhon. Tradução de Paulo Ferreira Leite. São Paulo: Centauro, 2001.
_____. **O Capital**: crítica da economia política. Tradução de Reginaldo Sant'Anna. 24. ed. Rio de Janeiro: Civilização Brasileira, 2006. v. 1. Livro 1.
_____. **Para a crítica da economia política**. Tradução de Edgar Malagodi et al. São Paulo: Nova Cultural, 2005. (Coleção Os Pensadores).

MARX, K.; ENGELS, F. **A ideologia alemã**: crítica da novíssima filosofia alemã em seus representantes Feuerbach, B. Bauer e Stirner, e do socialismo alemão em seus diferentes profetas. Tradução de Marcelo Backes. Rio de Janeiro: Civilização Brasileira, 2007.

MENDES, J. M. R.; ALMEIDA, B. de L. F. de. As recentes tendências da pesquisa em Serviço Social. **Revista Serviço Social e Sociedade**, São Paulo, n. 120, p. 640-661, out./dez. 2014. Disponível em: <http://www.scielo.br/pdf/sssoc/n120/03.pdf>. Acesso em: 11 nov. 2019.

MERCIER, P. **Trem noturno para Lisboa**. Tradução de Kristina Michahelles. Rio de Janeiro: Record, 2014.

MERLEAU-PONTY, M. **Fenomenologia da percepção**. Tradução de Carlos Alberto Ribeiro de Moura. 2. ed. São Paulo: M. Fontes, 1999.

MÉSZÁROS, I. **O conceito de dialética em Lukács**. Tradução de Rogério Bettoni. São Paulo: Boitempo, 2013.

MINAYO, M. C. de S. (Org.). **O desafio do conhecimento**: pesquisa qualitativa em saúde. 7. ed. São Paulo: Hucitec; Rio de Janeiro: Abrasco, 2004.

_____. **Pesquisa social**: teoria, método e criatividade. Petrópolis: Vozes, 1994.

_____. _____. 27. ed. Petrópolis: Vozes, 2008.

MORIN, E. **Introdução ao Pensamento Complexo**. Tradução de Eliane Lisboa. 3. ed. Porto Alegre: Sulina, 2007.

_____. **Os sete saberes necessários à educação do futuro**. Tradução de Catarina Eleonora F. da Silva e Jeanne Sawaya. 2. ed. São Paulo: Cortez; Brasília: Unesco, 2000.

NETTO, J. P. A construção do projeto ético-político contemporâneo. In: MOTA, A. E. S. da et al. (Org.). **Serviço social e saúde**: formação e trabalho profissional. São Paulo: Cortez, 2008. p. 141-160.

_____. **Ditadura e Serviço Social**: uma análise do Serviço Social no Brasil pós-64. 8. ed. São Paulo: Cortez, 2005.

_____. **Introdução ao estudo do método de Marx**. São Paulo: Expressão Popular, 2011.

NETTO, J. P. Introdução ao método da teoria social. In: CFESS – Conselho Federal de Serviço Social; ABEPSS – Associação Brasileira de Ensino e Pesquisa em Serviço Social. **Serviço Social**: direitos sociais e competências profissionais. Brasília, 2009. p. 667-700.

NETTO, J. P.; CARVALHO, M. de C. B. **Cotidiano**: conhecimento e crítica. 8. ed. São Paulo: Cortez, 2010.

OLIVEIRA, A. C.; GUEDES, C. Serviço social e desafios da ética em pesquisa: um estudo bibliográfico. **Revista Katálysis**, Florianópolis, v. 16, número especial, p. 119-129, 2013. Disponível em: <http://www.scielo.br/pdf/rk/v16nspe/08.pdf>. Acesso em: 13 nov. 2019.

OUTHWAITE, W.; BOTTOMORE, T. (Ed.). **Dicionário do pensamento social do século XX**. Tradução de Álvaro Cabral e Eduardo Francisco Alves. Rio de Janeiro: J. Zahar, 1996.

PONTES, R. N. **Mediação**: categoria fundamental para o trabalho do Assistente Social. In: CFESS – Conselho Federal de Serviço Social; CEAD-UnB – Centro de Educação a Distância da Universidade de Brasília. **Curso de Capacitação de Assistentes Sociais**: Módulo 4. Brasília, 1999. p. 35-50.

_____. **Mediação e serviço social**: um estudo preliminar sobre a categoria teórica e sua apropriação pelo Serviço Social. 3. ed. São Paulo: Cortez, 2002.

PORTELLI, A. **Ensaios de história oral**. Tradução de Fernando Luiz Cássio e Ricardo Santhiago. São Paulo: Letra e Voz, 2010.

_____. Entrevista. **Revista Historiar**, v. 4, n. 4, jan./jun. 2011. Disponível em: <http://www.uvanet.br/hist/janjun2011/alessandro_portelli.pdf>. Acesso em: 13 maio 2019.

_____. Forma e significado na história oral: a pesquisa como um experimento em igualdade. Tradução de Maria Therezinha Janine Ribeiro. **Projeto História – Revista do Programa de Estudos Pós-Graduados de História**, São Paulo, n. 14, p. 7-24, fev. 1997a. Disponível em: <https://revistas.pucsp.br/revph/article/view/11231/8239>. Acesso em: 15 nov. 2019.

PORTELLI, A. História oral como gênero. Tradução de Maria Therezinha Janine Ribeiro. **Projeto História – Revista do Programa de Estudos Pós-Graduados em História**, São Paulo, n. 22, p. 9-36, jun. 2001. Disponível em: <https://revistas.pucsp.br/revph/article/view/10728/7960>. Acesso em: 15 nov. 2019.

_____. Memória e diálogo: desafios da história oral para a ideologia do século XXI. In: FERREIRA, M. de M.; FERNANDES, T. M.; ALBERTI, V. (Org.). **História oral**: desafios para o século XXI. Rio de Janeiro: Fiocruz, 2000. p. 67-71. Disponível em: <http://static.scielo.org/scielobooks/2k2mb/pdf/ferreira-9788575412879.pdf>. Acesso em: 12 nov. 2019.

_____. O que faz a história oral diferente. Tradução de Maria Therezinha Janine Ribeiro. **Projeto História – Revista do Programa de Estudos Pós-Graduados em História**, São Paulo, n. 14, p. 25-39, fev. 1997b. Disponível em: <https://revistas.pucsp.br/index.php/revph/article/view/11233/8240>. Acesso em: 15 nov. 2019.

QUINTANEIRO, T.; BARBOSA, M. L. de O.; OLIVEIRA, M. G. M. de. **Um toque de clássicos**: Marx, Durkheim, Weber. 2. ed. rev. e ampl. Belo Horizonte: Ed. da UFMG, 2011.

REIS, M. B. M. Notas sobre o projeto ético-político do Serviço Social. In: CRESS-RJ – Conselho Regional de Serviço Social do Rio de Janeiro. Assistente social: ética e direitos. **Coletânea de leis**. 4. ed. Belo Horizonte, 2005. p. 414-420.

RODRIGUES, M. L.; FARIAS, M. H. de L. (Org.). **O sistema prisional feminino e a questão dos direitos humanos**: um desafio às políticas sociais. São Paulo: PC Editorial, 2010. v. I.

_____. _____. São Paulo: PC Editorial, 2012. v. II.

RODRIGUES, M. L.; LIMENA, M. M. C. (Org.). **Metodologias multidimensionais em Ciências Humanas**. Brasília: Líber Livro, 2006. (Série Pesquisa, v. 14).

ROSA, E. T. S. **História e memória em Serviço Social**: a trajetória profissional de Nobuco Kameyama. 230 f. Tese (Doutorado em Serviço Social) – Pontifícia Universidade Católica de São Paulo, São Paulo, 2016. Disponível em: <https://sapientia.pucsp.br/bitstream/handle/19096/2/Elizabete%20Terezinha%20Silva%20Rosa.pdf>. Acesso em: 12 maio 2019.

RÜSEN, J. **Razão histórica**: teoria da história – os fundamentos da ciência histórica. Tradução de Estevão de Rezende Martins. Brasília: Ed. da UnB, 2001.

SAMPAIO, B. A.; FREDERICO, C. **Dialética e materialismo**: Marx entre Hegel e Feuerbach. 2. ed. Rio de Janeiro: UFRJ, 2009.

SANCHEZ, O. P.; INNARELLI, P. B. Desonestidade acadêmica, plágio e ética. **GV-Executivo**, v. 11, n. 1, p. 46-49, jan./jun. 2012. Disponível em: <https://bibliotecadigital.fgv.br/ojs/index.php/gvexecutivo/article/viewFile/22800/21562>. Acesso em: 12 maio 2019.

SÁNCHEZ VÁZQUEZ, A. **Ética**. Tradução de João Dell'Anna. 29. ed. Rio de Janeiro: Civilização Brasileira, 2007.

SANTANA, A. L. O jardineiro fiel. **Infoescola**, 2019. Disponível em: <https://www.infoescola.com/cinema/o-jardineiro-fiel>. Acesso em: 12 maio 2019.

SANTOS, C. J. G. dos. **Tipos de pesquisa**. Disponível em: <http://www.oficinadapesquisa.com.br/APOSTILAS/METODOL/_OF.TIPOS_PESQUISA.PDF>. Acesso em: 12 maio 2019.

SANTOS, F. Trabalhando o filme Narradores de Javé. **Brasil Escola**. 2019. Disponível em: <https://educador.brasilescola.uol.com.br/estrategias-ensino/trabalhando-filme-narradores-jave.htm>. Acesso em: 12 maio 2019.

SÁ-SILVA, J. R.; ALMEIDA, C. D. de; GUINDANI, J. F. Pesquisa documental: pistas teóricas e metodológicas. **Revista Brasileira de História & Ciências Sociais**, ano 1, n. 1, jul. 2009. Disponível em: <https://www.rbhcs.com/rbhcs/article/view/6/pdf>. Acesso em: 12 nov. 2019.

SETUBAL, A. A. Desafios à pesquisa no Serviço Social: da formação acadêmica à prática profissional. **Revista Katálysis**, Florianópolis, n. 10, p. 64-72, 2007. Disponível em: <http://www.scielo.br/pdf/rk/v10nspe/a0710spe.pdf>. Acesso em: 11 nov. 2019.

_____. **Pesquisa em Serviço Social**: utopia e realidade. 5. ed. São Paulo: Cortez, 2013.

SEVERINO, A. J. **Metodologia do trabalho científico**. 23. ed. rev. e atual. São Paulo: Cortez, 2007.

SILVA, J. F. S. da. Pesquisa e produção do conhecimento em Serviço Social. **Revista Textos e Contextos**, Porto Alegre,

v. 6, n. 2, p. 282-297, jul./dez. 2007. Disponível em: <http://revistaseletronicas.pucrs.br/fass/ojs/index.php/fass/article/view/2319/3248>. Acesso em: 11 nov. 2019.

SILVA, J. F. S. da; SILVA, M. I. da. Pesquisa e Serviço Social: contribuições à crítica. **Revista Textos & Contextos**, Porto Alegre, v. 14, n. 2, p. 238-252, ago./dez. 2015. Disponível em: <http://www.cressrn.org.br/files/arquivos/K50kt2678M6722cv3Mf4.pdf>. Acesso em: 11 nov. 2019.

SPINK, M. J. P. A ética na pesquisa social: da perspectiva prescritiva à interanimação dialógica. **Psico**, Porto Alegre, v. 31, n. 1, p. 7-22, jan./jul. 2000.

SPINK, P. K. Ética na pesquisa científica. **GV-Executivo**, v. 11, n. 1, p. 38-41, jan./jun. 2012. Disponível em: <https://rae.fgv.br/sites/rae.fgv.br/files/artigos/38-41_0.pdf>. Acesso em: 12 maio 2019.

SPOSATI, A. de O. Pesquisa e produção do conhecimento no campo do Serviço Social. **Revista Katálysis**, Florianópolis, v. 10, n. especial, p. 15-25, 2007. Disponível em: <http://www.scielo.br/pdf/rk/v10nspe/a0210spe.pdf>. Acesso em: 12 nov. 2019.

SPOSATI, A. de O. et al. **Assistência na trajetória das políticas sociais brasileiras**: uma questão em análise. 8. ed. São Paulo: Cortez, 2003.

THOMSON, A. Aos cinquenta anos: uma perspectiva internacional da história oral. In: FERREIRA, M. de M.; FERNANDES, T. M.; ALBERTI, V. (Org.). **História oral**: desafios para o século XXI. Rio de Janeiro: Fiocruz, 2000. p. 47-65. Disponível em: <http://static.scielo.org/scielobooks/2k2mb/pdf/ferreira-9788575412879.pdf>. Acesso em: 12 nov. 2019.

TRIVIÑOS, A. N. S. **Introdução à pesquisa em ciências sociais**: a pesquisa qualitativa em educação. São Paulo: Atlas, 2010.

TROGO, S. Olhar: uma herança da fenomenologia. **Cadernos Abess**, São Paulo, n. 4, p. 18-36, 1991.

VALARELLI, L. L. **Indicadores de resultados de projetos sociais**. Disponível em: <https://www.fcm.unicamp.br/fcm/sites/default/files/valarelli_indicadores_de_resultados_de_projetos_sociais.pdf>. Acesso em: 12 maio 2019.

VÉRAS, M. P. B. **Introdução à Sociologia**: Marx, Durkheim e Weber, referências fundamentais. São Paulo: Paulus, 2014.

VERONEZE, R. T. A exploração do trabalho e o Serviço Social brasileiro: um posicionamento ético-político na direção dos Direitos Humanos e Sociais. **Revista Aracê – Direitos Humanos em Revista**, ano 2, n. 3. p. 75-95, set. 2015. Disponível em: <https://arace.emnuvens.com.br/arace/article/view/54/39>. Acesso em: 13 nov. 2019.

_____. **Agnes Heller**: indivíduo e ontologia social – fundamentos para a consciência ética e política do ser social. 279 f. Dissertação (Mestrado em Serviço Social) – Pontifícia Universidade Católica de São Paulo, São Paulo, 2013. Disponível em: <https://sapientia.pucsp.br/handle/handle/17622>. Acesso em: 12 maio 2019.

_____. A magia de narrar: a arte de tecer, dialogar e contar história. In: MARTINELLI, M. L. et al. (Org.). **A história oral na pesquisa em Serviço Social**: da palavra ao texto. São Paulo: Cortez, 2019, p. 117-142.

_____. **Introdução ao pensamento filosófico em Marx**: a ontologia do ser social. Monografia (Pós-graduação em Desafios da Filosofia Contemporânea) – Pontifícia Universidade Católica de Minas Gerais, Poços de Caldas, 2011.

_____. **Liberdade ainda que tardia**: Agnes Heller e a Teoria das "Necessidades Radicais" frente à devassa da devassa brasileira. 497 f. Tese (Doutorado em Serviço Social) – Pontifícia Universidade Católica de São Paulo, São Paulo, 2018. Disponível em: <https://tede2.pucsp.br/bitstream/handle/21170/2/Renato%20Tadeu%20Veroneze.pdf>. Acesso em: 11 nov. 2019.

_____. O Serviço Social e o Projeto Ético-Político. **Revista Científica Expressão do Centro Universitário da Fundação Educacional Guaxupé – UNIFEG**, Guaxupé, v. 12, p. 253-265, jun. 2010.

_____. Para um posicionamento ético-político profissional crítico e propositivo. **Revista Emancipação**, Ponta Grossa, v. 17, n. 1, p. 155-166, 2017. Disponível em: <https://www.revistas2.uepg.br/index.php/emancipacao/article/view/10078/6173>. Acesso em: 15 nov. 2019.

_____. Reflexões em torno da ética na sociedade contemporânea. **Revista Científica Expressão do Centro Universitário da** fundação Educacional Guaxupé, Guaxupé, n. 11. p. 113-124, dez. 2009.

WEBER, M. A "objetividade" do conhecimento na ciência social e na ciência política. In: _____. **Metodologia das ciências sociais**: parte I. Tradução de Augustin Wernet. 4. ed. São Paulo: Cortez, 2001. p. 107-154.

_____. **Economia e sociedade**: fundamentos da sociologia compreensiva. Tradução de Regis Barbosa e Karen Elsabe Barbosa. 4. ed. Brasília: Ed. da UnB, 2012. v. 1.

WELLER, W. et al. Karl Mannheim e o método documentário de interpretação: uma forma de análise das visões de mundo. **Revista Sociedade e Estado**, Brasília, v. 17, n. 2, p. 375-396, jul./dez. 2002. Disponível em: <http://www.scielo.br/scielo.php?script=sci_arttext&pid=S0102-69922002000200008>. Acesso em: 12 maio 2019.

YAZBEK, M. C. **Fenomenologia e serviço social**. São Paulo, [S.d.]. Mimeografado.

_____. Fundamentos históricos e teórico-metodológicos do Serviço Social. In: CFESS – Conselho Federal de Serviço Social; ABEPSS – Associação Brasileira de Ensino e Pesquisa em Serviço Social. **Serviço Social**: direitos e competências profissionais. Brasília, 2009. p. 143-163.

_____. Serviço Social e o movimento histórico da sociedade brasileira. In: CRESS-SP – Conselho Regional de Serviço Social de São Paulo. **Legislação brasileira para o serviço social**: coletânea de leis, decretos e regulamentos para instrumentação da/o assistente social. 3. ed. São Paulo, 2008. p. 17-33.

ZILLES, U. A fenomenologia husserliana como método radical. In: HUSSERL, E. **A crise da humanidade europeia e a filosofia**. Tradução de Urbano Zilles. 2. ed. Porto Alegre: EDIPUCRS, 2002. (Coleção Filosofia, n. 41).

Respostas

Capítulo 1

Questões para revisão

1. d
2. e
3. b
4. d
5. e

Capítulo 2

Questões para revisão

1. c
2. a
3. e

4. d

5. b

Capítulo 3

Questões para revisão

1. c
2. b
3. b
4. e
5. d

Capítulo 4

Questões para revisão

1. b
2. c
3. d
4. c
5. a

Capítulo 5

Questões para revisão

1. e
2. b
3. d

4. d

5. c

Capítulo 6

Questões para revisão

1. b
2. e
3. b
4. d
5. a

Sobre o autor

Renato Tadeu Veroneze é assistente social, graduado em Serviço Social (2007) pelo Centro Universitário da Fundação Educacional Guaxupé (Unifeg), pós-graduado em Educação, Metodologia e Didática do Ensino Superior (2009) também pelo Unifeg e pós-graduado em Filosofia Contemporânea (2011) pela Pontifícia Universidade Católica de Minas Gerais (PUC Minas). É também mestre (2013), doutor (2018) e pós-doutorando em Serviço Social pela Pontifícia Universidade Católica de São Paulo (PUC-SP).
Atuou como docente do curso de Serviço Social do Unifeg de 2008 a 2014, nas disciplinas Ética Profissional, Política Social, Oficina do Trabalho Profissional, Movimentos Sociais e Realidade Social; como coordenador e facilitador do curso de Capacitação para Profissionais da Assistência Social promovido pela Secretaria do Desenvolvimento Social do Estado de Minas Gerais (Sedese) de 2008 a 2010; e como monitor do curso Ética em Movimento,

pelo Conselho Regional de Serviço Social (Cress/MG – 6ª Região). Ministrou cursos de formação político-sindical no Sindicato dos Trabalhadores nas Indústrias Químicas, Farmacêuticas, Plásticas e Similares de São Paulo.

É membro do Comitê Científico de Serviço Social do Centro de Investigação de Estudos Transdisciplinares (CET) Latino-Americano da Bolívia e também do Núcleo de Estudos e Pesquisa sobre Identidade (Nepi), coordenado pela Prof.ª Dra. Maria Lúcia Martinelli, da PUC-SP. Tem formação artística e musical e atua como professor de piano. É articulista na área político-social do *Jornal da Região*, em Guaxupé (MG).

Atualmente, é bolsista da Coordenação de Aperfeiçoamento de Pessoal de Nível Superior (Capes) para a realização de pós-doutorado em Serviço Social pela PUC-SP, sob a supervisão da Prof.ª Dra. Maria Carmelita Yasbeck.

É pesquisador das seguintes áreas: mundo do trabalho, ontologia e estética, ética e direitos humanos, formação profissional, políticas sociais, questões de gênero e sexualidade. Realiza palestras e conferências nacionais e internacionais sobre o Sistema Único de Assistência Social (Suas), bem como sobre política social e questões de gênero, sexualidade e formação profissional.

Os papéis utilizados neste livro, certificados por instituições ambientais competentes, são recicláveis, provenientes de fontes renováveis e, portanto, um meio responsável e natural de informação e conhecimento.

FSC
www.fsc.org
MISTO
Papel produzido
a partir de
fontes responsáveis
FSC® C103535

Impressão: Reproset
Janeiro/2020